KB264254

세상의 미로와 마음의 낙원

세상의 미로와 마음의 낙원

세상의 미로와 마음의 낙원

지은이 | 존 코메니우스
옮긴이 | 이숙종, 이규민, 이금만, 김기숙
초판 1쇄 찍은 날 | 2004년 11월 12일
초판 1쇄 펴낸 날 | 2004년 11월 19일
펴낸이 | 김승태
출판본부장 | 김춘태
편집 | 김규혜
표지 디자인 | 김경아
등록번호 | 제2-1349호(1992.3.31.)
펴낸곳 | 예영커뮤니케이션
　　　　110-616 서울 광화문우체국 사서함 1661호
　　　　유통사업부　T.(02)766-7912　F.(02)766-8934　E-mail: marketer@jeyoung.com
　　　　출판사업부　T.(02)766-8931　F.(02)766-8934　E-mail: edit@jeyoung.com
　　　　홈페이지 www.jeyoung.com

ISBN 89-9350-333-5 (03230)

값 10,000원

■ 잘못 만들어진 책은 교환해 드립니다.

세상의 미로와 마음의 낙원

존 코메니우스 지음

이숙종, 이규민 옮김
이금만, 김기숙

예영커뮤니케이션

차 례

존.아모스 코메니우스(1592~1670)는 현대 교육의 창시자로서 철학자이자 신학자로 널리 알려져 있다. 그뿐만 아니라, 그는 문학가로서 1623년 체코 문학 작품 중 가장 중요한 『세상의 미로와 마음의 낙원』을 저술하였다. 저자는 자신의 저서를 통하여 그의 생애와 그 시대에 경험한 것을 풍자(諷刺)의 형식으로 자세히 묘사하고 있다. 그러나 불행하게도 본 저서는 오랫동안 많은 사람들로부터 큰 관심과 반응을 얻지 못해 왔으며, 더욱이 그의 고국에서조차 불공정한 대우를 받아 온 것이 사실이다. 그러나 본 역자는 이미 4세기 이상 지난 오늘날에 와서 한국의 독자들을 위해 코메니우스의 걸작을 번역하게 된 것을 매우 다행스럽고 의미 있는 일로 생각하며, 그 내용의 이해를 위해 다음 몇 가지로 구분하여 기술한다.

『세상의 미로와 마음의 낙원』의 줄거리

『세상의 미로와 마음의 낙원』은 17세기의 시장터를 출발하여 세상의 구석구석을 살펴보는 순례자의 여정을 시작으로 전개된다. 저자인 코메니우스는 그의 생애를 풍자하는 중심적 인물로 순례자를 선정하여 자신의 생애의 경험을 기록한 자서전적 내용을 담고 있다. 본 저서에서 묘사하고 있는 그 자체의 풍자적이며 신랄한 필치는 세상에 대한 환멸과 실망으로 가득한 한 사람의 경험에 근거하고 있다. 순례자는 세상 여러 곳을 순례한 후 영적 고향을 찾아 나선 자발적 방랑자이다. 저자는 『세상의 미로와 마음의 낙원』의 주인공과 같이, 그의 기나긴 일생의 여정을 유럽 일곱 나라

(독일, 폴란드, 영국, 헝가리, 스웨덴, 스위스, 네덜란드)로 전전하면서 활동했다. 유럽을 통치하던 가톨릭 합스부르크(Habsburg) 가문이 1618년 체코의 보헤미아 지역에서 일으킨 '30년 전쟁'에서 승리한 후, 사랑스러운 조국을 떠나 일생 동안 망명생활을 하게 된 저자에게 개인적 불행이 쉼 없이 따라다녔다. 『세상의 미로와 마음의 낙원』의 주요 줄거리가 되는 저자의 불행한 생활은 "영문 역자의 글"에 자세하게 언급되어 있기 때문에, 여기에서는 핵심적 내용을 간단하게 소개할 것이다.

『세상의 미로와 마음의 낙원』의 주인공이자 호기심 많은 순례자가 세상에 들어왔을 때, 그는 그의 감각적 지각력을 손상시킬 수많은 장애물로 방해를 받고 있다. 그는 그의 여정을 조심스럽게 알려 주며 지시하는 두 명의 안내자들을 동반한다. 순례자는 그의 활동을 억제하는 '고삐'를 사용하고 있으며, 그의 시야는 안내자들이 그의 코에 끼워 준 '안경'으로 흐려져 있었다. 순례자는 심지어 세상의 구석구석을 살펴보기 위해 이러한 장구들을 찾고 있다. 순례자의 안내자들은 모든 것을 응시하는 마음의 '욕심'과, 진리의 색깔을 세상의 모든 기만으로 대체하는 '관습'이다. 그 고삐는 '허무'이며, 그가 쓴 안경은 '습관'이라는 안경테와 '가정(假定)'이라는 렌즈들로 구성되어 있다.

그렇지만 고삐, 안경 그리고 안내자들은 순례자의 시야에 장애물에 불과한 것은 결코 아니었다. 그가 살펴보는 온 세상은 속임과 사기로 가득 차 있었다. 그는 모든 나라들과 언어들, 그리고 모든 시대와 다양한 직업에 종사하는 사람들을 살펴보는 시장터에서 그의 여정을 시작한다. 그러나 그가 더욱 면밀하게 관찰할 때마다, 군중 속에서 배회하는 사람들이 제각기 그의 참된 모습을 숨기고 있는 가면을 쓰고 있다. 순례자는 다른 사람들의 응시로부터 자신의 모습을 피하기 위해 멀리 떨어져 살펴보고 있었을 때, 시장터에 있는 사람들은 그들의 변장을 벗고 있다는 것을 발견한다.

순례자는 또한 그의 주요한 관심으로 진리를 발견하는 수많은 직업들을 살펴본다. 그는 여기에서 다시 좌절감을 경험한다. 그는 자연 세계의 지식을 탐구할 것을 추구하는 학자들 중 한 사람인 연금술사의 화로를 방문하고, 그 후에 '지식의 돌'을 발견하려는 철학자를 방문했으나 아무런 소득이 없다는 것을 알게 된다. 그들은 작업장에서 스스로 화상을 입거나, 질식사하거나 혹은 파산하게 된다. 역사가들은 더 이상 좋아지지 않는다. 조합은 고전적 사건들을 통해 진리를 발견하기를 맹세하지만, 역사가들은 그들의 관심을 충족하기 위해 과거를 종종 왜곡한다. 순례자는 천문학자들, 점성가들, 형이상학자들, 수사학자들, 그리고 변증학자들의 작업을 살피는 일로 시간을 보낸다. 물론 그가 처음에는 이러한 다양한 직업에 매혹되지만, 그가 관찰하고 있는 각 직업의 기만과 사기를 지속적으로 발견한다. 순례자는 학자들의 무모한 지식의 추구에 낙심하게 된다.

순례자는 그 당시에 학생들이 진리를 탐구하기 위해 잘 준비되어 있지 않은 교육 제도의 문제를 지적한다. 저자는 본 저서의 상당한 부분을 유럽의 학교들과 대학들에 대한 비판적 평가에 할애한다. 그는 진솔한 언어로 교사들과 학교 교장들의 잔인하고 비인간적인 교육 방법을 지적한다.[1] 학생들은 난폭하고 자연스럽지 못한 방법으로 학업을 강요받고 있다. 그들은 수많은 단어들과 사물의 이름들을 암기하지만, 보다 중요한 지성적 문제들에 결코 도전하지 못한다.[2] 교사들은 또한 학생들에게 쓸모없는 논쟁에 관여하도록 독려한다. 물론 이러한 무모한 학문적 논쟁은 종이와 잉크와 같은 무기로 수행되고 있지만, 순례자가 지적하는 대로 무섭고 폭력적인 형태로 이루어지고 있다. 순례자가 여행에서 멈추게 된 곳은 한 대학교의 졸업식이다. 그는 대학교 의식(儀式)에서 화려한 취주악에 매료되어 졸업생 중 한 사람에게 다가가 그에게 질문하기 시작한다. 그 졸업생은 제7과의 교양과목[3]을 숙달한 사람이라고 주장하고 있지만, 실제로 아무것도

---

1) 이 책, 제10장 3절.
2) 이 책, 제11장 6절.
3) 6세기에서 시작한 'The seven liberal arts'는 제3과 (trivium)의 문법, 수사학, 변증법과 제4과(quadrivium)의 음악, 천문학, 기하학, 산술로 구성되어 있었다.

세상의 미로와 마음의 낙원

알고 있지 않다는 것을 알게 된다.

저자는 위와 같은 교육의 관행을 비판하고 있지만, 실제로 그 자신의 교육 개혁은 1653년에 저술하여 1658년에 출판한 그의 유명한 교재인 『세계의 도해』(*Orbis sensualium pictus*)와의 비교에서 발견할 수 있다. 두 저서 사이에는 상당한 병행 관계를 구성하고 있다. 『세계의 도해』는 최초의 어린이용 그림책이었다.[4] 각 페이지마다 어린이들이 배워야 할 매일 매일의 주제가 조각되어 있다. 삽화 아래 부분에는 그림의 세부 사항을 설명하는 두 개의 구절, 즉 라틴어 구절과 모국어 구절이 기록되어 있다. 저자는 조각된 그림으로 어린이의 천성적 호기심을 사로잡을 수 있다고 믿었다. 그는 학습이 효과적으로 성취되기 위해서는 모든 감각기관을 활용할 필요성이 있다고 주장한다. 참 교육은 추상적인 지성의 활용이 아니라, 구체적인 감각적 경험으로부터 이루어지는 것이다.

순례자는 세상의 사기와 기만을 탐색하기 위하여, 『세계의 도해』에 제시된 대로 그의 모든 감각기관을 활용한다. 그는 그의 눈으로 움푹 파인 '지혜의 성'을 방문하여 살펴본다. 그는 기술을 통하여 신성한 것에 접근할 수 있기를 요구하는 음악가들을 방문하고, 그들이 창조하는 소리를 듣고 나서, 그 전문성이 지니치게 거짓임을 깨닫는다. 그 후에 순례자는 그의 코로 그의 주위에 있었던 쾌락주의자들의 최후의 종말을 탐지한다. 그들은 자신의 추악한 모습을 숨기기 위해 어두운 구석에 숨어 있었지만, 순례자는 매독으로 감염된 고약한 냄새를 맡는다.[5]

『세상의 미로와 마음의 낙원』에서 순례자는 세상의 넓은 극장을 관찰한다. 그는 지혜를 발견할 것을 시도하던 중에 인간의 모든 계층과 토지와 전문성을 찾게 된다. 이러한 전문성의 범위는 본 저서의 특징이자, 동시에

---

4) John Amos Comenius, *Orbis sensualium pictus* (Syracuse, 1887), iii의 영문판 서언에서 C. W. Bardeen의 서평을 참조하시오.

5) 이 책, 제25장 9절.

『세계의 도해』의 중요한 특징이기도 하다. 물론 두 교재들 사이에 수많은 구조적인 병행구들이 있지만, 양자 사이에는 더욱 깊은 영적인 연결점이 있다. 『세계의 도해』의 첫번째 조각 그림은 나이든 신사가 그의 젊은 학생을 만나는 것을 묘사한다. 이 교사는 그의 학생이 부지런히 공부하여 그의 과제를 완전히 터득하도록 세세하게 격려하지는 않지만, 그 대신에 학생에게 "애야, 와서 지혜롭게 배워라."[6]라는 말로 인사를 나눈다.

그 다음, 순례자는 그의 감각기관과 본유적인 이성에 의해 세상의 기만과 위선을 살펴보기 시작한다. 그의 안내자들은 지상의 재산과 쾌락으로 순례자를 유혹하기 시작한다. 그러나 그는 유혹을 당할 때마다 그가 살펴보고 있는 유형의 도덕적 결점을 발견한다. 물론 그의 시야가 그가 쓴 '기만'이라는 안경에 의해 흐려져 있지만, 순례자는 그 안경 밑으로 은밀하게 응시함으로써 이러한 것들을 살펴볼 수 있었다. 그러나 인간의 이성과 감각적 지각력은 그 나름대로 한계를 가지고 있다. 순례자는 그 양자를 통해서 세상의 기만과 혼돈을 발견할 수 있는 길을, 그 밑에 깔려 있는 조화와 통합의 계시를 통해서 구별할 수 있었다. 순례자가 그리스도를 만났을 때 그에게 새로운 한 쌍의 안경이 주어진다. 하나님의 말씀과 성령이 가정(假定)의 렌즈와 습관의 테를 대체한다. 순례자는 이러한 새로운 보조 기구들의 도움으로 세상의 부정한 여정들을 성공적으로 수행할 수 있었던 그의 능력을 확신하면서 "세상의 미로"에 다시 들어오게 된다.

한편, 코메니우스는 순례자를 통하여 그 당시 그리스도교회와 성직자들과 신학자들의 생활과 결점을 신랄하게 비판한다. 예를 들면, 미로에 있는 성직자들 가운데서 순례자는 온갖 불경스럽고 음탕한 행위에 빠져 있는 것을 발견한다. 그는 그들은 최소한의 시간을 성경과 함께 보내고 있지만, 스스로 성경 교사들이라고 부르고 있는 사람들조차도 성경을 거의 찾지 않는 모습을 보고 탄식한다.[7] 이어서 그들 중 어떤 사람은 매우 유창하

---

6) *Orbis sensualium pictus*, p. 1.

고 경건하게 설교를 하지만, 그들 자신과 다른 사람들에 의해 하늘에서 타락한 천사들에 지나지 않는 것으로 이해되고 있다. 또한 순례자는 그가 관찰했던 그리스도인들 사이에서 발생하고 있는 끊임없는 논쟁과 싸움으로 매우 당황하게 된다. 그들은 복음에 관하여 의견의 일치를 볼 수 없었기 때문에, 각기 다른 예배 처소들로 분산되었다.[8] 순례자가 여기에서 관찰한 그리스도인들은 사소한 부분들에 관하여 논쟁하면서 본질적인 것을 망각한 채, 끝없는 토론의 미로에서 불화를 일으키고 있다. 실제로, 진실한 그리스도인들도 미로 속에 머물러 있다는 것을 알게 된다. 불행하게도, 안내자는 순례자에게 그리스도인의 집단을 면밀하게 살펴보지 못하도록 설득한다. 순례자는 스스로 환상에서 깨어나면서 서로 엉켜진 세상의 혼탁한 거리를 따라 인도되고 있다는 것을 스스로 인정하게 된다.

『세상의 미로와 마음의 낙원』의 후반부에서는, 순례자가 지금까지 "세상의 미로"에서 경험했던 절망과 실의를 완전히 극복하게 된다. 그는 진리와 정의가 없는 세상에서 방황했던 자신을 발견하게 되었을 뿐만 아니라, 이제는 세상이 이러한 가치들을 용납하지 않는다는 것을 알게 된다. 순례자는 절망 가운데서 그리스도에게 돌아가기를 명하는 '부드러운 음성'을 듣는다.[9] 순례자는 여전히 혼란스럽지만, 그가 할 수 있는 한 그 음성에 복종한다. 그 순간 그리스도께서 찬란한 빛을 발하면서 순례자 가슴의 어두운 밀실로 침투하신다. 그리스도께서 친절한 환영의 말씀과 뜨거운 포옹으로 그에게 인사를 나눈다. 그리고 나서 그는 순례자가 하나님 안에서보다 세상에서 행복과 안식을 찾기 위해 방황했던 일들을 설명한다. 그리스도께서는 순례자가 이러한 방황을 통해서 세상도, 안내자들도, 솔로몬도 그에게 아무것도 가르칠 수 없으며, 결코 그를 풍족하게 채울 수 없으며, 그의 마음의 욕망들을 만족시킬 수 없다는 것을 강조한다.

____

7) 이 책, 제18장 8절.
8) 이 책, 제18장 14절.
9) 이 책, 제37장 1절.

저자는 이와 같이, 본 저서의 마지막 부분에서 순례자가 그리스도와 연합하는 것이 무엇을 의미하는지를 계속하여 서술한다. "약혼 서약"의 제목을 가진 제39장에서 저자는 그리스도인과 그리스도와의 관계를 표현하기 위해 신부의 언어를 사용한다. 그는 "순례자는 다만 영원한 신랑인 그리스도와 함께 연합하여야 한다."고 서술한 후, 순례자를 향한 그리스도의 사랑의 부르심으로 본 장의 끝을 맺는다. 순례자는 그의 영혼의 기쁨과 그가 살아 계신 주님과의 만남으로 고양된 다른 감정들을 묘사한다.

저자가 묘사하고 있는 "마음의 낙원"의 나머지 부분에서, 변화된 그리스도인의 생활상이 참된 영적 교회의 모습과 잘 접목되어 있다. 저자는 본 작품의 처음 시작에서 그의 참된 그리스도인들의 형상을 '모든 선택된 사람들의 충만한 모습보다 더욱 이상적인 것으로' 제시하고 있다. 그는 그 이상이 독자들에게 '동일한 완전성의 수준을 요구할'[10] 동기를 부여하기를 희망한다. 이 부분에서 새 피조물과 새 교회를 자세하게 다루었던 저자 자신의 다양한 영적 이상들과 희망인 새로운 공동체를 암시하는 것으로 나타난다. 실제로 『세상의 미로와 마음의 낙원』에 나타난 참된 그리스도인들의 공동체의 전형은 성도들의 공동생활을 중시했던 형제단 교단으로서, 그것은 조화 있는 질서와 사랑의 훈육을 강조해 왔다. 그러한 질서는 자신의 이성과 성령에 의해 정결하게 되고 참된 그리스도인들이 분별할 수 있는 하나님 자신의 질서를 유지하기 위한 세상의 통치를 반영한다. 저자는 공동체의 본질인 하나님의 놀라운 섭리의 방향과 질서를 묘사하기 위해 시계의 구조와 기능을 풍자로 묘사하고 있다.[11]

영적인 그리스도인들의 생활은 이러한 조화를 반영해야 하며, 곧 이러한 생활은 순례자가 진실한 교회에서 정확하게 관찰한 것이다. 그것은 그가 세상의 미로를 통과하는 여정에서 목격하며 경험했던 세상의 모든 것

---

10) "독자에게", 7절.
11) 이 책, 제42장 4절.

과 완전히 반대 되는 것을 나타낸다. 또한 순례자는 참된 그리스도인들의 계층과 직업을 검토한다. 그러나 그는 세상에서 목격했던 것과 대조적으로 그들을 지탱하는 진정한 질서를 발견한다. 예를 들면, 그는 혼인한 그리스도인들의 기쁨에 찬 연합과, 통치자들의 배려와 존경, 자신의 학문을 그리스도 중심으로 삼고 있었던 학자들[12]의 겸손을 묘사한다. 위에서 언급한 논쟁을 일삼는 목회자들과 신학자들과는 달리, 그리스도 공동체의 성직자들은 일상적으로 사람들과 함께하는 시간보다 기도와 독서와 명상으로 하나님과 함께 더 많은 시간을 보낸다. 진리와 생명과 열정으로 가득한 그들의 설교는 지속적으로 신자들의 마음을 감동시킨다. 나이가 든 설교자 중 한 사람의 축복을 받은 순례자는 "나는 실제로 순수한 신학이란, 일상적으로 경험한 것보다 더욱 능력이 있고 더욱 스며드는 힘이 있는 것으로 이해한다."[13]라고 선언한다.

코메니우스는 이와 같이 본 저서의 후반부인 "마음의 낙원"에서 그리스도를 따르는 성도들에게 아무런 경고를 제기하지 않는다. 그는 순례자를 통하여 다만 기쁨과 경탄만을 표현할 수 있었다. 그가 살펴본 진실한 그리스도인들의 생활은 만족과 평화와 질서뿐만 아니라, 하나님 사랑의 경험을 부단히 즐기는 특징으로 나타난다. 예를 들어, 이 저서의 마지막에서, 하늘에서 순례자에게 왕관을 쓰신 하나님의 환상과 영광이 제시된다. 순례자에게 용서와 하나님의 집으로 돌아갈 것을 확인한 후에, 하나님은 그에게 다시 세상으로 돌아갈 것을 명령한다.

순례자가 "마음의 낙원"으로 경험했던 즐거움과 환희의 정신이 그리스도교 공동체의 모든 장면을 특징짓고 있다. 그러나 "세상의 미로"는 줄기찬 승리와 평화와 축복과 같은 그리스도교적 생활과 대조를 이룬다. 순례자는 "마음의 낙원"에서 세상의 죄와 시험과 의심, 혹은 고난과 씨름하는

---

12) 이 책, 제50장 4절.
13) 이 책, 제50장 5절, 한편 코메니우스는 몇 편의 다른 저술에서 신학자 혹은 설교자의 신학과 생활 사이에서 중요한 관련성을 강조한다.

신자들에 관하여 아무것도 듣지 못한다. 따라서 환멸과 실의는 결코 "마음의 낙원"에서 아니라 "세상의 미로"에서만 생긴다. 그러나 독자들은 본 저서의 전체 내용이 순례자가 겪은 하나님의 자비와 그리스도와의 심원한 경험을 묘사하고 있으며, 그것은 또한 보다 나은 세상을 염원하는 비교할 수 없는 즐거움과 강인함과 소망의 근원으로 제시된다.

이미 언급한 바와 같이, 『세상의 미로와 마음의 낙원』의 전반적인 주제는 인간 자신의 영혼의 안식과 행복의 처소를 향한 순례이다. 본·저서의 "독자에게"에서 저자는 모든 사람은 천성적으로 '지고의 선(summum bonum)'에 도달하기를 열망하고 있으며, 필연적으로 완전한 행복을 추구해야 한다는 것을 제시한다. 그렇지만, 그는 거의 모든 사람은 자신의 마음을 평정하며 평화롭게 할 수단과 그것을 소유할 방법을 자신들의 외부 세계에서, 즉 이것은 소유와 재물에서, 저것은 기쁨과 쾌락에서, 첫째는 영광과 지위에서, 둘째는 지혜와 학문에서, 그리고 셋째는 즐거운 우정에서 찾고 있다[14]는 것을 설명한다.

『세상의 미로와 마음의 낙원』의 신학적 주제

『세상의 미로와 마음의 낙원』에서 세상을 풍자하고 있는 '미로(labyrinth)'라는 표현은 저자가 세상을 묘사하기 위해 가장 즐겨 사용한 은유 중 한 가지이다. 그는 그의 교육학의 저서들에서 혼란스럽고 왜곡된 인간 지식의 속성을 표현하기 위해 그 언어를 종종 사용했다. 그는 또한 그의 죽음 직전에 저술한 영적 저작인 『필요한 한 가지』(Unum necessarium, 1668)에서 그 언어를 다시 사용했다. 그는 하나님의 세계가 죄악으로 인하여 '지혜의 극장'에서 '기만의 미로'로 변화되었다고 설명한다. 이러한 미로에서 벗어나는 유일한 출구가 있다면, 그것은 교육이

---

14) "독자에게", 2절

란 긴 과정을 통해서 발견할 수 있는 길이다. 물론 이러한 주장이 신앙과 은혜의 생활에 반하는 반명제일 수 있으나, 코메니우스에게 있어서 교육은 영적인 훈련을 의미한다. 학생은 덕목으로부터 부덕을, 진리에서 거짓을 구별할 수 있을 뿐만 아니라, 전자(前者)에서 탈피하여 후자(後者)를 소유할 수 있다는 사실에서 '교육은 회개'의 형태로 제시되었다. 또한 저자는『필요한 한 가지』에서 그의 자신의 생활을 돌아보면서, 그의 교육적 혁신을 미로로부터 다른 사람들을 인도할 의도를 나타내는 개혁으로 묘사한다.[15] 그에게 있어서 교육은 본질적으로 목회적 소명이었다.[16] 교육은 사람들이 세상의 혼돈을 초월하여 관찰하면서 하나님과 우주의 기초적 조화를 발견하기 위해 훈련받는 과정이었다. 따라서 이 작품은 단순한 협의적인 경건주의 표현이 아니며, 개인의 비극에 반응하기 위해 구성된 유토피아적 대안도 아니다. 그것은 저자가 일관되게 제기해 온 그의 교육적 풍자인 교육 과정의 창조적 산물로 나타난 것이다. 그러나『세상의 미로와 마음의 낙원』을 저술한 코메니우스는 그의 저서를 통해 교육 개혁자로서. 자신의 생애를 표현하고 있을 뿐만 아니라, 한 신학자로서 소명과 가치를 분명하게 제시하고 있다. 예를 들면, 그가 1657년에 저술했던『대교수학』에 관하여, "나는 내가 청소년을 위해 저술했던 그것은 교육지로서기 아니리 신학자로서 저술했다."[17]라고 언급한다. 물론 많은 사람들은 코메니우스 신학의 정확한 내용에 관하여 그렇게 확실한 근거를 발견하지 못하고 있다. 그러나 실제로『세상의 미로와 마음의 낙원』의 구성과 전개되는 내용을 면밀하게 검토할 때, 그것은 인간의 영성(靈性)의 문제를 사실적으로 묘사하고

---

15) *Unum necessarium*, 10.3.

16) John Amos Comenius, *The Bequest of the Unity of Brethren*, trnas. by Matthew Spinka (Chicago: The National Union of Czechoslovak Protestants, 1940), pp 36, 27 에 있는 코메니우스의 논평을 참조하시오.

17) *Opera didactica ommnia* IV. p. 27: "Ego quae pro iuventate scripsi, non ut paedagogus scripsi, sed ut theologus."; Molnar, "Zum Theologiverstandnis des Comenius," *Communio viatorum* 27(1984), p. 227에서 인용함.

있다는 것을 발견할 수 있다. 따라서 본 저서에 나타난 저자의 주요한 신학적 주제는 영성신학의 내용과 역사에 밀접한 관계가 있는 인간의 그리스도와의 인격적 관계, 교회 일치와 개혁, 그리고 희망의 신학 등을 다루고 있다.

첫째, 본 저서에 나타난 코메니우스 신학은, 예수 그리스도와의 심오한 인격적 관계를 그 본질적 주제로 표현하고 있다. 그는 여기에서 인간이 그리스도와의 관계성에서 지향해야 할 방향과 의미를 분명하게 반영하고 있다. 실제로, 『세상의 미로와 마음의 낙원』에서 나타난 예수 그리스도와의 인격적 관계는 저자의 경건한 실천적 생활과, 그것이 후대에 서구의 경건주의 사상 형성에 깊은 영향을 준 사실과 밀접한 연관성이 있다. 그의 경건주의와의 연관은 일생 동안 살아온 경건한 생활을 통한 그리스도와의 인격적 관계뿐만 아니라, 세상을 통치하시는 '그리스도의 주 되심(regnum Christi)' [18]을 반영하는 것을 의미한다.

코메니우스의 실천적 신앙생활과 그의 수많은 저서에서 나타난 경건주의 사상과 영성의 주제는, 그가 성장했던 보헤미아형제단(Unitas Fratrum)의 신앙적 교훈과 교회의 신조와 밀접하게 연결되어 있다는 것을 알 수 있다. 특히, 형제단 교단의 창시자로서 가톨릭 교회의 교황을 '적그리스도(anti-Christ)'로 선언함으로써 화형을 당한 설교자이자 신학자인 존 후스(John Huss, 1347~1415)의 개혁 사상과 순교 정신이 실천적 영성의 기초가 되었다. 또한, 형제단 교단의 영적 지도자 중 한 사람인 피터 첼시키(Peter Chelcicky, 1390~1460)는 그 교단의 비폭력의 신조를 제창하여, 모든 교인들은 처음부터 시민으로서의 다양한 범죄를 반대하며 겸손하고 금욕적 생활 방식을 추구하도록 권고하였다. 형제단 교회는 그들의 경건 사상과 실천적 신앙생활에 따라서, 그 당시 시대적 상황에서도

---

18) Howard Louthan and Andrea Steerk, trans. *John Comenius: The Labyrinth of the World and the Paradise of the Heart* (New York: Paulis Press, 1998), p. 2.

하나의 종교적 공동체로 생존하기 위해 노력해 왔다. 또한 그들은 극심한 종교적 박해와 고통으로부터 스스로 방어하기 위한 노력으로 160년에 걸쳐서 50개의 '신앙고백서'를 출판했다.[19]

형제단 교회로부터 영향을 받은 코메니우스는 "그리스도가 인류의 구세주"이며 그와의 인격적 관계성을 강조했다. 예수 그리스도는 모든 영혼의 구세주이며 지혜의 교사일 뿐만 아니라, 교회와 세상의 왕으로 존재한다. 동시에, 그가 전망한 예수 그리스도는 과거와 현재의 인간과의 관계성뿐만 아니라, 미래의 인류 역사에 개입하실 그리스도를 분명하게 제시한다. 즉, 그는 예수 그리스도를 재림자, 미래의 구주, 갱신자 그리스도, 개혁자 그리스도로 강조한다. 이러한 종말론적 관점에서 그리스도를 고백하고 있는 코메니우스는 그의 전 생애를 통하여 경험했던 다양한 운명의 엄습에도 불구하고 결코 좌절하거나 실망하지 않고 '그리스도 중심의 영성'을 발전시켰다. 그것이 곧 그의 일생 동안 그의 질곡의 개인 생활과 개혁 정신을 지탱해 왔던 불굴의 인내력과 세상을 변화시킬 사명을 감당할 수 있었던 줄기찬 동력이 되어 왔다.

『세상의 미로와 마음의 낙원』에 나타난 코메니우스의 영성의 또 다른 특징은, 하나님의 형상을 상실한 순례자의 인간성 회복에 두고 있다. 지자는 인간의 하나님 형상의 회복과 갱생을 설명하기 위해 신학적 언어를 사용하지 않지만, 모호하고 무질서한 밀실의 그림을 풍자하는 표현으로 나타낸다. 한때 어둠이 깔려 있는 곳에서 찬란한 빛이 밝혀지기 시작하면서 찢기고 일그러진 그림들이 본래의 모양대로 온전하고 아름답게 회복되고, 흩어지고 부서진 바퀴들이 놀라운 시계와 같은 도구로 연결되고, 부러진 사다리들이 수리되고, 그리고 털이 뽑힌 날개들이 새롭고 거대한 깃털로

---

19) 50개 판(版) 중 20개가 형식과 내용에서 본질적으로 차이가 있었다. Anton, Gindely, *Geschichte der Bohmischen Bruder*, vol. 1 (Osnabruck, 1861), p. 39. 이러한 고백적 선언들의 목록을 위해 Milos Strupl의 "Confessional Theology of the Unitas Fratrum," *Church History* (1964), pp. 291-293의 색인을 참조하시오.

회복된다. 그리스도께서는 순례자가 앞으로 두 장소에 거처할 것을 설명한다. 왜냐 하면 그 자신이 "하늘에서와 지상에서 참회하는 마음"으로 두 곳에 머물기 때문이다.[20]

둘째, 『세상의 미로와 마음의 낙원』에서 제시된 코메니우스 신학의 두 번째 줄기는 교회 일치 사상과 교회 개혁으로 나타난다. 이미 언급한 바와 같이, 그의 영성에 나타난 많은 요소들은 그 자신의 교회인 형제단 교단의 신학적 강조에 기원을 두고 있다. 그 교단은 실제로, 교회 일치 운동이 발생하기 훨씬 오래 전부터 세상의 모든 교회의 일치를 지향하는 전통을 계승해 왔다. 이러한 영향을 받은 코메니우스는 모든 그리스도인들에게 그리스도를 믿는 신앙의 하나 됨과 진실한 그리스도교의 경험적이며 실천적 속성을 강조했다. 그러나 불행하게도, 그가 제시하는 그리스도교회와 그리스도인들의 영적인 이상들이, 특히 유럽의 신학에 상대적으로 거의 알려져 있지 않았다.

그러나 체코 문학의 걸작으로 알려져 온 『세상의 미로와 마음의 낙원』에서 저자는, 스스로 받은 하나님의 은혜로 그의 정력을 바쳤던 다양한 교회의 일치를 줄기차게 제시하였다. 그는 이미 현대신학에서 강조되는 교회 일치 사상의 기초와 실천적 과제를 선도해 온 진정한 교회 일치 주창자(homo oecumenicu)[21]였다. 그 당시에는 그리스도인들의 통합과 교회 일치와 조화를 위해 열성적으로 관여했던 사상가들을 거의 발견할 수 없었다. 그러나 코메니우스는 개신교도들과 각 교회와 교파들 사이에서 관행이 되어 왔던 경직된 신앙 고백과 무분별한 교회의 분열을 화해시키기 위해 여기에서 교회 일치의 필연성을 주장했다.

코메니우스는 1612~1613년 사이에 독일 국경 지역이었던 헤르본(Herborn)에서 그의 학업을 마친 후, 하이델베르크대학으로 가서 1년 더

---

20) 이 책, 제40장 1절.
21) Howard Louthan and Andrea Steerk, p. 3.

그의 학업을 계속했다. 그곳에서 코메니우스는 개혁신학자인 데이비드 파레우스(David Pareus, 1548~1622)의 영향을 받고, 1637년 그의 교회 일치 사상을 집대성한 『평화의 길』(*via pacis*)을 출판했다.[22] 그의 저서에서 제시된 교회 일치 정신은 그 당시 보헤미아형제단과 교도들이 주장했던 그리스도교회의 위대한 이름은 그리스도인들의 전체성으로 통합한 교회만을 위해 보존되어야 한다는 신념에 근거하고 있었다. 여기에서 그는 모든 그리스도교회가 하나로 보존되어야 하기 때문에, '통합(unity)', 혹은 '교회일치(ecumenism)'라는 명칭을 선택하였다. 따라서 코메니우스는 그리스도교의 일치와 통합에 입각하여 다른 종교의 이해와 관용(toleration)을 강조한 가장 위대한 대변자 중 한 사람이었다.[23]

코메니우스의 교회 일치 정신은 『세상의 미로와 마음의 낙원』에서 표현된 다음 글에서 잘 나타나 있다. "지혜롭고 좋으신 하나님께서 보다 큰 집을 위한 처소를 준비하시기 위하여. 다시 말하면, 그가 아끼시는 작은 형제단 교회의 자리에 그의 더 크신 사랑으로 큰집을 세우기 위해 그의 작은 집을 헐어내신다. 이러한 모습으로 고국의 어디에서든지, 나아가 온 지구의 백성들 가운데에 지금까지 대다수의 특수한 종파와 연합체에만 비추었던 촛불이 지금은 높은 등잔 위에 놓일 것이다. 거기에서부터 그 촛불이 교회의 집들과 세상의 집들 속에 있는 모든 인류에게 밝게 빛날 것이다." 저자는 스스로 그의 의무를 "나의 뒤에 있는 작은 형제단 교회의 문을 닫고 그리고 위대한 형제단 교회의 문을 나의 앞에서 여는"[24] 문지기로 생각하였다. 이와 같이 그는 교회 일치의 소망을 가진 문지기였다.

---

22) Howard Hotson, "Irenicism and Dogmatics in the Confessional Age: pareus and Comenius in Heidelberg, 1614," *Journal of Ecclesiastical History* 46 (1995), pp. 432-453을 참조하시오.
23) Howard Louthan and Andrea Steerk, p. 4.
24) John Amos Comenius, *the Labyrinth of the World and the Paradise of the Heart* trans. by Howard Louthan and Andrea Sterk (New York: paulis Press, 1998), Introduction.

셋째, 코메니우스의 신학은 희망의 신학이다. 그를 일생 동안 지켜 왔던 생의 유일한 에너지는 미래를 지향하는 희망이었으며, 그것이 곧 그의 생활과 활동의 내적 차원인 '불굴의 의지'를 형성하고 있었다. 그의 인격은 인간적으로 낙관적인 인간성을 소유하고 있었을 뿐만 아니라, 종교·신앙적으로는 완전한 종교개혁과 모든 인간사들의 우주적 개혁, 인종의 통합과 평등성의 신조, 그리고 인류의 모든 형제애를 포괄하는 유일한 희망과 비전으로 형성되어 있었다.

이미 언급한 대로, 그 당시 코메니우스가 살았던 세상은 전쟁과 질병, 고통과 시험, 부정과 불의로 만연되어 있었기 때문에, 그는 세상의 그러한 현상을 '미로'라는 풍자적 언어로 표현하였다. 그러나 그는 다른 한편, 세상을 일방적인 허무주의적 경향이나 패배적 망상에 국한시키지 않고, 새로운 희망과 유토피아적 전망으로 세상을 극복할 "마음의 낙원"을 도입하였다. 그가 표현한 '유토피아적 특징'은 하나님의 약속에 따라서 그를 신실하게 섬기며, 그리고 그러한 이유 때문에 세상을 손쉽게 포기하지 않고 오히려 세상의 변화를 추구하는 '가능적 희망'을 의미한다. 그가 주창하고 있었던 희망의 신학에 근거하여, 그는 그의 작은 희망을 원대한 희망의 기초로 일치시켰으며, 인류를 위한 작은 계획을 위해 원대한 교육적 사명, 즉 인류를 위한 그의 헌신과 새로운 교수 방법을 향상시키기 위한 부단한 노력을 엿볼 수 있다. 그는 일생 동안 그의 생의 중심에 '희망'이란 미래지향적 함축성을 품고 있었으며, 그 희망은 세상의 변화를 위해 포괄적으로 실천되어야 할 한 기반으로 해석되어 왔다.

『세상의 미로와 마음의 낙원』의 현대적 의미

코메니우스의 손자인 자블론스키(D. E. Jablonsky)가 라이프니츠(Leibniz)에게 보낸 한 유명한 편지에서 『세상의 미로와 마음의 낙원』에서 제시한 그의 할아버지의 풍자를 높이 평가했다. 1세기 후에 보헤미아의 저명한 언어학자인 조셉 융그만(Josef Jungmann)은 『세상의 미로와 마음의 낙원』은 "모든 체코 문학에서 가장 아름다운 저서 중 하나"[25]로 예찬했다. 20세기 슬라브계 대부분의 전문가들은 그 저서를 체코 문학의 이정표(里程標)로 고찰하였으며,[26] 따라서 그것은 문학과 언어학의 걸작품이라는 것에 의심의 여지가 없다. 코메니우스는 그의 저서의 헌사(獻辭)에서 그것을 저술하게 된 이유 중 하나가 그의 모국어의 사용을 보존하며 확장하려는 것이었다고 언급했다. 30년 전쟁에서 유럽 가톨릭의 승리로 체코 언어가 매우 위태로운 처지에 있었을 때, 물론 그 언어가 18세기경에 이르기까지 실제적으로 문학적 언어로 사용되는 것이 중지되어 왔지만, 그가 『세상의 미로와 마음의 낙원』을 저술했다는 것은 의미 있는 일로 기억해야 한다.

체코의 언어학자들과 문학자들의 중요한 평가와 함께, 한 노르웨이 학자는 코메니우스의 경력에서 그렇게 일찍이 이러한 성숙한 작품이 등장한 것에 대해 쉽게 설명될 수 없다고 논평했다.

한편, 피상적으로 『세상의 미로와 마음의 낙원』에 나타난 유토피아적 환상이 교육 개혁가로서 코메니우스의 다른 저서들과 거의 무관한 것같이 보일 수 있다. 그러나 면밀하게 검토해 볼 때, 『세상의 미로와 마음의 낙원』은 그의 전 생애에 걸쳐 사로잡고 있었던 교육적 문제뿐만 아니라, 인간생활의 실천적 문제와 초월적 영성의 문제를 다루고 있다. 이 문제는 인간의 지성적, 영적 문제일 뿐만 아니라, 모든 시대에 걸쳐 사람들을 사로잡고 있는 실천적 문제이다. 사람들은 선과 악을 구별하는 데 도움이 되는 훈련을 필요로 한다. 『세상의 미로와 마음의 낙원』은 이러한 과제에 도움을 주기 위해서 저술되었다.[27]

---

25) Josef Jungmann, *Historie Literatury Ceske* (Prague, 1849), p. 282.

26) 관계 있는 자료는 Jan Lehar, " 'Labyrintu sveta' (The Labyrinth of the World) and Its Characters," *Acta Comeniana* 4 (1979), pp. 225–251과 Karel Kucera, "An Analysis of the Vocabulary of the Labyrinth of the World and the Paradise of the Heart," *Acta Comeniana* 4 (1979), pp. 329–352 이다.

27) "만약 당신이 이성으로 그것들(세상의 결점들)을 따른다면, 당신은 내가 행한 것과 같이 우

　　의심할 여지 없이, 코메니우스의 정신적 유산을 계승했던 현대 예언자는 시인이자 전 체코공화국 대통령이었던 바츨라프 하벨(Vaclav Havel)일 것이다. 두 사람은 세상에 펜과 잉크로 그들의 흔적을 남긴 공통점을 가지고 있다. 두 사람은 인류를 위한 보편적 사랑과 하나님을 향한 신앙을 세상에 실현하기 위해서 온갖 고통을 당하며 박해를 받아 왔으나, 한 사람은 망명을 떠났고 다른 한 사람은 감옥에서 시간을 보내면서 그들의 정신적 유산을 축적해 왔다. 1989년 하벨은 벨벳혁명(Velvet Revolution)을 주도하여 그의 조국 체코의 대통령이 되었으며, 이러한 공적을 인정받아 2004년 '서울평화상' 수상자로 선정되었다. 그러나 가장 중요한 것은 두 사람 사이를 연결하는 심오한 영적 관계이다. 하벨은 그가 쓴 수많은 글과 시에서 20세기 후반의 정치와 권력의 윤리적 차원을 탐구하고 있다. 그는 생생한 언어로 자본주의와 공산주의와 이념적 경쟁의 붕괴로 세계가 발견하게 된 도덕성의 진퇴양난을 묘사하고 있다.[28]

　　이와 같이, 오랫동안 체코 문학의 고전으로 여겨 왔던 코메니우스의 『세상의 미로와 마음의 낙원』은 현대의 지성적 영적인 경향과 특별한 관계를 맺고 있다. 저자는, 그 당시와 마찬가지로 오늘날에 발생하는 동일한 세상의 부패와 불의에 대항하기 위해 인간의 고결한 덕성과 영성을 그 핵심으로 삼을 것을 깊이 성찰하고 있다. 그는 그의 작품에서 물질주의에 대한 신랄한 비판, 학문적 생활에 대한 예리한 풍자, 그리고 인생의 궁극적 의미와 행복을 추구하기 위한 노력은 놀랍게도 현대인의 귀에 절실하게 울리고 있다. 실제로 『세상의 미로와 마음의 낙원』의 메시지는 오늘날에도 1623년에 그것이 처음 저술되었을 때와 매우 일치하고 있다는 사실을 부

리 민족의 비극적인 혼돈을 직감할 것이다. 만약 그것이 그렇지 않게 생각한다면, 당신은 모든 것을 거꾸로 보는 보편적인 기만의 안경이 당신의 코에 얹혀 있다는 것을 알라." 이 책, "독자에게", 6절.

28) Vaclav Havel, *Living in Truth* (London, 1986), pp. 36-122 안에 있는 하벨(Havel)의 유명한 수필, "The Power of the Powerless"를 참조하시오. Howard Louthan and Andrea Steerk, pp. 7-8.

세상의 미로와 마음의 낙원

인할 수 없을 것이다.

* * *

『세상의 미로와 마음의 낙원』(*Labyrint sveta a raj srdce*)의 한국어 번역은, 1900년 영국의 루트조우(Lutzow) 백작이 영역한 *The Labyrinth of the World and the Paradise of the Heart*의 두 번째 판인 1905년 판을 기초로 하였다. 본 저서의 한국어 번역에는 이숙종 교수(강남대), 이규민 교수(호남신대), 이금만 교수(한신대), 그리고 김기숙 교수(서울여대)가 참여하였으며, 전체 내용의 교정은 코메니우스 연구가인 민경주 선생께서 수고하였다. 특별히, 경제적으로 매우 어려운 시기에 본 저서의 출판을 흔쾌히 허락하신 예영커뮤니케이션 김승태 사장님께 깊은 감사를 드린다.

시내산 연구실에서
2004년 11월 19일
이숙종

새 번역본에 부치는 글

역자는 본인이 번역한 코메니우스의 『세상의 미로와 미음의 낙원』 최초의 번역본에 다시 첨가할 내용을 거의 가지고 있지 않다. 그러나 본인은 보헤미아 사람들이 가장 애독하는 본 저서가 본인에게 대단한 만족감을 주었듯이, 영미 독자들 사이에서도 그와 같이 성공리에 본 저서를 접하기를 원한다. 미국에 정착했지만, 아직도 옛 고향을 그리워하고 있는 나의 동족들 몇몇 사람은 공식 언어로 사용하는 영어로 본 걸작을 번역한 일에 대해 본인에게 감사의 글을 써 주었다. 본인은 이 기회를 통하여 전혀 알지 못하는 많은 사람들이 보내 주신 회신에 보답하고자 한다.

『세상의 미로와 마음의 낙원』이 세계의 수많은 위대한 명작들을 출판해 온 「템플 고전」(Temple Classics)의 시리즈에 포함된 것은 본인에게 자긍심과 함께 마음으로부터 우러나오는 기쁨이 되었다. 『세상의 미로와 마음의 낙원』이 세계의 위대한 고전 중 한 작품이라는 본인의 확고한 신념이, 본인의 동향인들과 함께 나누고 있는 코메니우스의 걸작에 대한 극찬 때문만은 아니라는 생각으로 본인에게 큰 격려가 된다.

『세상의 미로와 마음의 낙원』과 존 번연의 최근 판인 『천로역정』과의 비교는 몇 가지 논쟁을 불러일으켰다. 본인은 이 문제에 관하여 이전 번역본에서 언급했던 것에 첨가할 것이 없다. 현재의 부치는 글과 코메니우스 저서의 본인의 번역은, 최초의 번역본에 제시된 것과 같이 여기에서 재론되고 있다. 본인은 다만 몇 군데의 사소한 오류를 수정할 수 있을 뿐이다.

1905년 3월 30일
런던 아우들레이 가(街)에서 루트조우(Lutzow)

　역자는 보헤미아의 저자의 한 작품을 영어를 공식어로 사용하는 세계의 많은 독자들 앞에 감히 제시하려는 시도를 하고 있다고 생각한다. 심지어 나의 조국의 이름도 분명하게 알지 못하는 영국 독자들에게 그렇게 관련이 없는 일을 알리게 된 것이다.

　보헤미아의 비평가들이 코메니우스의 걸작인 『세상의 미로와 마음의 낙원』을 세계의 위대한 저서 중 하나로 요청하며 내린 판단은, 그렇게 애국적인 판단과 예견에 근거한 것이 아닌 것 같다. 본 저서가 거의 알려져 있지 않은 것은 다양한 원인으로 볼 수 있다. 『세상의 미로와 마음의 낙원』이 세상에 나타났던 거의 같은 시기에 모라비아형제단인 코메니우스의 교회가 보헤미아로부터 추방되었기 때문에, 그 공동체의 한 저명한 인사에 의해 저술된 그 저서는 그 책에 쓰인 언어가 거의 제한적으로 알려진 나라들에서는 독자들을 거의 발견할 수 없었다. 보헤미아의 독립 이후에 완전히 사양길에 있었던 그 언어가 1620년 프라하 근교에 있었던 화이트마운틴(White Mountain) 전쟁에서 거의 소멸되었다. 이러한 재난들이 수년간 계속되었다. 코메니우스 신학의 연구가인 폰 크리게른(von Criegern) 박사는 1749년 코니그라츠(Koniggratz)에서 출판되어 위험성을 피하여 숨겨진 저서들의 목록이 『세상의 미로와 마음의 낙원』에 포함되어 있었다고 언급한다. 심지어 19세기 초기에도 본 저서의 편집이 금지되었다. 역자는 나중에 『세상의 미로와 마음의 낙원』의 다양한 편집을 논하고 코메니우스의 종교적 견해와 사상을 다룰 때 이 사실들을 다시 언급하겠지만, 여기에서는 『세상의 미로와 마음의 낙원』이 이상하게도 '혐오스러운 신학자들(odium theologicum)'의 상황에서 매우 자유롭다는 것이 언급될 것이다.

보헤미아 사람들은 항상 『세상의 미로와 마음의 낙원』에 열중해 왔다. 본 저서에 나타난 신비주의는 그들에게 매우 본질적인 것이었기 때문에, 내용에 포함되어 있는 다양한 그림 같은 사연들은 사람들의 상상력을 자극했다. 본 저서는 금지되었지만, 파손을 모면한 몇몇 사본들이 은밀하게 손에서 손으로 전달되었고, 보헤미아 시골 농부들의 흩어진 초막집들에 이르기까지 안전하게 숨겨져 있었다. 자신들의 신조를 포기하는 일보다 더 사랑했던 조국을 떠난 보헤미아 망명자들은 종종 그들의 수중에 『세상의 미로와 마음의 낙원』을 간직하고 있었다. 크랄리체 성경[1]과 함께 그 저서는 본 저서의 표제면에 역자에 의해 인용된 보헤미아 사람들이 불렀던 찬송가의 언어와 함께 그들의 유일한 세속적 소유가 되었다.

일반적으로, 영국에서 코메니우스(Comenius)로 불러 왔던 코멘스키(Komensky)는 결코 많은 보헤미아 작가들의 운명과 동일하지 않은, 다시 말하면 완전히 잊혀지지 않았다. 그는 라틴어로 저술된 그의 교육 저서들이 항상 교사들에게 알려져 왔던 것처럼 사라질 그의 운명으로부터 남아 있었다. 따라서 그의 『열린 언어의 문』(*Janua Linguarum*)[2]이 거의 2세기 동안 학교 교과서로 사용되었다. 본 저서의 영어–라틴어 번역본이 1800년 후반에 옥스퍼드에서 출판되었다. 『세계의 도해』와 같은 코메니우스의 다른 교육 저서들도 널리 알려졌다. 다른 한편, 그의 후기 철학적, 혹은 '범지학(pansophic)'으로 불렸던 저서들이 인정을 받고 있었으나 매우 제한적이었다. 코메니우스가 『세상의 미로와 마음의 낙원』을 저술했을 때 소유했던 그의 사상의 응집력과 그의 마음의 집중력은, 비록 짧은 기간 동안 범지학의 저서들이, 특히 영국에서 몇몇 사람들의 관심을 얻게 된 것에 비하여, 그의 생애 후대에 와서 그를 매우 실망시켰다.

---

1) 이것은 16세기 말경 모라비아에 있는 크랄리체(Kralice)에서 소집된 '형제단 교단(Unity)'의 서너 명의 성직자들의 합동 작품이었던 성경의 번역을 의미한다. 그것은 보헤미아 어법(語法)의 모형이었기 때문에, 코메니우스가 이 책 『세상의 미로와 마음의 낙원』을 저술할 때 어느 정도 그것을 모델로 삼았다.

2) 본 저서 *The Gate of Tongues Unlocked*는 저자가 1629년에 저술하기 시작하여 1631년에 폴란드 레슈누에서 출판되었다(한글 역자 주).

전문 교사나 학자는 아니지만, 범지학 저서들에서 발견할 수 있는 자연사(自然史)와 자연철학에 관한 과거의 오랜 이론들에 대해 역사적 관심을 가지고 있는 사람들에게 코메니우스의 가장 귀중한 저서는 항상 『세상의 미로와 마음의 낙원』이 될 것이다. 그 작품은 결코 그의 최초의 작품은 아니지만, 저자의 청년 시기의 저서로서, 그의 생애의 후반에 와서 다소 널리 알려진 그의 사상들에 집중하면서, 그는 몇몇 지면을 통해 17세기 초에 살았던 사람들에게 제시했던 것과 같은 보헤미아와 독일 생활과 그의 사상의 완전한 형상을 제시했다.

『세상의 미로와 마음의 낙원』의 배경[3]

본 저서에서 온전한 책명으로 표현한 『세상의 미로와 마음의 낙원』은 세상을 도시로, 그리고 인간의 세상을 살펴보며 관찰하는 순례자로 상상하는 세상의 옛 풍상에 기초를 둔 저서들의 거대한 장르에 속한다. 이러한 풍자적 개념은 다양한 저서들의 표현과 내용에 따라 각각 다른 형태를 나타내고 있는 것이 당연하다. 종종 코메니우스의 경우에서와 같이 세상이 두 가지 형태, 즉 조롱거리가 되는 악하고 '세속적 세상'과, 영혼이 '모든 것의 중심'이 되시는 하나님과 연합한 가운데 위로를 찾는 '마음의 낙원'으로 제시된다. 흔히 후자의 이상적 세상은 플라톤에서 그 후대에 이르기까지 수많은 작품에서 서술되었다. 역자의 견해로, 코메니우스가 플라톤의 저서들을 알고 있었던 것은 사실이지만, 그는 오히려 케베스(Kebes)[4]의 저서에 더욱 친숙했다고 생각된다. 거의 알려져 있지 않았던 이 저서가 코메니우스에게 상당한 영향을 주었다는 것은 의심할 나위가 없다. 본인은 1640년 레이든(Leyden)에서 발행한 본 저서의 사본을 소유하고 있다.

---

3) 이하의 내용은 한글 역자의 편의에 의해 구분하였음을 밝힌다.
4) 이 저서는 오랫동안 플라톤의 제자인 Kebes에 속해 있었다. 최근의 연구에 의하면, 그것은 마르쿠스 아우렐리우스(Marcus Aurelius) 황제가 통치하던 시대에 한 철학자에 의해 저술된 것으로 가정하게 되었다.

그 책은 코메니우스의 풍자적 작품의 실례로 상상할 수 있었던 도판(圖版)을 포함한다. 우리는 모든 사람이 들어가야 하는 생명의 문(門)과, 그들의 소명에 따라서 거주하는 다양한 거리들, 그리고 저 높은 곳에서 영원한 축복의 안식처들을 바라본다. 토머스 모어의 『유토피아』(Utopia) 와 캄페넬라(Campenella)[5]의 『태양의 도성』(Civitas Solis)은 코메니우스가 『세상의 미로와 마음의 낙원』을 저술할 때, 그의 책에서 두 사람의 이름을 언급한 것으로 보아 많은 영향을 주었던 것이 확실하다. 한편 코메니우스는, 그의 후기의 저서들에서 종종 언급한 베이컨(Bacon)[6]의 저서들에 대한 연구가 상당하다는 증거는 있지만, 항상 '참 천재(Verulamius)' 라고 불렀던 그의 영향을 받은 흔적은 그 저서에서 거의 찾아볼 수 없다. 아마도 코메니우스가 그 이후에 리사(Lissa)에서 이 저서들을 연구했던 것으로 추측할 수 있다.

그러나, 코메니우스가 『세상의 미로와 마음의 낙원』을 저술할 때 가장 영향을 주었던 책들은 대부분 요한 V. 안드레에(Johann Valentine Andreae)[7]의 저서들이었다. 안드레에의 저서들에서 발췌하여 『세상의 미로와 마음의 낙원』에 표현한 유사한 구절들이 폰 크리게른 박사의 저서인 『신학자로서 코메니우스』(Comenius als Theolog)에 상세하게 수집되어 있다. 불행하게도, 이 귀중한 책은 슬라브 민족에게 그 사상의 모든 독창성을 적극적으로 부정한 게르만 족의 열광으로 퇴색되었다. 이러한 비교 유추들이 안드레에의 다양한 저서들로부터 선택되었다는 단순한 사실은

---

5) 이탈리아 철학자이자 도미니카 교단의 사제였던 Thomas Campanella(1569~1639)는 그 당시 널리 알려졌던 아리스토텔레스의 오류를 비판하고 '신정정치(Theocracy)' 의 실현을 강조했다(이숙종 저, 『코메니우스의 敎育思想』, 敎育科學社, 1996), pp. 75~84를 참조하시오.

6) 코메니우스는 그의 저서 Physica에서 Verulamus와 Companella를 괴물 아리스토텔레스를 정복했던 두 명의 Hercules로 기록하고 있다.

7) 루터교 성직자로서 그는 1586년에 태어났으며 그 당시 풍유의 방법으로 널리 알려진 저술가였다. 그는 몇 년 동안 슈투트가르트(Stuttgart)에서 궁정 목회자였으며 바벤하우젠(Babenhausen)에서, 그리고 그 후에는 아델라베르크(Adelaberg)에서 개신교 대수도원 원장이었다. 그는 1654년 슈투트가르트에서 사망했다.

폰 크리게른 박사의 주장을 약화시키고 있다. 여기에서 이러한 문제를 논의하는 것이 역자의 목적은 아니다. 『세상의 미로와 마음의 낙원』의 제1장이 안드레에의 *Peregrinus*의 첫 부분을 풀이하고 있으며, 그리고 순례자가 철학자들을 방문한 내용(제11장)은 안드레에의 『그리스도교 신화』(*Mythologia Christiana*)의 구절을 기초로 하고 있으며, 또한 순례자의 장미십자회원(Rosicruciana)[8]의 방문은 주로 그 공동체에 관하여 저술한 안드레에의 저서들로부터 발췌한 것이다. 그러나 이 부분은 코메니우스 사상의 독창성으로 표현된 것일 수 있다. 이상적 도시의 개념뿐만 아니라, 세상을 여행하고 있는 순례자의 상상은 그 당시 세상에 널리 알려진 고전적 사상들이다. 옛 세상을 묘사하고 있는 안드레에의 『그리스도의 도성』(*Republic Christianopolitan Descripto*)은, 역자가 이미 언급한 『태양의 도성』을 모방하고 있다. 안드레에의 저서들에서 대략 나타난 것과 같이, 코메니우스가 그로부터 영향을 받았던 이러한 개념들을 어떻게 풍부하게 확대하여 생생하게 표현했는가를 알 수 있을 것이다. 폰 크리게른 박사는 가능한 한 『세상의 미로와 마음의 낙원』의 비관론은 안드레에의 영향을 받은 것으로 언급하려고 한다. 그는, "안드레에는 그의 견해로 보거나, 심지어 쇼펜하우어(Schopenhauer)를 닮은 그의 외모로 보아서 완전히 비관론적이다."라고 서술하고 있다. 코메니우스의 생애에 관한 보다 심층적인 연구에 의하면, 최소한 『세상의 미로와 마음의 낙원』의 코메니우스는 그 시대의 환경으로 보아 매우 비참한 처지에 있었기 때문에, 그러한 감정을 강하게 표현할 외적인 영향력을 더 이상 요구하지 않았던 것이 분명한 것 같다. 역자의 생각으로는, 코메니우스가 학교 교재들을 저술했을 때, 현명하게도 그러한 견해들을 표현하는 일을 자제했다는 것은 매우 자연스러운 일이었으며, 또한 『세상의 미로와 마음의 낙원』 이후에 수년간 저술한 책

---

8) 드 큐이네(de Quiney)는 장미십자회원들의 기원을 연구한 그의 역사적 비평에서 안드레에 자신이 그 공동체의 창시자이자 혹은 최소한 재생자라는 사실을 밝히고 있다. 성 앤드류(St. Andrew)의 십자가와 네 송이의 장미들이 담긴 그의 문장이 확실하게 장미십자회원들의 기장(紀章)이다.

들은 확실히 낙관주의 경향을 나타내고 있었다.

코메니우스가 『세상의 미로와 마음의 낙원』을 저술할 때 그는 확실히 비관론자였다. 최근 몇 년간 그 용어가 광범위하게 그리고 막연하게 사용되었기 때문에, 역자가 언급한 그러한 의미로 언급하는 것이 당연할지도 모른다. 역자는 현재의 세상에서 생활의 감성과 감수성을 요약하여 설명하면서, 고통당하는 사람들이 기쁨에 넘치는 사람들보다 더욱 강인하고, 그리고 셀 수 없이 많다고 믿고 있는 사람을 비관론자라고 생각한다. 만약 우리들이 이러한 기준을 가정한다면, 한 개인이 미래 생활의 즐거움이 현재 생활의 공포와 전율을 선하게 한다는 것을 믿거나, 혹은 그가 열반(涅槃)의 침묵을 동경하거나, 그의 개체성을 세계 정신의 전체성으로 흡수하는 것을 인내를 가지고 기다리거나 간에 그 사람은 비관론자 그 이상도 혹은 그 이하도 아니다. 코메니우스가 비관론자였다는 것을 입증하기 위해서는 『세상의 미로와 마음의 낙원』의 마지막 몇 장(제37장)을 제외하고 탐독해도 가능하다. 저자는 본 저서의 후반에서 '마음의 낙원'이라는 별개의 다른 명칭을 부여했다. 코메니우스는 다소 신학적 논쟁을 불러일으킬 수 있겠지만 자신을 헌신적 그리스도인으로 기록하고 있으며, 실제로 형제단 교회의 일원이었다. 코메니우스에게 있어서 행복이란 물론 얻기 어려운 것일 수 있겠지만 어디에서든지 발견할 수 있는 것으로 보인다. 역자의 생각으로, 이 말 즉 행복이 『세상의 미로와 마음의 낙원』의 기반이라고 생각한다.

역자는 지금까지 『세상의 미로와 마음의 낙원』보다 앞선 풍유적 이야기들을 담은 작품들을 언급해 왔지만, 그 이후의 것으로 유사한 작품은 『천로역정』(*Pilgrim's Progress*)[9]이다. 두 저서에서 한 순례자가 갖은 고통과

---

9) 역자의 견해로 존 번연(John Bunyon)은 이 책 『세상의 미로와 마음의 낙원』을 이미 알고 있었던 같고, 그가 사용한 'Pilgrim's Progress'라는 말은 자신의 언어가 아니라, 다른 사람에 의하여 사용한 명칭과 명성을 언급한 것으로 알려진 것이다. 역자는 이 사실이 개연성이 있다고 생각한다. 물론 『세상의 미로와 마음의 낙원』의 영역본은 전혀 없었으며, 코메니우스가 런던에 체류하는 동안 그의 저서에 대해 언급했을지도 모르는 일이지만, 본 저서에 대한 정

많은 시험을 받으며 죄악의 세상을 여행한다. 악의 안내자들이 코메니우스의 순례자와 번연(Bunyon)의 순례자를 잘못된 길로 인도하지만, 마침내 두 순례자는 하나님의 은혜로 슬픔을 위로 받고 완전한 행복을 찾는다. 두 저서 사이에 사소한 유사성이 많이 제시되고 있으며 그 실례로, 독자가 스스로 발견하게 될 다소 희극적인 시험을 담고 있다. 또한 두 저자가 경험한 매우 상이한 환경에 근거하여 두 작품 사이에서는 극심한 대조를 이루고 있다. 번연은 그 자신의 공동체와 그 당시 하층 생활의 원리들을 알고 있었다. 한편 코메니우스는 『세상의 미로와 마음의 낙원』을 서술하고 있었을 그 당시에, 세상을 여행하면서 학교와 대학들에서 연구했으며, 그 당시 최근의 신학적 철학적 이론들을 탐구하면서 많은 학자들과 대면했다. 그리고 그 당시 귀족인 제로틴의 찰스(Charles of Zerotin) 영주와의 친분 관계로 세상의 위대한 사람들의 생애에 관한 지식도 얻게 되었다.

보헤미아의 작가들은 후대의 작품들 중에서 『세상의 미로와 마음의 낙원』과의 유사성을 찾고 있었으며, 괴테(Goethe)의 『빌헬름 마이스터의 수업』(*Wilhelm Meister's Lehr und Wanderjahre*)을 코메니우스의 걸작과 비교했다. 이러한 비교는 너무 역설적이기 때문에, 지나가는 몇 마디 언급 이외에 다른 것을 언급할 수 없다.

『세상의 미로와 마음의 낙원』의 내용

『세상의 미로와 마음의 낙원』의 내용을 간단하게 소개하는 것이 좋을 것이다. 인간의 마음에서 선과 악과의 차이를 이해하는 나이에 이르게 될 때, 순례자는 그것을 살펴보기 위해 세상의 여러 곳을 순회하기 시작하여 그가 어떤 사람들의 집단과 함께해야 하며, 그리고 어떤 문제가 그의 삶을 지배해야 하는지를 이해한다. 순례자는 세상의 여왕인 '허무(Vanity)'의

보가 번연에게 전혀 전달되지 않았다. 그 이외에도, 역자가 이미 언급한 것처럼 두 저서가 기초로 하고 있는 사상은 그 저서들보다 훨씬 오래된 것이다.

종들로서 악한 안내자들인 '탐구자(Searchall)'와 처음으로, 그리고 그 다음에는 '거짓(Falsehood)'과 동행한다. 여왕의 주임 시종인 '운명'의 허락으로 순례자는 세상의 도시로 들어가게 된다. 그는 그 도시가 원형으로 건축되어 있으며, 수많은 거리와 광장, 집들과 크고 작은 건물들로 구분되어 있는 것을 목격한다. 여섯 개의 주요 거리들은 코메니우스가 이름을 부여한 여섯 명의 주요 직업과 사회적 계층에 따라 명명되어 있다. 그 거리들은 결혼한 사람들, 무역업자들, 학자들, 성직자들, 행정관들과 통치자들, 그리고 마지막으로 기사들과 용사들의 거리이다.

보헤미아의 작가들은 종종 이러한 구분들이 다소 애매한 것으로 언급해 왔다. 예를 들어, 결혼생활을 다른 직업들이나 소명과 구별되는 계층으로 제시되었다는 것은 그리 흔치 않은 일이다. 다른 한편, 독자는 코메니우스가 보헤미아와 같은 대규모의 농업 국가에서 저술하는 동안, 농부들을 하나의 계층으로 언급하지 않았다는 사실에 놀라게 된다. 역자는 이러한 문제에 관하여 감히 추측하게 된다. 첼시키(Chelcicky)에서 톨스토이 백작(Count Tolstoy)에 이르는 슬라브계 작가들이 항상 농부들에 관하여 표현해 왔던 깊은 배려와 동정심은 또한 코메니우스에서도 분명하게 나타난다. 『세상의 미로와 마음의 낙원』 전반부의 주요 목적은 모든 직업들은 다만 허무에 불과하며, 그리고 선한 것보다 악을 포함하고 있다는 것을 입증하는 코메니우스의 교훈을 발견할 수 있다.

순례자가 두 개의 문을 통과한 후에, 위에서 언급한 사람들의 다양한 계층들을 차례대로 살펴본다. 코메니우스가 결혼 생활을 논하고 있을 때 역자의 생각으로, 그가 세속적인 모든 것은 악이라는 이론을 계속 주장하는 것으로 미루어 보아 비관론적 견해를 표현한다. 왜냐 하면, 1622년에 홀로 남게 되었던 코메니우스가 1624년에 재혼했으며, 그리고 나서 두 번째 부인을 사별한 후에 생의 후반기에 다시 결혼하게 된 것을 언급할 수 있기 때문이다. 순례자가 시장의 거리에 이르렀을 때, 여기에서 코메니우스는 상품을 거래하며 교환하는 일에 종사하는 사람들이 살아가는 위험스럽고 수고로운 생활에 밝은 빛을 던져 주는 것을 묘사한다. 마부(馬夫)들이 극심한 고통을 당하고, 선원들의 운명이 더욱 악화되어 간다. 바다의 항해와 연이어 발행한 배의 파선에 대한 묘사는 그림과 같이 매우 사실적이다. 이러한 표현은 저자가 런던으로 여행하는 동안 경험한 것을 기초로 하고 있으며, 그것은 1663년 암스테르담에서 발행한 『세상의 미로와 마음의 낙원』의 편집에 첨가된 내용으로 우리가 처음 접하게 된 것이다. 코메니우스가 마차의 부분들과 배의 여러 부분들을 비교한 것은 『세상의 미로와 마음의 낙원』에 더욱 관심을 끌게 하는 매우 익숙하고 수많은 상상 중 하나이다.

그 후에 순례자는 학자들과 학식이 많은 사람들을 방문한다. 자신의 경험을 통해 서술한 학문 생활의 묘사는 매우 비참하게 표현된다. 플라고서스 오르빌리우스(Plagosus Orbilius)는 그 당시 보헤미아 학교들을 모방한 많은 사람들을 알고 있었다. 그때 순례자가 '최고 학문의 홀' 을 지나 그의 여정을 계속 진행하는 동안, 학자들을 방문한 내용을 다른 어떤 거리들을 방문한 것보다 더 자세하게 묘사한다. 순례자가 연이어서 철학자들을 방문했을 때, 코메니우스는 안드레에를 기초로 하여 호기심이 있는 철학자들의 명단 — 문법학자들, 수사학자들, 시인들 — 을 제시한다. 저자는 그리스와 로마의 이교도 시인들을 맹렬하게 공격하면서, 그는 실제로 교육자로서 그의 능력으로 학교에서 그들을 추방하고 그리스도교 저자들로 대체하기를 희망한다. 다행하게도 고전 학문성의 관점에서 이러한 시도는 실패로 끝났다. 순례자나, 혹은 코메니우스는 그때에 다양한 학문의 분야들을 간단하게 전달하거나, 때로는 그의 시대에서 발달한 과학 이론들에 대한 날카로운 비판으로 가르치는 학자들의 거주지를 방문한다. 때때로 그는 오늘날에 더 이상 과학적 주제로 탐구되지 않는 원적법(遠積法), 철학자의 돌, 점성술, 연금술과 같은 문제들의 숨겨진 역설을 다룬다. 그렇지만, 연금술[10]에 관한 한, 그것은 『세상의 미로와 마음의 낙원』이 저술되어

---

10) 1667년에 스피노자(Spinoza)는 연금술의 주제로 몇몇 친구들과 한 서신을 교환했다: "그는 그 당시에 그 문제(즉 연금술)를 진지하게 생각할 경향이 있었다"-F. Pollock 경, *Spinoza*, p. 62. 이 문제에 관한 스피노자의 견해가 나중에 바뀌었다는 것을 첨가하는 것이 공정하다.

수년이 지난 후에도 학자들에 의해서 매우 진지하고 가치 있는 연구의 주제가 되어 왔다는 것을 기억해야 한다.

그 다음 순례자는 성직자의 거리를 방문한다. 코메니우스는 유대인들과 회교도들에 관하여 간략하게 언급한 후에, 긴 한 장(제17장)을 그리스도교 신조에 할애한다. 여기에서 작가의 견해와 상이한 견해들을 제시하고 있는 종교적 관용의 비교는, 저자가 형제단 교인들을 '진실한 그리스도인들'이라는 언어로 표현하는 깊은 배려가 분명하게 나타나지만 주목할 가치가 있다. 무가치한 사제들과 감독들을 향한 코메니우스의 비난은 다음과 같이 표현한다. "그들은 긴 성직복(聖職服) 위로 쇠사슬로 엮은 코트를 입고, 성직자가 쓰는 네모난 모자인 바라트 위로 헬멧을 쓰고 있고, 한 손에 하나님의 말씀을 잡고 다른 손에 검을 들고 있으며, 앞에서는 베드로의 열쇠를, 뒤에서는 유다의 지갑을 쥐고 있으며, 그들의 마음은 성경으로 교훈을 받지만 그들의 가슴은 사기로 훈련되어 있고, 그들의 혀는 경건으로 가득하지만 그들의 눈은 음탕함으로 가득 차 있다." 이러한 그의 비난은 오늘날에 와서 비그리스도교 공동체의 구성원들에게 매우 공격적으로 보인다. 그리스도교를, 다양한 교리들을 고백하는 사람들을 위해 많은 부속 예배실을 갖춘 거대한 교회로 간주하는 코메니우스의 개념은 그의 작품에서 빈번하게 언급하고 있는 예리한 풍자 중 하나가 된다.

순례자의 다음의 행선지로 행정 관리들과 통치자들 가운데로 안내된다. 재판관들이 세심한 주의력으로 판결을 하지 않는 태도를 고통스럽고 기이한 일로 생각하면서도 코메니우스는 일시적 반응을 전혀 나타내지 않았음을 보여 준다. '돈을 사랑하는 자' '뇌물 수수자' '자신을 사랑하는 자'와 같은 재판관들의 이름들은 번연의 작품에서도 등장하는 인물들이다.

순례자는 행정 관리들 다음에 통치자들을 방문한다. 그들은 눈도 귀도 혀도 없이 다만 파이프를 사용하여 신하들과 의사를 교환한다. 코메니우스는 겸손한 사람이 궁중의 대신들과 고문(顧問)들을 통해서만 보고, 듣고, 말하는 통치자들에게 접근하려고 노력할 때 당하는 고통을 신랄하게 묘사한다.

세상의 미로와 마음의 낙원

순례자가 이어서 군인들과 기사(騎士)들의 거리로 향한다. 여기에서 전쟁과 유혈의 극심한 증오가 형제단 교인들이 경험한 특징으로 분명하게 나타난다. 전투를 묘사하고 있는 제20장은 코메니우스가 지금까지 서술한 가장 충격적이고 웅변적인 내용 중의 하나로 분명하게 찬사를 받고 있다. 기사들에 관하여 코메니우스는 다소 간략하게 서술한다. 그의 서술 내용은 그가 형제단 공동체의 간접적 창시자인 첼시키[11]로부터 그 후대에 이르기까지 그 공동체의 특징이었던 기사의 문장(紋章)과 전래되는 모든 존엄성을 증오하고 있는 것을 보여 준다. 코메니우스가 제로틴의 영주인 찰스의 보호 아래 브랜다이스(Brandeis)에 거주하였고, 따라서 그는 오랫동안 간직한 그에게 베풀어 준 호의를 잘 표현하기 위하여 『세상의 미로와 마음의 낙원』의 헌사(獻辭)에서 이 문제를 다소 피상적으로나마 다루었다는 것은 거의 의심의 여지가 없다. 위대한 정치가이자 보헤미아의 위대한 작가[12]인 제로틴의 찰스는, 실제로 그의 명성에 관한 한 그의 조상들의 영광에 거의 의존하지 않는다. 코메니우스가 기사의 생활에 관한 간단하면서도 가혹한 설명은 제로틴과 같은 거시적인 식견을 갖춘 개화된 귀족에게는 결코 해당될 수 없으며, 만약 그렇다면 그는 그의 나라의 기사들과 귀족들에게 가해지는 날카로운 그러한 공격에 불쾌하게 생각할 수 있을 것이다.

세상 도시의 중요한 여섯 군데 거리에서 허무와 타락을 발견하게 된 순례자는 그의 안내자인 '탐구자'와 '거짓'의 인도로 '행운의 성'의 방향으로 진행한다. 안내자들은 그에게 도시에서 계층에 따라 성공적으로 투쟁해 왔던 사람들은 완전한 위로와 모든 쾌락을 향유한다고 말한다. 여기에서 호기심을 자아내는 단막극이 시작된다. 성의 낮은 문 근처에서 순례자는 신문 기자들을 만난다. 그들을 '저널리스트들'이라고 부르는 것은 한

---

11) Chelcicky를 위해 역자의 저서인 *History of Bohemian Literature*, pp. 152–157과 특히 pp. 159–171을 참조하시오. 역자는 거기에 보헤미아 귀족들의 소유물을 맹렬히 공격하는 Chelcicky의 부분을 싣고 있다.
12) 제로틴의 찰스를 위해 역자의 *History of Bohemian Literature*, pp. 321–325를 참조하시오.

가지 시행착오일 것이다. 그들은 호루라기를 휴대하고 그것으로 즐거운 소리를 내거나, 혹은 구슬픈 소리와 같은 각각 다르고 일치하지 않는 음을 낸다.

성에 있는 중요한 한 문인 미덕의 문(門)으로 안내된다. 그러나 종종 일어나지는 않지만 어려운 난관에 봉착한다. 거기에는 또한 위선, 불의, 폭력 등과 같은 다양한 명칭을 가진 몇 개의 문들이 있다. 바깥 경계선을 통과한 사람들까지도 성으로 올라가는 것이 허용되지 않는다. 성으로 올라가는 일은 행운의 여왕에게 호의를 가진 사람들을 위로 올라가도록 바퀴로 들어올리는 그녀의 기분에 달려 있다. 성은 세 개 층으로 되어 있으며, 층마다 부자들, 호색가들, 유명 인사들이 거주한다. 순례자가 처음 부자들을 방문하게 됐을 때, 그들이 금으로 믿고 있는 쇠사슬을 목에 걸고 있는 것을 발견한다. 그때 그는 난봉꾼들이 있는 연회장으로 뛰어넘어 간다. 코메니우스는 여기에서 실제로 희극적 인물의 실례를 제시한다. 순례자가 처음에는 연회에 참석한 사람들의 행위에 혐오를 느끼며 그들을 신랄하게 비난한 후에 그 자리를 떠난다. 그러나 그는 안내자의 권유로 다시 돌아와서 연회에 참석하여 자유롭게 함께 즐기게 된다. 그러고 나서 그가 불멸을 성취했던 유명 인사들이 거주하는 곳에 이르렀으나, 그들 중에 자신의 명성을 유지하려는 사람들 때문에 다시 실망한다.

순례자는 세상의 노동과 쾌락이 매우 공허하고 혐오스럽다는 것을 발견하고 다시 실망하기 시작하자, 안내자들은 그를 지혜의 여왕의 궁전 — 실제로 세속적인 지혜이자 허무 — 으로 안내할 것이라고 말하며 그를 위로한다. 그는 여왕이 황홀한 풍자적 이름들을 가지고 있는 고문들과 호위병을 대동하고 있는 것을 발견한다. 그때 안내자들은 모든 일에 불안과 싫증을 느끼며 특별한 것을 열망하고 있는 순례자를 여왕의 면전에서 고발한다.

그럼에도 불구하고, 여왕은 순례자를 호의적으로 맞이하며 그녀의 궁전에 머물기를 요청하자, 그는 이제부터 거기에서 평화롭게 살기를 희망한다. 그 동안 모든 나라들의 철학자들과 학자들로 구성된 많은 부하들을 대동한 솔로몬이 여왕의 궁전에 도착하여 그녀에게 결혼하기를 요청한다. 여왕은 고문관인 '신중성'을 통하여 솔로몬은 다만 하나님의 배우자이기 때문에 다른 사람과 결혼할 수 없다고 대답한다. 그러나 솔로몬이 여전히 궁전에 남아 있을 때, 여왕은 솔로몬과 부하들이 있는 곳에서 귀족들과 학자들과 법률 고문들과 노동자들과 그 밖에 다른 사람들의 대표들을 영접한다. 순례자가 세상의 거리들을 방문하고, 그 다음 '행운의 성'에 거주하는 사람들을 방문한 후 그들에게 보인 답례들은, 17세기 초기에 보헤미아와 독일의 사회적 정치 생활과 관련된 다양한 환경을 잘 제시하고 있다. 따라서 그러한 관행들은 그 당시 시대를 연구하는 사람들을 위해 상당한 가치를 가지고 있다.

다른 한편, 『세상의 미로와 마음의 낙원』의 여러 구절들에 포함되어 있는 불평불만들은 세상에서 오래 전부터 전해 오는 동안, 모든 시대마다 속한 것으로서 앞으로도 확실하게 영원히 남아 있을 문제들이다. 사람들은 항상 행운을 추구하는 자들의 수고와 학자들, 특히, 평화와 호의의 이론을 가르치는 사람들 중 '혐오스러운 신학자들'의 현학과 고지식함, 군대의 잔혹함, 판사들의 불의, 관청의 법의 지연과 오만을 자세하게 설명할 것이다.

그때 순례자는, 청중들이 갑자기 방해를 받고 있었을 때 다시 여왕의 궁전의 다른 관리들과 함께 대표자들의 연설을 경청하고 있있다. 여왕의 거짓된 명령에 격분한 솔로몬은 큰 소리로 "헛되고 헛되도다 모든 것이 헛되도다"라고 외친다. 그때 그가 여왕의 얼굴에서 가면을 벗기자, 이전에 그렇게 아름답게 보였던 그녀는 마치 소름이 끼치는 노파와 같이 보인다. 솔로몬과 신하들이 여왕의 궁전을 떠나 세상의 도시로 황급히 나아가면서, 그들은 지상의 모든 것들의 허무를 크게 외친다. 여왕은 처음에 솔로몬의 비난과 욕설에 두려워했으나, 곧 의식을 회복하고 모든 고문관들을 소집한 후 그녀의 영토로부터 최선의 방법으로 솔로몬을 추방할 수 있는 방법을 요청한다. 몇 사람은 여왕에게 모든 무력을 사용할 것을 충고하고 있으나, 다른 사람들은 최소한 처음에는 폭력보다 묘수를 활용해야 할 것을 제안한다. 후자의 방법이 우세했다. 여왕의 동반자들 중 세 사람인, '아첨' '상냥함' '쾌락'이 솔로몬을 세상의 도시로 데리고 가서 결혼한 사람들의 거리로 들어가게 한다. 그곳에서 그의 어리석은 풍자가 성경에서의 설명과 매우 밀접하게 묘사되어 있다. 여왕은 많은 신하들로부터 신망을 잃게 된 솔로몬을 공격하기로 결심한다. 참혹한 대학살이 일어나자 공포에 질린 순례자가, "오, 하나님, 만일 당신이 하나님이시라면 불쌍한 저에게 자비를 내려 주십시오."라고 외치면서 기절하고 만다.

독자들은 코메니우스가 "마음의 낙원"이란 명칭을 붙인 『세상의 미로와 마음의 낙원』의 후반부에 이르게 된다. 앞으로 모든 것이 변화되고 있다. 세상의 문제들을 암시하고 있는 모든 더러운 것과 음란한 것이 사라진 후, 우리는 가장 순수한 신비주의 환경에서 우리 자신을 발견한다. 그리스도께서 순례자에게 나타나 그를 본향으로, 다시 말하면 세상에서 방황하다가 그의 마음의 안식처로 다시 돌아온 사람으로 환영한다. 그때 순례자는 그의 초라한 거주지에서 그리스도를 손님으로 영접하자 그들은 신비하게도 '약혼'을 하게 된다. 그리스도는 순례자에게 그가 선택한 사람들 중 한 사람이라는 것을 알리고, 그가 지상에 머물고 있었을 동안 그의 행위에 대한 교훈들을 제시한다. 물론, 이러한 교훈들은 전반적으로 보헤미아형제단, 즉 코메니우스가 속해 있었던 공동체의 가르침과 일치한다.

순례자가 여전히 지상에 머물러 있었지만, 그는 환상으로 하늘의 찬란함을 바라보면서 천사들의 영접을 받으며 둘러싸여 옥색의 왕좌에 앉아 있는 하나님을 바라본다. 여기에서 계시록의 영향이 분명하게 나타난다. 그 당시 형제단의 일원으로서 코메니우스는 불굴의 의지를 가진 성경을 연구하는 학도였다. 역자가 이미 언급했던 크랄리체의 성경은 항상 형제단원들의 손에 있었기 때문에, 『세상의 미로와 마음의 낙원』은 그 성경의 많은 흔적을 제시한다. 하늘에 대한 코메니우스의 환상은 매우 충격적이어서, 그것은 때때로 역자로 하여금 단테의 『낙원』(*Paradise*)을 연상하게 한다고 주저없이 말할 수 있다.

환상이 사라지자, 순례자는 무릎을 꿇고 하나님께 기도로 신비주의자들의 특성인 신성에 대한 열정적이며 사심이 없는 사랑을 고백한다. 본 저서는 이것을 묘사하는 장(章)으로 끝을 맺는다. 그러나 순례자가 그리스도와 맺은 신비스러운 약혼을 다루고 있는 다른 장에서와 마찬가지로, 여기에서 우리는 신비주의 사상의 최고의 절정에 이르게 된다. 역자의 생각으로, 만약 본 저서가 보헤미아 언어보다 더 잘 알려진 언어로 저술되었더라면, 그것은 신비주의 사상학파에 속하는 작품들 중에서 최상위에 속할 것이 확실할 것이다. 코메니우스는 독일 신비주의자들의 작품들로부터 어느 정도 영향을 받았으나, 제한된 지면에서 이 문제를 다룬다는 것은 불가능한 일이다.

『세상의 미로와 마음의 낙원』의 평가

『세상의 미로와 마음의 낙원』은 어떤 면에서 철학적 작품이며, 또한 어떤 면에서는 모험의 저서이기도 하지만, 대체로 신학적 작품으로 이해되어야 한다. 그렇지 않다면, 그 저서는 자신을 스스로 "소명을 받은 신학자"로 불렀으며, 그리고 심지어 다른 주제들을 다루었던 모든 그의 저서들에서조차 부단히 신학적 문제들을 언급했던 코메니우스가 저술한 것이 아닐 수도 있을 것이다. 따라서 그의 범지학 저서들에서 철학은 여전히 그 당시에 이미 시대에 뒤떨어진 사상이 되어 버린 신학의 시녀(侍女)이다.

만일 우리가 『세상의 미로와 마음의 낙원』이 저술되었던 그 당시 시대와 처한 환경을 고려한다면, 그 저서에서 종교적 논쟁과 '혐오스러운 신학자들'을 거의 발견하지 못한다는 것은 매우 놀라울 것이다. 만일 우리가 로마 교회가 그의 교리를 강요했던 잔혹성에 대한 간략한 풍자[13]를 제외해 버린다면, 그 당시 형제단을 잔혹하게 박해했던 그러한 교회에 대한 공격은 본 저서에서 찾을 수 없을 것이다. 가톨릭 교회가 더욱 개화되었더라면 이러한 사실을 잘 인식했을 것이다. 보헤미아 예수회 학자인 발비누스(Balbinus, 1621~1688)는 그의 『보헤미아 교리』(*Bohemia Docta*)에서,

---

13) 이 책, 제18장 15절.

"코메니우스는 많은 저서들을 저술했으나, 가톨릭 교회를 목적으로 한 것은 아무것도 없다."라고 기록했다. 그의 저서들을 읽을 때, 그는 마치 종교 교리에 대한 우월성을 제시하거나 혹은 어떠한 비난도 원하지 않았던 것처럼 위대한 신중성으로 저술했던 것과 같이 보인다.

현 세기에 와서 또한 가톨릭 사상의 저자인 역사학자 긴들리(Gindely) 박사는, 코메니우스의 몇몇 저서들은 마치 성자의 것과 같다고 선언했다. 이러한 개화된 긍정적 판단에도 불구하고, 세속의 권위자들과 교회의 권위자들은 다 같이 여러 차례에 걸쳐 『세상의 미로와 마음의 낙원』을 과소평가했다는 것을 이미 언급해 왔다. 코메니우스의 교훈은 주로 거룩한 생활을 주장하며, 교인들에게 은둔생활을 영위하기를 권고했던 형제단 교회의 교훈이다. 다시 말하면, 가능한 한 세속적 명예를 피하고, 명령하기보다 복종하는 즉 그리스도의 처음 제자들과 그를 따르는 사람들의 생활과 일치할 수 있는 생활이었다. 모든 교리적인 고려를 배제할 때 이러한 생활은 숭고한 이상이라는 것을 부정할 수 없다.

논쟁적 문제들에 관하여, 코메니우스는 그의 『세상의 미로와 마음의 낙원』에서 의미 있게 침묵으로 일관한다. 폰 크리게른 박사가 언급한 대로, 형제단 교인들에게 회자되고 있는 루터교인들과 칼빈주의자들을 구별하고 있는 자유 의지와 예정론의 문제들은, 물론 양자는 상호 연관성이 없거나 코메니우스가 전혀 관심을 나타내지 않았던 것들이지만 밀접한 관련성을 맺고 있다. 그러나 『세상의 미로와 마음의 낙원』의 후반부인 "마음의 낙원"에서는 예정론을 선호하는 저자의 신념을 입증할 수 있는 몇몇 구절들이 있다. 역자는 『세상의 미로와 마음의 낙원』의 신비주의를 이미 언급했다. 본 저서에서 빛에 대한 신비적 개념이 돋보이고 있으며, 그리고 언어가 때로는 정상적으로, 어떤 때는 그 자체의 풍자적인 중요성을 나타내고 있기 때문에 독자에게 종종 혼동을 주기도 한다. '모든 사물들의 중심'으로서의 그리스도의 개념은 또한 많은 신비주의자들에게 일반화되어 있다. 그것은 독자가 『세상의 미로와 마음의 낙원』의 많은 구절에서 발견할 수 있듯이, 다양한 암시들로 강조되어 있기 때문이다.

코메니우스의 생애

역자는 코메니우스의 생애[14]에 관하여 이미 많은 글을 써 왔으나, 『세상의 미로와 마음의 낙원』의 독자들은 길고 다사다난한 저자의 생애를 간략하게 설명해 주기를 바랄 것이다. 역자는 코메니우스가 『세상의 미로와 마음의 낙원』을 저술했을 때 머물렀던 브랜다이스를 언급하는 것을 제외하고 가능한 한 간략하게 서술할 것이다.

코메니우스는 1592년에 모라비아 지방의 작은 도시인 우헤르스키 브로드[15](Uherssky Brod)에서 태어났다. 그는 아주 어렸을 때 부모를 잃었으며, 형제단 교회가 그곳에 세웠던 학교에서 최초의 교육을 받았다. 그의 가족은 오랫동안 그 공동체에 속해 있었다. 학교에서 코메니우스의 경험은 매우 고통스러웠다. 그 당시 학교에서는 교사를 공격하는 일에 대한 벌칙으로 육체에 체벌을 가했을 뿐만 아니라, 어린 마음에 지성적 노력들을 자극하는 한 방안으로 여겨 왔던 교사들의 거의 부당한 잔혹성은 어린 코메니우스의 천진한 성격에 강한 인상을 주었다. 그는 『세상의 미로와 마음의 낙원』(제10장)에서 그의 학창 시절에 관하여 언급하고 있으며, 그리고 그의 후대의 생애에서 교육 제도를 수정하기 위해 노력하고 있었을 때 그의 어린 경험의 회상들이 크게 삭용했나. 코네니우스가 우헤르스키 브로드를 떠난 후에, 역시 모라비아에 위치한 프레로프(Prerov)에서 형제단 교단의 학교를 다녔으며, 그 후에 낫소(Nassau)의 헤르본(Herborn)에 있는 칼빈주의 대학에서 학업을 계속했다. 16세기에 낫소의 공작 헨리(Henry)에 의해 설립된 그 대학은 칼빈주의 신조의 요세 중 하나였다. 형제단은 장래에 목회자가 되기를 원했던 유망한 학생들을 그 대학으로 보냈다. 코

---

14) 역자는 본인의 저서인 *Bohemia: an Historical Sketch*와 *History of Bohemina Literature*에서 저자의 생애를 간단하게 언급했다.

15) 최근의 연구에 의하면, 코메니우스 가족의 이름은 본래 마일릭(Milic)이었다. 그들은 Komensky(라틴어로 Comenius)라는 이름을 채택하였으며, 그때 모라비아의 콤니아(Komnia)라는 작은 마을에 정착했다. 코메니우스의 아버지는 그 후에 거기에서 이웃 도시 우헤르스키 브로드로 이사했다.

메니우스가 피력한 견해로 볼 때, 특히 어린 시절에 그의 칼빈주의 훈련의 흔적을 보여 준다. 코메니우스는 헤르본에서 팔레틴의 프레드릭(Frederick) 거주지인 하이델베르크로 옮겨서 장래에 보헤미아의 '겨울 왕(winterking)'이 될 것을 기약했다. 그러나 그는 그 문제에 관한 긍정적인 정보를 거의 가지고 있지 않았으나, 그는 이 시기에 먼 곳까지 여행하게 되어 마침내 그의 말년의 망명지가 되었던 네덜란드와 암스테르담까지 방문하게 된다.

코메니우스는 1614년에 고국으로 귀환하여 1616년 모라비아의 작은 도시인 플네크(Fulneck)에 거주지를 두고 그 교회의 목회자로 임명되었다. 그는 그곳에서 결혼하여, 그의 긴 생애에서 가장 행복했던 평화스러운 몇 해를 보내게 되었다.

그러나 '30년 전쟁'으로 인한 환경의 변화와 1620년 화이트마운틴 전쟁 이후에, 보헤미아와 모라비아로 휘몰아쳤던 말할 수 없는 시련과 공포 때문에 경건한 설교가이자 교사인 그 자신도 오랫동안 그대로 머물러 있을 수 없었다. 그 다음해, 독일 황제인 페르디난트 2세(Ferdinand II)와 오스트리아 알크두케(Archduke)의 동맹군인 스페인 군대가 플네크의 작은 도시를 침공했다. 그 도시는 저항 없이 함락되었다. 그 당시 어디에서나 마찬가지로 그곳 주민들은 승리한 가톨릭 군에 항복했다. 코메니우스의 집도 약탈당하고 불에 타 버렸기 때문에 그에게 큰 손실을 안겨 주었고, 또한 그의 서재와 모든 원고들도 화염에 타 버렸다. 코메니우스는 그의 아내와 자녀들과 함께 보헤미아로 도피하여 제로틴의 영주인 찰스와 함께 독일의 브랜다이스로 피난처를 찾았다. 전쟁이 종식되었을 때 찰스는, 보헤미아의 열렬한 애국자이자 형제단 교도임에도 불구하고, 여전히 페르디난트 2세의 출생인 가톨릭 합스부르크(Habsburg) 가문을 신임하였다. 승리자들이 그에게 상당한 배려를 나타낸 것은 당연한 일이다. 그의 거대한 영지(領地)가 오스트리아 정부에 의해 몰수되지 않았지만, 합스부르크 가문에서 그것을 유지하도록 허용했다. 그러나 그는 공식적인 것은 아니지만 암묵적으로 더 많은 권한을 부여받았다. 그는 승리자들의 첫 명령에 따라서 보헤미아로부터 추방된 교회의 성직자들에게 최소한 잠정적인 안식처를 제공했다.

역자가 이미 언급한 대로, 코메니우스는 제로틴의 물질적 도움을 받았던 사람들 중 한 사람이었다. 불확실한 설명으로 알려질 수도 있지만, 그는 브랜다이스 시(市)라기보다 클로포타(Klopota)로 불리었던 언덕 아래에 위치한 오를리스(Orlice)의 반대편 강둑에 있는 조그마한 마을에서 살았다. 이러한 사실은 코메니우스가 그의 후원자에게 쓴 『세상의 미로와 마음의 낙원』의 라틴어 헌사에 "1623년 12월 15일 클로포타 언덕 아래에서 저술"(Dabam sub Klopot Idibus, Dec. 1623)이라고 서명한 사실로 확인된다. 오랜 전통에 따르면, 그가 살았던 목재 오두막집(보헤미아어로 'chalupa')은 형제단의 창시자 중 한 사람인 그레고리 형제(Brother Gregory)가 그의 손으로 건축했던 오랜 기원을 가지고 있었다.

코메니우스가 『세상의 미로와 마음의 낙원』을 저술했던 장소로서 모든 보헤미아 사람들에게 기억되었던 브랜다이스는 형제단 교도에게 이미 성지(聖地)가 되었다. 그곳은 형제단의 가장 최초의 정착지 중 한 곳으로서, 오랫동안 그 공동체를 최초로 시작했던 그레고리 형제의 거주지였다. 그레고리는 1474년에 사망하여 구약의 예언자들과 마찬가지로 성의 반대쪽인 오를리스 강둑 가까이 있는 돌무덤에 묻혔다. 그러므로 형제단 공동체의 중심지였던 브랜다이스는 종교적 교회의 중심지로 종종 선정되었다.

코메니우스가 1622년 말경 브랜다이스에 도착했을 때, 오직 그의 진실한 그리스도교 신앙과 그의 공동체의 교리에 대한 철저한 의존만이 그를 지탱할 수 있었을 정도로 비참한 처지에 놓여 있었다. 이미 언급한 대로, 그가 사랑했던 저서들과 원고들을 포함한 그의 모든 세속적 소유물들이 이미 사라졌다. 코메니우스는 가톨릭을 반대하는 형제단 교도들이 보헤미아로부터 추방된 최초의 사람들이라는 것을 알고 있었기 때문에, 최소한 그의 고국에서 목회자와 교육자로서 성공할 전망이 모두 사라졌다. 플네크에서 브랜다이스에 이르는 긴 여정 동안, 페스트가 유행했던 시기와 그리고 30년 전쟁의 와중에서 코메니우스는 그의 아내와 자녀 중 하나를 잃게 되었으며, 나머지 한 자녀도 브랜다이스에 도착하자 숨을 거두었다. 따라서 코메니우스가 『세상의 미로와 마음의 낙원』을 저술한 것은, 실망과 좌절에 대한 일시적 통분함을 경험한 사람으로서가 아니라, 잘못된 세상의 모든 무거운 멍에를 짊어진 경험에 의한 것이다.

프랑스 역사가 테인(Taine)의 "환경이론"(theory of milieu)을 지지하는 사람들이 『세상의 미로와 마음의 낙원』을 읽은 후에 브랜다이스를 방문한다면, 그들의 신념이 확실하게 강화될 것이다. 조그마한 도시가 회색빛으로 물들어 있는 애절한 오를리스 강둑에 자리 잡고 있다. 그 도시는 좁은 계곡으로 둘러싸여 있으며, 항상 모든 방향으로 솟아 있는, 특히 코메니우스의 오두막집이 서 있는 클로포타 언덕에 자리하고 있는 끝없는 소나무 숲으로 둘러싸여 있다. 그가 『세상의 미로와 마음의 낙원』을 구상했던 장소로 기억될 그곳은, 그를 기리는 고향 사람들에 의해서 지금도 조그마한 기념물로 자리 잡고 있다. 그의 정면으로 오를리스와 바로 분리된 브랜다이스 시가 모든 거리들이 만나는 넓은 시장터와 함께 위치해 있다. 도시 뒤쪽에 '행운의 성' 인 제로틴의 고성(古城)이 이미 폐허가 된 채 위치해 있었다. 가파르고 뾰족한 돌 위에 자리 잡고 있는 그곳은 도시 전체를 바라볼 수 있어서, 여행객은 마치 곤충과도 같이 사람들이 모여든 시장터를 밑으로 직접 내려다볼 수 있다. 이러한 전경은, 현재 브랜다이스가 프라하 시민들의 여름 휴양지로 널리 알려져 있기 때문에, 특히 여름 여러 달 동안 볼 수 있는 풍경이다.

물론 코메니우스가 『세상의 미로와 마음의 낙원』을 저술할 때, 그의 마음속에 브랜다이스 도시와 인근의 경치를 품고 있었다고 역자가 감히 언급하는 것은 단순한 추측일 수 있다. 위대한 작품들은 그 저자가 저술하는 동안 살았던 주위의 환경의 전경과 연관을 지어 보는 비근한 시도들이 종종 있어 왔다. 그러한 실례는 평범한 사람보다 확실히 천재인 코메니우스를 둘러싸고 있었던 장면에 의해 강한 인상을 남기며 영향을 주는 것이 틀림없다.

한편, 역자는 코메니우스가 기리며 사랑했던 보헤미아에 머물렀던 장면의 묘사는 끝을 맺는다. 브랜다이스에서 형제단의 조건은 처음에는 매우 관용을 보여 주었다. 합스부르크 가문에 신뢰를 보인 제로틴에게 관대했던 오스트리아 정부도 처음에는 그의 부하들을 못살게 방해하지는 않았다. 그러나 합스부르크 지배에서 비가톨릭 교인들의 위치가 안정되지 못하고 불안했다. 해마다 그들에 대한 규제들이 더욱 극심해졌다. 수많은 형제단원들과 마찬가지로 코메니우스도 비밀리에 생활하면서 종종 브랜다이스로 돌아왔다. 마침내 코메니우스가 속해 있었던 형제단원들이 도우브라비(Doubravie) 마을에서 비밀회의를 열어서 보헤미아를 포기하고 함께 폴란드와 헝가리에 정착할 것을 결정했다. 또한 공동체 회원들은 일방적인 이민을 선택하는 것보다 그 나라들에서 교리에 따라 자유롭게 예배를 계속할 수 있는 피난처를 찾기로 합의했다. 코메니우스는 그들을 보호하는 사절(使節)의 한 사람으로 선정되어 북부 독일과 폴란드로 여행했다. 코메니우스와 다른 형제단원들은 스스로 그 공동체의 회원으로 자청했던 레스신스키(Lescynski) 공작의 보호로 폴란드 레슈노(Resno), 혹은 리사(Lissa)에서 피난처를 찾을 것을 결정했다. 코메니우스가 처음에는 코테르(Kotter)와 엘리자 포나토브스카(Eliza Ponatovska)의 예언자들, 나중에는 그의 만년에 지대한 영향을 주었던 드라비크(Drabik)의 예언자들과 친숙하게 알게 된 것도 이러한 여행 도중이었다. 그러나『세상의 미로와 마음의 낙원』에는 그들의 영향의 흔적이 거의 묘사되어 있지 않기 때문에, 여기에서 그들에 관하여 언급하는 것은 불필요한 일이다.[16]

1628년 1월, 코메니우스는 몇몇 다른 망명자들을 동반하고 결코 그가 다시 돌아오지 못했던 보헤미아를 떠났다. 망명자들이 실레지아(Silesia) 국경에 도착했을 때, 그들은 무릎을 꿇고 하나님께 기도하면서 그의 사랑스러운 조국으로부터 하나님의 자비가 떠나가지 말 것과, 그의 말씀의 씨

---

16) 코메니우스에게 준 이러한 예언자들의 영향은, 물론 매우 고통스러운 심리적인 관심은 있겠지만 지대한 것이었다. 역자는 그들에 관하여 본인의 *History of Bohemian Literature* 에 언급했다. 코테르 예언자들에 관한 풍부한 설명이 역자의 *Bohemia: an Historical Sketch*, pp. 396-398에 있다.

앗이 조국 안에서 사라지지 않기를 울부짖음과 많은 눈물로 간절히 청원
했다.

　2월 8일에 코메니우스는 리사에 도착했다. 그는 그곳에 정착했던 조그
마한 보헤미아 공동체의 설교자와 학교 교사로서 의무를 성실하게 수행하
면서 몇 년을 보냈다. 그가 거의 알려져 있지 않았을 때, 어느 정도 명성을
얻게 된 것은 수많은 교육적 작품을 저술했던 바로 이 시기였다. 그는 『대
교수학』(*Didactica Magna*)의 대부분을 리사에서 저술했다. 여기에서 코
메니우스는 또한 그의 범지학 연구를 시작하여, 1632년 그의 최초의 철학
적 범지학 저서가 나타났다. 그의 범지학 연구는 30년 전쟁의 고난의 시기
에 저술되었지만 많은 관심과 주목을 받게 되었다. 실제로 그 전쟁의 공포
가 사람들의 마음속에 불행한 현재와 비교되는 즐거운 미래를 기약하는
신비주의 경향을 나타내게 했다. 코메니우스가 그의 생애의 만년에 고백
했던 것과 같은 신비적인, 특히 평화주의 사상이 사람들의 마음속에 나타
난 것은 항상 극심한 불행의 시기였다.

　코메니우스의 범지학 연구에 대한 관심은 폴란드, 보헤미아 그리고 독
일에 국한되어 있지 않았다. 그의 명성이 더욱 먼 나라들, 특히 대륙에서
경험한 30년의 전쟁에 간섭을 받지 않고, 시민전쟁의 여명기에 있었던 영
국에까지 전해졌다. 밀턴(Milton)의 친구로 널리 알려진 사무엘 하틀리브
(Samuel Hartlib)가 보헤미아 범지학자의 연구에 깊은 관심을 나타내었
다. 하틀리브와 코메니우스 사이에 서신이 왕래되기 시작하면서 하틀리브
는 코메니우스에게 영국을 방문할 수 있는 재정적 지원을 약속했다. 얼마
동안 주저하던 끝에 코메니우스는 그 제안을 수락했다. 그의 잠정적 희망
은 구스타프 아돌푸스(Gustaf Adolphus)의 찬란한 승리로 재건될 보헤미
아로 귀환하는 일이었으나 수포로 돌아갔다. 그의 옛 후원자인 레스신스
키 백작이 사망하게 되자, 짧은 기간이었지만 그의 아들이 정치적 이유로
로마 가톨릭의 신조를 선택했다. 또 다른 이유들로 코메니우스는 더 이상
리사에 머물러 있기를 원하지 않았다. 그는 그의 후대의 저술들을 통하여
『세상의 미로와 마음의 낙원』에서 보여 주었던 관대하고 마음이 넓은 진실

한 그리스도교의 관용을 항상 제시했으며, 그의 최후 몇 년을 고통스럽게
했던 그와 같은 신학적 논쟁에 깊이 관여하게 되었다. 그 자신과 공동체의
다른 성직자들 사이에서, 물론 그가 7년 후에 공동체의 감독으로 선출된
사실이 그의 공동체의 동정심을 결코 잃지 않았다는 것을 입증할 수 있었
지만, 의견의 불일치가 분분하게 일어났다.

1641년 여름, 코메니우스는 리사를 출발하여 영국으로 향했다. 그는 극
심한 바다의 항해를 경험한 후, 9월 21일 런던에 도착했다. 이러한 항해가
『세상의 미로와 마음의 낙원』에 잘 묘사되어 있다.[17] 역자는 그 밖에 다른
곳에서도 코메니우스가 런던에 머물렀던 것과, 그리고 그가 대륙에 있는
친구들에게 영국 생활을 주로 다루었던 흥미 있는 편지들을 보낸 것을 언
급했다. 그는 영국에서 많은 주요 인사들과 친분을 맺었던 것 같다. 코메
니우스가 영국을 방문하도록 초청했던 하트리브 이외에도, 테오도르 학
(Theodore Haak), 존 두리(John Duri), 베일리(Beale), 에벨린(Evelyn)
이 그가 런던에서 해후했던 인사들이었다. 그는 밀턴과 체버리(Cherbury)
의 허버트(Herbert)[18] 영주와 개인적 친분을 가졌던 것이 확실하다. 코메
니우스와 그의 친구들이 영국에서 범지학 대학을 설립하기를 원했지만 성
공하지 못했다. 여기에서 역자는, 영국에 머물러 있었던 보헤미아 철학자
에 대해 더 이상 자세하게 언급하려고 하지 않는다. 영국에서 그의 공식
임무들이 불가능성으로 끝나게 되었다.

따라서 코메니우스는 런던을 떠나기로 결심하고 영국에서 시민전쟁이
일어나기 몇 주 전인 1642년 7월에 출발했다. 그는 네덜란드와 독일을 거
쳐 스웨덴으로 행했다. 그는 스웨덴과 교역을 맺고 있었던 네덜란드의 부
호이자 상인이었던 루이스 드 기어(Louis de Geer)로부터 교육자로의 명

---

17) 물론 이것이 이 책의 제1판에 나타난 것이 아니다. 그것은 1663년 암스테르담에서 출판된
책에 처음으로 인쇄되었다.

18) 코메니우스와 Herbert 영주와의 서신 교환은 최근 파테라(Patera)에 의해 출판된 그의 서
신들에 의해 입증된다. 그 서신에 1647년 7월 15일 날짜가 기록된 편지가 포함되어 있다.
코메니우스는 자신이 영국을 방문한 시기로부터 영국에 있는 그의 친구들과 글을 쓸 때 영
주 Herbert의 이름을 자주 언급한다.

성을 전해 들은 옥센셰르나(Oxenstierna) 수상이 그를 그 나라로 초청했다. 옥센셰르나는 코메니우스가 스웨덴 학교에서 사용할 학교 교재를 시리즈 형식으로 저술할 과제를 수행해 줄 것을 요청했다. 코메니우스는 그러한 요청을 수락했으나, 스웨덴에서 그의 거주지를 물색하는 것을 거절했다. 그는 스웨덴 해안으로부터 그리 멀리 떨어져 있지 않는 현재의 페르시아에 속한 조그마한 도시인 엘빙(Elbing)에 몇 해 동안(1642~1648) 정착했다. 그는 언제나 양심적이며 성실했기 때문에 그가 수행해야 할 학교 교재를 저술하는 일에 열중했다. 한편 그는 단지 학교 교재에 대해 모든 시간을 할애하지 말 것을 충고했던 영국 친구들의 격려로 범지학 저서들에도 몰두하고 있었다.

코메니우스는 1648년까지 엘빙에 머물렀다. 그 해에 형제단 교단의 감독인 저스티누스(Justinus)가 리사에서 사망하자, 코메니우스가 그의 후계자로 선출되었다. 그는 웨스트팔리아(Westphalia) 조약으로 형제단의 최후의 희망이 무산되자, 그 공동체가 소멸되는 운명에 처해 있었던 그 시기에 무거운 짐을 짊어질 그 위엄과 책임을 수락했다. 그는 같은 해에 리사에 있는 망명객들을 위해 그의 새로운 직책의 의무를 수행하기 시작했다.

그러나 그는 그곳에서도 오랫동안 머물러 있지 못했다. 그는 트랜실바니아(Transylvania) 지방과 헝가리의 대부분의 지역을 통치하는 조지 라코치(George Rokoczy)에 의해 그곳으로 소환되었다. 라코치는 칼빈주의자로서 자신과 매우 유사한 신조를 가지고 있었으며, 교육자로서 이미 상당한 명성을 가진 인물의 도움을 받기를 간절히 원하고 있었다. 코메니우스는 라코치 가문의 공작들이 종종 거주했던 헝가리 북부 도시인 사로스-파타크(Saros-Patak)에 얼마 동안 머물렀다. 공작들과 함께 즐겼던 상당한 호의의 결과로, 그는 종전보다 훨씬 더 광범위한 그의 교육 개혁을 수행할 수 있었다. 따라서 사로스-파타크에서 그의 작업은 교육에 관심을 가진 사람들을 위해 매우 큰 가치를 가지고 있었으나, 여기에서 자세하게 언급할 필요는 없을 것이다.

1654년 코메니우스는 최후의 시간을 보내기 위해 리사로 돌아갔으나 잠시 동안뿐이었다. 그는 또다시 방랑자 신세가 되었다. 1655년 폴란드와 스웨덴 사이에서 전쟁이 발생하자, 폴란드의 보호를 받고 있었던 보헤미아 망명객들은 그들과 다소 유사한 개신교 사상을 가졌던 스웨덴 사람들의 동정을 받게 되었다. 스웨덴 사람들은 처음에 승리하자 폴란드의 상당한 지역을 침범하여 리사 시(市)를 점령했다. 그러나 1656년 코메니우스가 스웨덴 왕에게 강한 충성을 보였을 때, 폴란드인들이 다시 그 도시를 탈환하고 부분적으로나마 그곳을 완전히 파괴했다. 코메니우스의 서재와 원고들이 두 번째로 파손되었다. 이미 65세가 된 코메니우스는 그 자신이 다시 한 번 거처할 집이 없는 방랑자라는 것을 알게 되었다. 잠시 동안 스테튼 (Stettin), 함부르크 그리고 다른 지역에 머문 후에, 그는 마침내 암스테르담에서 피난처를 찾았다. 그의 옛 후원자 루이스 드 기어의 아들인 로렌스 드 기어가 그를 초청하여 그곳에 거주하도록 도와주었다. 코메니우스는 그곳에서 그의 고통스러웠던 생애의 마지막 몇 년을 보냈다. 그의 평화주의 사상과 소위 예언자들에 대한 확고한 신념으로 그는, 그 당시 신학자들 중에서 일상화된 무례한 신학적 논쟁과 잔혹성에 관여하게 되었다. 코메니우스에 반대하는 다양한 거짓과 과장된 비난들이 논쟁을 불러일으키는 반대자들의 저술들로부터 수집되었으며, 마침내 그를 영국으로 초청했던 베일리의 일방적인 설명에 따라 그는 오랫동안 심판을 받게 되었나. 그러나 코메니우스의 교육적 활동으로 나타난 원대한 관심과, 그리고 다른 한 편으로 『세상의 미로와 마음의 낙원』과 같은 저서로 잘 알려진 보헤미아 문학의 재생은 위대한 보헤미아 저자에게 보다 공정한 심판을 받게 되는 원인이 되었다.

코메니우스의 만년의 생활은 그의 옛 친구이자 동료들인 게르티치 (Gertych), 피굴루스(Figulus), 그리고 다른 형제단 성직자들의 사망으로 매우 우울하게 보내는 고독한 편이었다. 그는 그가 일생 동안 헌신해 왔던 공동체가 지상에서 곧 사라질 것이라고 믿고 있었다. 그러나 이것이 사실로 나타난 것은 아니었다. 코메니우스의 손자인 프그루스, 혹은 자블론스키(Jablonsky)는 헤른후트(Herrenhut)의 창시자인 진젠도르프

영문 역자의 글

(Zinzendorf) 백작을 형제단의 성직자로 임명했다. 헤른후트는 현재까지 남아 있으며, 그 중요한 교리로 볼 때 마지막까지 범지학 연구를 진행했던 옛 공동체[19]와 일치하고 있다. 코메니우스는 1670년 11월 15일, 암스테르담에서 사망했다. 그는 비록 죽음에 이른 망명객이었지만, 11월 22일 암스테르담에 가까운 나르덴(Naarden)에 위치한 프랑스 개신교도들의 교회에 묻혔다.

『세상의 미로와 마음의 낙원』의 구성과 번역본

역자는, 코메니우스의 경력에 관하여 필요한 부분을 매우 간단히 서술한 후 다시 『세상의 미로와 마음의 낙원』에 눈을 돌려 본다. 역자는 본 저서의 표제면의 모양을 보면서 그렇게 당황하지는 않지만, 그곳에 코메니우스가 그 작품을 위해 선택한 주요한 부분만을 제시하려고 한다. 그러나 그 당시의 유행에 따라서, 본 저서의 긴 명칭을 제시하는 것이 흥미로운 일일 것이다. 따라서 코메니우스는 그의 저서를 『세상의 미로와 마음의 낙원』의 이름으로 붙인다. 다시 말하면, 그 저서에 세상과, 세상과 관계 있는 모든 일들은 혼란과 어지러움, 고통과 수고, 속임과 거짓, 비극과 불안, 그리고 세상의 모든 일들은 혐오와 절망에 불과하다는 것을 제시한다. 그러나 한편 그의 마음을 오직 하나님을 향해 열고 있으며, 그 마음속에 그것을 간직하고 있는 저자는 마음의 참되고 충만한 평화와 기쁨을 얻게 된다.

역자는 코메니우스의 걸작을 편집한 이전의 모든 편집자들의 예를 따라서 "세상의 미로"와 "마음의 낙원" 사이에 외형적 구별을 짓지 않았다. 코메니우스 자신도 그러한 구별을 하지 않았으며, 여기에서는 또한 1663년 암스테르담 판에서와 같이 많은 장(章)들이 계속하여 전개된다. '미로'보다 길이가 짧은 '낙원'이 또한 열등하다는 언급이 종종 있어 왔다. '미

---

19) 헤른후트의 학자인 J. Muller 박사는 그의 흥미 있는 일련의 연구 *Journal of the Bohemian Museum for 1885* 에서 그의 공동체와 옛 형제단과의 관련을 다루었다. 그는 언급하기를, 물론 약간의 차이는 있지만, 그의 공동체의 가르침은 모든 중요한 점에게 있어서 옛 형제단의 교훈과 일치한다.

로'의 가장 흥미 있는 부분은 코메니우스가 인간을 구분한 여섯 계층의 생활 습관과 태도를 길게 묘사하고 있는 반면에, 동일한 계층의 사람들의 생활은, 그들이 곧 코메니우스에게 있어서 항상 형제단의 구성원을 의미하는 '진실한 그리스도인'이 된 후에 단 몇 마디 언어로만 표현되어 있다는 것이다. 그러나 이러한 비판은 코메니우스가 『세상의 미로와 마음의 낙원』을 저술했을 때, 그의 목적과 반대 되는 개념에 기초하고 있다. 그의 의도는 세속적 생활과, 심지어 가장 하나님을 두려워하는 경건주의자의 생활을 칭찬하는 것이 아니라, 세상의 타락을 확대하여 그것을 천국에서 하나님과 연합하는 사람들의 완전한 행복과 비교하는 것이다.

코메니우스의 작품들과, 특히 그의 걸작인 『세상의 미로와 마음의 낙원』이 보헤미아 문학의 재생 이후에 지대한 관심의 대상이 되어 왔지만, 모든 문헌적, 역사적, 예술적 문제들, 그리고 그 작품과 관련이 있는 모든 문제들을 충분히 다루고 있는 본 작품의 비평적 연구가 절실하게 요구되고 있다. 따라서 본 저서의 어떤 장(章)들이 최초에 저술된 책의 부분을 구성하고 있는지, 그리고 어떤 것이 후대의 편집들인지 전혀 확실하지 않다. 플라이스한스(Flaishans) 박사는 그의 저명한 『보헤미아 문학』(*Pisemnictvi Ceske*)에서, 본 저서의 제29장에서 제35장까지는, 물론 1631년에 인쇄된 첫판에 이미 포함되어 있지만, 브랜다이스에서 저술된 부분으로 구성되어 있지 않았다는 것을 제시한다. 코메니우스 자신의 경험을 근거로 하고 있는 제9장의 난파선(難破船)에 관한 묘사는 1663년 암스테르담 판에 최초로 나타나 있다.

『세상의 미로와 마음의 낙원』의 다양한 편집본과 번역들을 언급하는 것이 흥미로운 일일 것이다. 그러나 우리가 본 저서의 가치를 고려할 때 그러한 책들은 결코 많은 것이 아니다. 그러나 그의 나라에서 코메니우스 이념과 사상을 억제하는 현상이 구체적으로 나타났으며, 그 작품이 저술된 보헤미아 언어가 당분간 거의 소멸되었다는 것을 기억해야 한다. 이미 언급한 대로 본 저서는 1623년에 완성되었으나 1631년에[20] 처음 인쇄되었

---

20) Mr. Bily에 의하면, Lissa나 혹은 Saxony에 있는 Pirna에서 인쇄되었다.

영문 역자의 글

다. 확대된 두 번째 판이 1663년 암스테르담에 나타났다. 두 번째 판 이후, 베를린[21]에서 재인쇄되었던 1757년 이전까지 본 저서의 새로운 판본이 없었다. 더 많은 판본들이 1782년과 1809년에 프라하에 등장했다. 후자(後者)는 오스트리아와 보헤미아에서 어떤 책들이 출판될 수 있는지를 결정한 검열의 승인으로 나타났지만, 1820년에 판매 금지가 되어 『세상의 미로와 마음의 낙원』은 당분간 다시 코메니우스의 동족들에게 거의 접근될 수 없었다. 프랜시스 조셉(Francis Joseph)이 해박한 통치자로서 현 오스트리아 황제로 즉위한 후에 이러한 사소한 훼방이 종식되었다. 『세상의 미로와 마음의 낙원』이 종종 재출판되면서 현재는 그 책에 대하여 2세기보다 훨씬 이전에 조상들이 간직해 왔던 것과 동일한 애정을 가지고 있는 모든 보헤미아 인들의 손에 놓이게 되었다. 코메니우스가 그의 언어를 위대하게 통달한 결과로 『세상의 미로와 마음의 낙원』의 부분들이 현재 모국어를 사용하고 있는 보헤미아의 학교에서 널리 탐독되고 있다. 최근 몇 년 동안 등장했던 『세상의 미로와 마음의 낙원』의 다양한 판본들을 열거한다는 것은 불필요한 일이다. 가장 우수한 것은 금년에 빌리(Bily)에 의해 발행된 것이다. 역자는 빌리의 판본이 나타나기 전, 본인이 번역했던 『세상의 미로와 마음의 낙원』의 부분들과 대조하여 그것을 검토했다. 그것은 1663년의 암스테르담 판본을 매우 근접하게 따르고 있으며, 다양한 경우에 역자가 사용할 수 있는 매우 가치 있는 대목들을 포함하고 있다. 역자는 크바크살라(Kvacsala) 박사의 *Johann Amos Comenius*, 조우베크(Zoubek) 박사의 *Life of Komensky*, 카프라스(Kapras) 교수의 *Outline of Komensky's Philosophy*, 폰 크리게른의 『신학자로서 코메니우스』, 그 밖에 *Journal of the Bohemian Museum*에 실린 다양한 연구들로부터 받은 도움을 또한 인정해야 한다. 이러한 연구들 중 역자는 1895년 *the Journal*에 실린 『세상의 미로와 마음의 낙원』에 대한 노바크(Novak) 박사의 논문을 특별히 언급해야 한다. 위에서 검토된 권위자들의 명단을 자세하게 제시하는 것이 필요한 일이 아닐 것이다. 왜냐 하면, 이러한 저서

---

21) 이 판본의 복사판이 영국박물관 도서관에 소장되어 있다.

들이 영국에서 실제적으로 거의 알려져 있지 않은 보헤미아 언어로 모두 쓰였기 때문이다.

이미 언급한 대로, 『세상의 미로와 마음의 낙원』의 판본의 수가 제한되었던 원인은 그 저서가 외국어로 자주 번역되지 않았다는 사실로 설명된다. 요약된 독일어 번역본이 1781년 포츠담에서 발행되었으며, 그리고 다른 번역본이 1797년 베를린에 등장했다. 최근의 독일어 번역판이 1871년과 1872년에 발행되었다. 그 책은 더 이상 찾을 수 없다. 개신교 신학자인 노보트니(Novotny) 박사에 의해 스프렘베르크(Spremberg)에서 발행된 이 번역본은 더 이상의 값어치를 가지지 못한다. 분명히 보헤미아 언어의 짧은 지식을 가지고 있는 번역자는 몇 가지 심각한 오류를 범하고 있다. 또한 그 사람은 보헤미아 언어보다 잘 알고 있는 언어로 번역한 부분을 올바르게 이해할 수 없게 된 부담으로 『세상의 미로와 마음의 낙원』의 상당한 구절들을 생략해 버렸다. 반면에 그는 코메니우스의 원고에 포함되어 있지 않은 상당한 문제들을 삽입했다. 또한 『세상의 미로와 마음의 낙원』의 헝가리와 러시아 번역본도 나타났다. 코메니우스는 『세상의 미로와 마음의 낙원』의 서언에서, 독자에게 "여러분이 읽을 것은, 물론 시(詩)와 같은 느낌이 있을지 모르지만 시가 아니다."라고 언급한다. 역자는 본 서문에서 코메니우스가 의미하는 것을 무엇으로 어떻게 믿는가에 대해 설명해 왔다. 몰론 저자는 그의 독자들에게, 본 저서는 보헤미아에서 일상적으로 통용되는 순수한 운문과는 크게 차이가 있는 다소 수사적 형식으로 쓰였다는 것을 지적할 의도가 있었을 것이다.

역자의 생각으로, 번역자는 가능한 한 다른 언어로 번역되기를 원하는 작품들을 저술한 저자의 언어와 사상을, 가능한 한 근접하게 그리고 성실하게 옮기는 것이 일차적 의무일 것이다. 따라서 번역자는 저자의 사상적 경향과 저술 형식에 될 수 있는 대로 근접하도록 해야 한다. 그러므로 본인은 현재 영국에서 거의 사용하지 않고 있는 언어들을 사용하며, 고대풍의 어법을 활용하는 것을 주저하지 않았다. 물론 이러한 어법들은 영국에 있는 코메니우스의 동시대 사람들에게는 그렇게 특별한 것이 아니겠지만,

현재의 독자들에게는 특별한 것으로 나타날 수 있다. 코메니우스는, 특히 『세상의 미로와 마음의 낙원』에서 상당할 정도로 두운법(頭韻法)을 사용한다. 영어와 보헤미아 언어 사이에 전적으로 별개의 문자가 인정되지만, 역자는 역시 이러한 면에서 그가 사용하는 언어를 따르기로 노력해 왔다.

역자는 본인의 언어가 아닌 언어로 서술하는 중에, 독자들에게 본 번역에서 발견할 수 있는 일상적 영어의 서술 방법과 차이가 있는 흐름과 맥락에 열중해 줄 것을 요구해야 한다. 코메니우스와 같이 하나님을 경외하는 경건한 사람이 그의 저서들에서 교화하는 일, 혹은 최소한 도덕적으로 거역할 수 없는 것 이외에 다른 것을 허용하지 않았다고 언급하는 것은 불필요한 일이다. 가래를 삽(spade)이라고 부르는 습관이 17세기에 만연되어 있었다. 그리고 악한 의도를 가지고 있는 작가들은 언급하지 않아야 하는 문제들을 언급했다. 따라서 역자는 『세상의 미로와 마음의 낙원』의 한두 개 단어들이나, 혹은 다소 긴 구절들을 번역하지 않는 것이 바람직한 것으로 생각해 왔다. 역자는 이러한 생략을 별표로 표시했다. 다른 한편, 현재 흔한 것으로 생각될 수 있는 몇몇 표현들은 물론 17세기에는 그렇게 표현되지 않았겠지만 남겨두었다. 『세상의 미로와 마음의 낙원』에는 상당수의 라틴어가 포함되어 있다. 역자는 그 언어들이 이해하기에 그렇게 난해한 것이 아니기 때문에 남겨두었으며, 그것들이 코메니우스의 저술 방법의 특징이기도 하다. 한편, 역자는 제로틴의 찰스에게 헌정한 그의 저서의 라틴어 헌사를 영어로 번역했다.

만약 본 번역이 어느 정도로 코메니우스의 걸작을 영어권 독자들에게 보다 잘 알리는 일에 공헌한다면, 역자는 그것을 번역하는 일에 몰두한 상당한 노고가 결코 헛되지 않을 것이라고 생각한다.

1900년 12월 10일
잠파크(Zampach)에서 루트조우(Lutzow)

"내가 해 아래서 행하는 모든 일을 본즉
다 헛되어 바람을 잡으려는 것이로다"
-전도서 1장 14절

오 책이여, 빛을 향하여 앞으로 나아가며
준엄한 카토(Cato)[1]를 두려워 말고,
미로의 길을 따라 지혜롭게 달려가라.
네가 길을 따라 급하게 가는 동안 말하기를;
선한 독자여, 나로부터 무엇을 배우려고 하지 말고,
가장 선한 것을 배우라.
-M. 조지 콜시니우스[2]

1) 카토(Cato, 234~149 BC): 로마의 정치가이자 군인이며 작가(역자 주).
2) 콜시니우스(Jiri Kolsin, d. 1643): 본래의 이름은 Kavka로서 폴란드 레슈노에서 코메니우
스와 함께 활동했던 체코의 인문주의 저자이며 영적 지도자이다.

가장 저명하고 진실로 고귀한 영주이자,
모라비아의 가장 은혜로운 영주이신,
제로틴(Zerotin)의 장로 바론 찰스[1]등에게

이렇게 너무나 소란스럽고 혼란한 시기에 나는 가장 저명하신 영주께 이 편지로 인하여, 그것도 더욱이 본 저서의 헌사와 같은 글의 형식으로, 하나님 안에서 사람들을 격려하며 평온하게 하려는 의도가 아니라면, 각하께 누를 끼치지나 않을까 주저하고 있습니다. 본인은 그것에 관하여 몇 가지 언급하려고 합니다. 나는 나의 소명의 관심과는 동떨어진 은둔과 달갑지 않은 한가한 생활을 보내는 동안 아무런 활동도 할 수 없었으며 또한 하려고도 하지 않습니다. 따라서 지난 이삼 개월 동안, 나는 다른 많은 일들 중에서(그러한 명상을 위한 자극이 모든 방면에서 떠오르고 있었기 때문에) 세상의 허무를 반성하기 시작했습니다. 결과적으로, 내가 당신의 은혜에 보답하는 이 드라마는 나의 손으로 세상에 탄생하게 되었습니다.

첫 부분은, 일련의 장면들을 통하여 세상의 쑥스럽고 무가치한 일들을 묘사합니다. 그 부분은 세상이 아무리 원대하고 막강한 힘을 가지고 있을지라도 그럼에도 불구하고 어떻게 아무것도 성취하지 못하고 있으며, 그리고 어떻게 모든 일들이 웃음거리나 혹은 비통함 속에서 비극적으로 끝

---

1) 제로틴 가(家)는 모라비아의 지도적인 가문 중 하나이다. 찰스 장로는 코메니우스의 관대한 후원자이자 형제단 교단의 한 교도였지만, 그 귀족은 보헤미아의 반란 기간 중 합스부르크 황제인 페르디난트 2세(Ferdinand II)의 충성스러운 지지자로 남아 있었다.

을 맺고 있는지를 보여 줍니다. 두 번째 부분은, 하나님의 자녀들의 참되고 확실한 행복을 비유적으로 혹은 직접적으로 묘사합니다. 세상과 모든 세속적인 보물들을 완전하게 포기한 채 그 무엇보다 오로지 하나님께 의존하는 사람들이 어떻게 참된 축복을 받고 있는지를 보여 줍니다. 나는 여기에 제시하고 있는 것이 완전하지 못한 채 거의 대략적으로 표현하고 있다는 것을 인정합니다. 왜냐 하면, 나는 자료가 예리한 지성과 세련된 언어를 위해 매우 풍부하고 대단히 잘 어울려 있어서, 모든 주제들이 특별히 새롭게 고안된 것들에 의해 지속적으로 확장될 수 있기 때문입니다. 현재의 형식의 결점들이 무엇이든 간에, 나는 이러한 불완전한 윤곽이나 구조들로부터 수집해 왔던 것을 각하께 제시하고자 합니다. 나는 내가 그렇게 하려는 목적이 어떠하든지 그것을 감히 언급하지 못합니다. 그러나 각하께서는 독서하는 중에 그 목적을 수용하거나 혹은 그것이 다른 때에 설명될 것입니다. 나는 한 가지를 제시하려고 합니다. 이 책은 바다와 같은 세상의 파도와 슬픔을 경험했던 사람에게, 그럼에도 불구하고 가장 평온한 양심의 항구에서 평화를 발견하는 사람에게 부적합하게 제공되지 않을 것이라 나는 믿습니다. 따라서 나는 다만 각하께서 사탄의 세상에서 안전하게 그리스도와 함께 즐겁게 살아가며, 그리고 자신의 것과 일믲게 이러한 비극적인 것을 기꺼이 따르는 생활을 기쁨으로 기다리기를 기원합니다. 그러는 동안 우리의 영원하시고 자비로우신 하나님의 영이 우리를 인도하시며 용기를 주시고, 위로하시며 강하게 하시기를 기원합니다. 아멘.

1623년 12월 15일, 클로포티(Klopoty) 아래에서
각하의 헌신적인 종 J. A. C.

1. 모든 피조물은 심지어 비이성적인 것이라도 천성적으로 평안하고 즐거운 일들에 전념하며 갈망하는 경향이 있다. 물론, 본유적인 합리적 능력을 가지고 태어난 인간은 모든 것에서 보다 선한 것과 평안한 것을 갈망한다. 실제로 이성은 인간을 각성하게 할 뿐만 아니라, 더욱 충심으로 보다 즐겁고 평안한 것을 추구하며 즐기도록 촉구한다. 오래 전에 현자(賢者) 중에서 모든 인간적 욕망의 목적이 되는 지고의 선(*summum bonum*)의 근원과 성격에 관한 질문이 제기되었다. 한때 그러한 선을 얻게 된다면, 사람은 더 이상 바랄 것이 없었기 때문에 자신의 마음을 쉬게 할 수 있었을 것이며 쉬게 했어야 했다.

2. 만일 우리가 그러한 문제에 관심을 기울인다면, 우리는 그 문제를 해결하기를 시도하는 철학자들 중에서 그 문제를 시험해 왔거나 여전히 시험하고 있을 뿐만 아니라, "모든 인간의 사고가 어디에서 그리고 어떻게 완전한 행복을 얻는가?"라는 질문에 관심을 돌리는 것을 발견할 수 있을 것이다. 우리는 거의 모든 사람들이 자신들 밖을 보면서 세상에서 그들의 마음을 평온하고 조용하게 하려는 수단과 그것의 소유들: 재산과 토지를 가진 사람, 기쁨과 쾌락을 가진 사람, 영광과 지위를 가진 사람, 지혜와 학문을 겸비한 다른 사람, 그리고 즐거운 우정을 가진 다른 사람을 발견한다.

3. 그러나 가장 지혜가 있는 솔로몬은 '지고의 선'이란 이러한 소유에서 발견되지 않는다는 것에 대한 증인이다. 그는 마음의 안식을 찾아 온 세상을 두루 여행한 후에 마침내 다음과 같은 결론을 내렸다. "이러므로 내가 사는 것을 한하였노니 이는 해 아래서 하는 일이 내게 괴로움이요 다

헛되어 바람을 잡으려는 것임이로다." 마음의 참된 평화를 발견한 그는 다만 주 하나님만을 바라보면서 그를 경외하며 그의 계명을 지킴으로 마음의 평화가 그와 같은 세상을 포기하게 된다고 선언했다. 왜냐 하면, 그가 말하듯이 모든 것이 이러한 한 가지 규율에 의존하기 때문이다. 마찬가지로 다윗도, 가장 행복한 사람은 눈과 마음으로부터 세상을 멀리하고, 오직 하나님만을 붙잡고, 하나님을 그의 삶의 부분으로, 그리고 그의 마음속에 하나님을 거하게 하는 것이라는 것을 발견했다.

4. 하나님께서 또한 나의 눈을 뜨게 하셔서, 어디에서든지 바깥의 찬란한 빛을 숨기는 요란한 이 세상의 수많은 헛된 것과 사악한 기만을 볼 수 있게 하시는 하나님의 자비를 찬양한다. 나는 그 밖에 어디에서든지 마음의 평화와 안전을 찾는 것을 배웠다. 나는 이 진리를 나의 눈앞에서 더욱 분명하게 새겨 두어 그것을 다른 사람들에게 보여 주기를 원했기 때문에, 세상에서 여정과 방황을 통하여 내가 바라보며 대면했던 공룡과 같은 것들을 알게 되었다. 그리고 세상에서 아무리 추구해도 헛된 것으로 보이는 지금까지 갈망한 행복을 발견한 곳과 그 방법을 알게 되었다. 이 모든 것이 내가 현재의 책에서 묘사해 본 것이다. 나는 [내가 이 지평을 구성한 것이] 얼마나 분명한지는 헤아릴 수 없다. 그것이 나와 나의 이웃 둘 다를 위해 얼마나 유익한 것인지를 하나님께서 알게 해 주시기를 기원한다.

5. 독자여, 당신이 읽게 될 것은 비록 그것이 가공적인 우화와 유사한 것일지라도, 단순한 창안이 아니다. 오히려 이 내용들은 한때 당신이 이해했던, 특히 나의 생활과 환경의 이모저모를 알고 있는 당신이 인지하게 될 참된 사건들이다. 대부분의 내용을 통해 나는 수년 동안 스스로 경험했던 나의 생활의 모험들을 여기에 묘사했다. 나머지 부분에서는 다른 사람들의 생활에서 일어난 우연의 일들을 목격했거나 그것들에 관하여 들은 것들이다. 그러나 나는, 부분적으로는 부끄러움 때문에 그리고 부분적으로는 내가 다른 사람들을 위해 그것을 어떻게 일깨워 주어야 할지를 알지 못하기 때문에, 모든 것을 나의 모험들과 관련을 짓지 않았다.

6. 나의 안내자들, 세상에서 비밀을 알아내는 모든 사람의 안내자들은 실제로 두 가지이다. 모든 것을 시험하는 마음의 추정과 그리고 세상의 모든 기만들에게 진리의 그림자를 제공하는 뿌리 깊은 관습이 그것이다. 만일 당신이 이성으로 그것들을 따른다면, 당신은 내가 한 것처럼 우리 인류의 비극적인 혼란을 수용하게 될 것이다. 만일 그것이 그렇지 않게 생각된다면, 당신의 코 위에 모든 것을 거꾸로 관찰하는 일상적인 기만의 안경을 쓰고 있다는 것을 아시오.

7. 하나님께 헌신하는 고상한 사람들의 마음의 행복한 과정을 형상화하는 일에 관하여 이 책은 모든 선택받은 사람들에게 일어나는 일의 충분한 모습보다 더욱 이상적인 것으로 묘사하고 있다. 그러나 주 하나님께서는 그렇게 완전하게 된 영혼들을 부족하게 하시지 않으며, 그리고 이 내용을 읽는 모든 참된 헌신적 사람마다 동일한 완전성의 정도를 갈망하게 하실 것이다. 친애하는 그리스도인에게 작별을 고하며, 빛의 인도자인 성령께서 당신에게 세상의 헛됨과 하나님과 연합하는 마음을 가진 선택받은 사람들의 영광과 행복과 기쁨보다 더 좋은 것을 보여 주시기를 기원한다.

세상의 미로와 마음의 낙원

제1장
세상에서 방황하는 이유들에 관하여

1. 내가 인간의 이성이 선과 악의 차이를 구별하기 시작하는 나이에 도달했을 때, 나는 사람들이 관계하고 있는 토지, 계층, 소명, 직업 그리고 노력들을 보았다. 내가 관계를 맺어야 하는 사람들의 그룹과 나의 생애 동안 종사해야 하는 일들이 어떠한 것인지를 잘 생각하는 것이 중요한 것 같았다.

마음의 변덕스러움

2. 이 문제를 매우 그리고 가끔 성찰하며 마음속으로 부지런히 생각하는 동안, 나는 걱정과 염려보다 위로와 평화와 기쁨을 더 많이 간직했던 그러한 생의 과정에 대단히 기뻐하기를 결심했다.

3. 그러나 이것이 어떠한 고백이어야 하는지를 알기에는 매우 어려운 것 같았다. 나는 사람마다 자신의 고백을 칭찬하리라는 것을 추측하면서 부적합한 사람의 조언을 구하는 것을 원하지 않았기 때문에 누구와 적합한 상담을 해야 할지 알지 못했다. 나는 그릇되게 선택하지나 않았을지 두려워했기 때문에 모든 것을 지나치게 서둘러서 소유하지 않으려고 했다.

4. 그러나 나는 은밀하게 첫번째 사람, 두 번째 사람 그리고 세 번째 사람을 찾기를 시도했으나, 나는 (나에게 그렇게 생각되어) 각 사람에게 있는 어려운 문제들과 허영심을 알아차렸기 때문에, 즉시 각 사람을 거부했다는 것을 고백한다. 그러는 동안, 나는 나의 변덕스러운 것이 나를 부끄럽게 하지나 않았을지 두려워했다. 그리고 나는 무엇을 해야 할

지 알지 못했다.

5. 나는 많은 갈등과 내적 심사숙고 이후에, 먼저 태양 아래에 있는 모든 인간의 문제들을 관찰하기로 결심했다. 그때 나는 이것과 저것을 지혜롭게 비교한 후에, 어떤 식으로든 나에게 평화롭고 기쁜 마음을 위해 필요한 것을 제공할 전문 직종을 선택하게 될 것이다. 내가 이 과정을 더욱 생각하면 할수록 그것은 나를 보다 기쁘게 했다.

제2장
'편재(偏在)' 를 안내자로 삼은 순례자

1. 그래서 내가 홀로 밖으로 나가서 어디에서 어떻게 시작할 것인지를 생각하기 시작했다. 그때 갑자기 내가 알지 못하는 곳에서 상쾌한 걸음과 재빠른 모습과 신속한 말을 구사하는 한 사람이 나타나서 그의 다리와 눈과 목소리를 계속 움직이고 있는 것 같았다. 그가 나에게 가까이 다가와서 내가 어디에 와서 어디로 가고 있는지를 물었다. 나는 내가 나의 집을 떠나 경험을 얻기 위해 세상을 방황할 의도를 가지고 있다고 대답했다.

2. 그가 이것을 인정하면서 "당신의 안내자는 어디에 있습니까?"라고 말했다. 나는 "아무도 없습니다. 나는 하나님과 나의 눈이 나를 잘못 인도하지 않을 것을 믿습니다."라고 대답했다. 그는 "당신은 아무것도 이루지 못할 것입니다. 당신은 크레타 섬의 미로(Cretan labyrinth)를 들어 본 적이 있습니까?"라고 말했다. "나는 그것에 관하여 몇 가지 들어 보았습니다."라고 대답했다.

세상의 미로

그는 다음과 같이 설명했다. "미로는 세상의 놀라움 중 하나이며, 그곳은 안내자 없이 들어가는 사람마다 나오는 길을 찾지 못하여 방황하며 몰려다니는 수많은 방과 구획과 통로들로 가득한 건물입니다. 그러나 그것은 특히 우리 시대에서 이 세상의 미로가 마련되어 있는 길과 비교되는 웃음거리였습니다. 나는 경험자이기 때문에 나를 신뢰하시오. 나는 당신이 홀로 그곳으로 들어가지 말 것을 충고합니다."

3. 나는 "그러나 내가 어디에서 그러한 안내자를 찾을 수 있는가요?"라고 물었다.

오만한 사람의 설명

"세상을 관찰하며 경험하기를 원하는 사람을 인도하여 모든 것이 존재하고 있는 것을 보여 주는 것이 나의 임무입니다. 그것이 내가 당신을 만나러 오게 된 이유입니다."라고 그는 대답했다.

"그러면 나의 친구 당신은 누군가요?"라고 나는 놀라면서 물었다.

그는 다음과 같이 대답했다. "나는 모든 세상을 걸어다니며 구석구석마다 탐색하면서 모든 사람의 언어와 행동을 관찰하기 때문에, 이름을 '탐구자(Searchall)' 혹은 '편재(Ubiquitous)'라고 부릅니다. 나는 계시된 모든 것을 바라보고 숨겨진 모든 것을 추적하여 찾아냅니다. 간단히 말하여, 나는 모든 것을 관찰하는 것이 나의 의무이기 때문에 내가 없이는 아무것도 이루어지지 않습니다. 만일 당신이 나를 따른다면, 그렇지 않을 경우 당신이 결코 발견하지 못할 수많은 비밀 장소로 나는 당신을 안내할 것입니다."

4. 이 말들을 들었을 때, 나는 마음속으로 내가 그러한 안내자를 찾았다는 것을 기뻐하기 시작했다. 나는 그에게, 나를 세상으로 안내하는

것을 고통스럽게 생각하지 말 것을 요구했다. 그는 "내가 이 길로 다른 사람들을 위해 기꺼이 봉사하기 때문에, 나는 당신도 기꺼이 도울 것입니다."라고 대답했다. 그가 손으로 나를 잡은 후에, "자 함께 갑시다."라고 말했다. 우리는 출발했다.

그때 나는 "세상을 여행하면서 세상 속에 누구든지 의지할 수 있는 그 무엇이 있는지의 여부를 관찰하고 싶습니다."고 말했다. 이 말을 들은 나의 동반자는 멈추며 말하기를, "친구여, 만일 당신이 이러한 일들을 관찰하는 것이, 단순히 기뻐하는 것보다 당신이 관찰하는 것을 당신의 이해력에 따라 판단한다는 의도를 가지고 출발한다면, 나는 폐하이신 우리의 여왕께서 만족해하실지를 알지 못합니다."

허영심, 세상의 여왕

5. "그렇다면 당신의 여왕은 누구입니까?"라고 나는 물었다. 그는 대답했다. "여왕은 온 세상과 그 과정을 한 곳에서 다른 곳으로 인도하는 분입니다. 어떤 냉소적 비평가들은 그녀를 허영심으로 부르지만, 여왕의 이름은 지혜입니다. 그러므로 내가 당신에게 미리 경고하지만, 지나치게 철학적인 체하지 마시오. 그렇지 않으면 당신은 악에 이르게 되고 내가 당신과 함께하게 될 것입니다."

제3장
'기만'이 함께함

1. 그가 나와 함께 이야기하는 동안, 어떤 사람이 옆에서 우리에게

세상의 미로와 마음의 낙원

다가왔다. (그 사람은 이상하게 변장하고 엷은 안개와 같은 것에 둘러싸여 있었기 때문에) 나는 그 사람이 남자인지 여자인지를 알지 못했다. 그 어떤 사람이 "편재, 이 사람과 함께 어디로 서둘러 가는가요?"라고 물었다.

"그 사람은 세상을 시험하기를 원하기 때문에 그를 세상 속으로 인도하고 있습니다."라고 편재가 대답했다.

2. 그는 다음과 같이 물었다. "그러나 왜 내가 없이 가는가요? 당신은 안내하는 일이 당신의 의무이며, 그리고 볼 수 있는 것이 무엇이 있는지를 제시하는 것이 나의 의무인지를 알고 있습니다. 왜냐 하면, 여왕의 왕국으로 들어가는 사람마다 그가 관찰하고 들은 것을 그가 기뻐하도록 해석하는 것이나 그것에 관하여 철학화하지 않아야 하는 것이 여왕 폐하의 뜻이 아니고, 오히려 그가 관찰한 것의 속성과 목적이 그에게 설명되어야 하고, 따라서 그는 이것에 만족해야 합니다."

3. 편재가 응답했다. "다른 사람들이 하는 것과 같이 우리의 규범에 순응하지 않으려는 그렇게 오만한 사람이 있는가요? 그렇지만, 나는 이 사람이 고삐를 요구할 것을 기대합니다. 자 그럼, 따라오시오!" 그러자 그는 우리와 합세하고 우리는 계속 갔다.

4. 그렇지만 나는 스스로 생각하였다. '나는 내가 잘못 인도되지 않기를 하나님께 소망한다. 이 사람들은 나의 입에 맞는 어떤 고삐에 대해 깊이 생각하고 있다.' 그래서 나는 새로운 동반자에게, "친구여, 화내지 마시오. 그러나 나는 당신의 이름을 알고 싶소."라고 말했다.

모든 것으로 세상을 기만하는 연습

그는, "나는 세상의 여왕인 '지혜'의 해설자입니다. 나는 세상에 있는 모든 것이 이해되게 하는 방법을 가르칠 명령을 갖고 있습니다. 그러므로 나는 당신이 만날 모든 사람 젊은이와 늙은이, 귀족과 평민, 무식자와 학식이 있는 사람들의 마음속에 참된 세상의 지혜를 간직할 모든 것을 새기게 하여 그들을 기쁨과 만족으로 인도합니다. 왜냐 하면, 내가 없으면, 아무리 왕이나, 여왕이나, 영주나, 가장 존경받는 사람들이라도 낯선 낙관에 이르게 되고, 세상에서 그들의 시간을 슬픔으로 보낼 것이기 때문입니다."

5. 나는 이 말에 덧붙였다. "만일 당신이 말하는 것이 진실하다면, 하나님께서 나에게 당신을 안내자로, 절친한 친구로 주시는 것이 얼마나 행운인가요? 왜냐 하면, 나는 가장 안전하고 가장 만족스러운 것을 찾아 간직하기 위하여 세상으로 출발했기 때문입니다. 당신을 나의 안내자로 삼을 때, 나는 더욱 쉽게 선택할 수 있을 것입니다."

그는 말했다. "이것을 의심하지 마시오. 왜냐 하면, 당신이 우리 왕국에 있는 모든 것이 매우 뛰어나게 그리고 정교하게 정돈되어 있고 유쾌한 것이라는 것을 발견하고, 우리의 여왕에게 복종하는 모든 신하들이 매우 잘살 수 있다는 것을 알게 된다 할지라도, 한 가지 직업이나 교역이 다른 것보다 더욱 안전과 여가를 가지게 하는 것이 사실이기 때문입니다. 당신은 그 모든 것으로부터 원하는 것은 무엇이든지 선택할 수 있을 것입니다. 나는 당신에게 모든 것을 존재하고 있는 그대로 설명할 것입니다."

"그렇다면, 당신의 이름이 무엇인가요?"라고 나는 물었다.

그는 "내 이름은 '기만'입니다."라고 대답했다.

제4장
고삐와 안경을 쓴 순례자

1. 내가 이 소리를 들었을 때, 나는 공포에 질려서 혼자서 생각하기를, '나의 죄 때문에 내가 어떤 좋은 동반자들을 받아들이겠는가?' 하는 문제였다. (내가 곰곰이 생각한) 첫번째 사람이 어떤 종류의 고삐에 대하여 말했다. 다른 사람은 (내가 고삐가 풀린 폭발이라고 의심해 보지만), 그의 여왕을 허영심으로 칭했던 기만이라는 이름을 가지고 있었다. 그렇다면 이 모든 것이 무엇인가?

2. 내가 아래로 내리뜬 눈으로 조용히 계속하면서 부자유스러운 다리로 앞으로 움직이는 동안, 탐구자가 "그것이 무엇인가요, 당신은 변덕스러운 사람인가요? 나는 당신이 되돌아가기를 원하는지를 의심합니다."라고 말했다. 내가 대답하기도 전에 그가 어떤 고삐를 내 목으로 던지자, 그 끝부분이 갑자기 내 입 속으로 빠져 들어갔다. 그때에 그는 "당신이 어디에서 시작했든지 당신은 곧 시키는 대로 갈 것입니다."라고 말했다.

호기심의 고삐

3. 내가 고삐를 쳐다보자 그것은 함께 호기심의 끈으로 매여 있었고 그 끝은 단단하게 접착제로 만들어져 있는 것을 알았다. 그때에 나는 세상을 바라보면서 전과 같이 자유롭게 여행하지 못할 것이지만, 나 자신의 변덕스럽고 만족할 줄 모르는 마음의 갈증 때문에 억지로 계속하게 되리라는 것을 알아차렸다.

기만의 안경

4. 그러자 다른 쪽에 있는 두 번째 안내자가 "나는 당신에게 세상을 두루 바라볼 이 안경을 줍니다."라고 말했다. 그리고 그가 나의 코에 안경을 걸어 주어 나는 즉시 내 앞에 있는 모든 것을 이리저리 바라보았다. 실제로 그 안경은 (내가 여러 차례 앞 쪽으로 시험하는 동안) 멀리 있었던 것이 가깝게, 가까운 것이 멀리 있게, 작은 것이 크게, 큰 것이 작은 것으로, 누추한 것이 아름답게, 아름다운 것이 추하게, 검은 색이 희게, 흰 것이 검은 색으로, 그리고 기타 다른 방식으로 쳐다볼 수 있도록 대상들을 제시해 주는 힘을 가지고 있었다. 그래서 나는 그가 그러한 안경을 만들어서 사람들에게 씌워 주었기 때문에 곧바로 '기만' 으로 부르게 된 것을 알았다.

가정(假定)과 습관으로 구성됨

5. 내가 미리 알게 되었을 때, 이 안경은 '가정' 이라는 유리로 디자인되었고 그것을 끼고 있었던 안경테는 '습관' 이라 부르는 뿔로 만들었다.

6. 나를 위해 다행스럽게도, 그는 그 안경이 나의 눈의 방향에 따라 꽉 조이지 않게 하기 위해 나의 코에 약간 비뚤어지게 걸어 주었다. 그리고 나의 머리를 들고 그 안경 밑으로 바라보았을 때, 나는 사물들을 분명하고 자연스럽게 볼 수 있었다. 이러한 것이 나를 기쁘게 했을 때, 나는 스스로 '네가 비록 나의 입을 막고 나의 눈을 가릴지라도, 나의 마음과 생각마저 멀게 하지 못할 하나님을 신뢰한다. 나는 계속하여 이 세상이 허무의 여인이 우리에게 물론 우리의 눈으로 관찰하지 못하지만, 살펴보기를 원하는 것과 같은 것인지 매우 의아하게 생각할 것이다.' 라고 생각했다.

제5장
세상을 위로부터 바라보는 순례자

세상 너머에는 아무것도 없다

1. 내가 이 문제에 대해 생각하고 있었을 때, 우리가 갑자기(내가 그 방법을 알지 못하게) 저 높은 탑 위에 나타나자, 나는 구름 바로 아래에 있는 것 같았다. 내가 아래쪽으로 내려다보았을 때, 땅 위에 모양이 아름답고 찬란하게 그리고 넓고 광활하게 펼쳐져 있는 한 도시를 목격했다. 그럼에도 불구하고, 나는 사방에서 그 경계선과 한계를 항상 구별할 수 있었다. 그 도시는 원형으로 건설되어 벽들과 성벽으로 가지런히 위치해 있었으나, 방호벽 대신에 사방 측면과 밑바닥이 없어 보이는 어두운 심연이 있었다. 도시 위로 유일하게 등불이 있었지만, 벽을 넘어서는 그 등이 어두웠다.

세상의 정황

2. 나는 그 도시가 헤아릴 수 없을 정도로 크고 작은 많은 거리와 광장과 집들과 건물들로 나누어져 있는 것을 보았다. 그리고 사람들이 마치 곤충들과 같이 어디에서나 총총 걸음으로 걸어갔다. 나는 동쪽에서 서쪽을 마주보는 다른 대문으로 연결된 오솔길이 나 있는 한 대문을 보았다. 두 번째 대문은 도시의 다른 거리들로 연결되었다. 나는 서로 각각 평행으로 연결되어 있는 여섯 개의 주요 거리들을 세어 보았다. 그 중앙에는 광장 혹은 아주 넓은 원형 시장이 있었다. 보다 먼 가파르고 돌로 된 언덕이 있는 서쪽에는 도시의 거주자들이 종종 멀리서 바라보는 높고 찬란한 성(城)이 우뚝 서 있었다.

들어가는 문과 나뉘는 문

3. 나의 안내자 '편재'는 내게 다음과 같이 말하였다. "여보시오! 바로 여기에 당신이 그토록 보고 싶어하던 멋진 세계가 있소. 이 세계 전체를 측량하고 그 구조를 파악할 수 있도록 당신을 이 탑 위로 인도한 것이오. 동쪽 성문은 모든 생명들이 탄생하는 탄생의 문입니다. 두 번째 성문, 곧 서쪽 성문은 이제 각자의 운명과 몫을 향해 나뉘는 문입니다."

총 여섯 부류로 나뉜 세상의 계급

4. "당신이 보고 있는 수많은 사람들은 다양한 계급, 질서, 소명들을 지니고 있습니다. 이제 그러한 계급, 질서, 소명들은 여섯 개의 큰 길로 표시되어 있습니다. 가장 남쪽 길은 가족을 뜻합니다. 그곳엔 부모, 자녀, 노예들이 살고 있습니다. 그 다음 길은 상인들과 장인들의 길입니다. 광장에 근접한 세 번째 길은 학자, 지식인들의 거리입니다. 그 다음 길은 영적 종교인들의 거리입니다. 그 위의 길은 세상 통치자들과 주관자들의 길입니다. 가장 위쪽, 즉 북쪽으로 난 길은 기사 계급 즉 군인들의 길입니다. 얼마나 근사합니까? 첫번째 계급은 인간에게 필요한 모든 것을 생산합니다. 두 번째 계급은 그 생산한 것들을 활용하며 정련시킵니다. 세 번째 계급은 모든 가르침을 제공합니다. 네 번째 계급은 모두를 위해 기도합니다. 다섯 번째 계급은 모든 것을 판단하며 무질서로부터 모두를 보호합니다. 여섯 번째 계급은 모두를 지키기 위해 싸움을 합니다. 이처럼 모든 계급과 모든 사람들은 서로가 서로를 위해 봉사하며 조화를 이룹니다."

행운의 성

5. "이제 서쪽에 있는 성은 행운의 성입니다. 그 성에는 지체 높은 사

세상의 미로와 마음의 낙원

람들이 삽니다. 그들은 부와, 향락, 명예를 누리며 삽니다."

시장과 세상의 성

"중앙에 있는 시장은 모든 사람을 위한 것입니다. 이 시장에는 모든 계급의 사람들이 모여 서로 필요한 것을 주고받으며 유통합니다. 시장의 중앙에는 세상의 여왕인 지혜가 거하는 집이 있습니다."

혼돈의 시작

6. 이러한 굉장한 질서와 배열은 나를 기쁘게 하였고 세상을 이처럼 질서 있고 조화롭게 만드신 하나님께 찬양을 드리게 하였다. 하지만 각각의 계급과 질서를 나타내는 거리들이 중간 중간 서로 얽히고 부딪치는 것을 보고 마음이 불편해지기 시작하였다. 이것은 일종의 혼돈과 무질서의 표시처럼 느껴졌다. 또 세상이 둥글게 되어 있으며 그것이 빙글빙글 돌고 있음을 보고 현기증을 느낄 수밖에 없었다. 모든 사물과 생명들이 벌레처럼 뒤얽혀 움직이고 있었고 서로 때리고 치고 부딪치고 소리 지르는 깃을 들을 수 있었다.

기만

7. 나의 해설자 '기만'이 말했다. "보세요, 이 세상이 얼마나 아름다운지. 이처럼 멀리서 바라보는데도 그 모든 것이 너무 아름답지 않아요? 자 어때요? 누구라도 그 속에 들어가서 살고 싶어하지 않겠어요?"

나는 대답하였다. "멀리서 바라보기에는 괜찮은 것 같은데… 정말 들어가 보면 어떨지 잘 모르겠군요."

기만은, "모든 게 다 괜찮을 거예요. 자 한번 가 봅시다."라고 대답했다.

어린이의 길

8. 이때 안내자 편재가 말하였다. "잠깐 기다리세요. 우리가 가고 싶어하지 않을 곳들을 보여 드리죠. 자, 동쪽 편을 한번 보세요. 저기 어두운 성문 쪽에서 우리 쪽을 향해 무엇인가 기어오지 않습니까?"

"예, 그렇군요." 나는 대답하였다.

편재는 계속해서 이렇게 말했다. "그들은 이제 막 세상에 태어나는 새 생명들입니다. 그들은 자기들이 어디에서 오는지도 알지 못하고 자기들이 인간임을 자각하지도 못합니다. 아이들 주위에는 어둠이 있고 아이들은 소리 내어 울기만 합니다. 하지만 그들이 길을 따라 우리 쪽으로 계속 걸어오는 동안 어둠이 점점 사라지기 시작하고 빛이 서서히 비치기 시작합니다. 자, 한번 내려가 보시죠."

제6장
소명을 분배하는 운명

세상의 방어자인 운명

1. 어두운 나선형 계단을 따라 아래로 내려가 보니 성문 앞이 어린아이들로 가득 차 있었다. 성문 오른편에는 무섭게 생긴 노인이 앉아 있었는데 그는 손에 커다란 놋 주전자를 들고 있었다. 이제 새롭게 태어난 생명들은 모두 그 놋 주전자에서 종이쪽지를 하나씩 꺼내들었다. 어떤 아이는 환호하며 거리로 뛰어갔고 어떤 아이들은 불평과 신음소리를 내며 기어나갔다.

세상의 미로와 마음의 낙원

소명의 분배

2. 가까이 다가가서 종이쪽지에 쓰인 글귀를 보니 거기엔 이런 글들이 적혀 있었다. '지배' '섬김' '명령' '복종' '저술' '경작' '학업' '노동' '재판' '결투' 등등이 쓰여 있었다. 나는 놀라 그냥 바라보고만 있었더니 탐구자가 내게 말하였다. "여기에 쓰인 글귀는 각자가 감당해야 할 자기의 역할, 임무, 소명을 뜻합니다. 저기 놋 주전자를 들고 종이쪽지를 하나씩 뽑도록 감독하는 사람의 이름은 '운명(Fate)' 입니다. 그 '운명' 에게서 모두들 자기의 역할을 할당받게 됩니다."

모든 것을 조사할 수 있게 해 달라고 요청하는 순례자

기만은 내 옆구리를 쿡 찌르며 나도 쪽지를 하나 뽑아야만 한다는 신호를 주었다. 나는 그 직업이 어떤 것인지 미리 알고 내게 합당한 것을 뽑도록 해 줄 것을 요청하였다. 그러자 기만은 그것은 '운명' 의 허락을 받아야만 가능하다고 일러 주었다. 나는 '운명' 에게 다가가 내가 이곳에 온 것은 인간 세상의 모든 일을 알아보기 위해 온 것이니 내가 원하는 일을 할 수 있게 해 달라고 간청하였다.

허락을 얻다

4. '운명' 은 내게 이렇게 말하였다. "다른 어느 누구도 당신 같은 요청을 하지 않소. 그들은 그들에게 주어진 역할을 받아들여야만 하오. 하지만 당신이 그렇게 간청하니 들어주겠소." '운명' 은 종이쪽지에 '검사자(Speculare)' 라고 써서 내게 건네주었다.

제7장
세상의 시장을 살펴보는 순례자

다양한 사람을 보게 되는 순례자

1. 안내자 편재는 이렇게 말했다. "모든 것을 살펴보려면 먼저 시장에 가 보시죠." 그는 나를 시장으로 안내하였다. 그곳엔 나이, 체격, 계급, 직업, 성별이 다른 각 나라에서 온 수많은 사람들이 얽혀 있었다. 그들은 마치 벌 떼처럼 엄청난 무리를 이루고 있었다.

다양한 성격과 몸짓들

2. 사람들은 걷고, 뛰고, 말을 타고, 앉고, 서고, 눕고 하며 이리저리 움직이고 있었다. 크고 작은 그룹을 이루고 있는 사람들이 있는가 하면 홀로 있는 사람들도 있었다. 사람들의 외모와 마찬가지로 의상도 참으로 다양하였다. 어떤 사람들은 아예 발가벗은 사람들도 있었다. 사람들은 각기 다른 모습으로 인사하고 악수하며 다양한 동작을 보여 주었다. 해설자 '기만'이 말했다. "여기 고상한 인간들을 한번 보세요. 이성과 불멸성을 부여받은 피조물입니다. 그들은 불멸의 하나님의 형상을 지니고 있죠. 그러한 하나님의 형상은 그들의 고상한 행동을 통해 나타납니다. 인간 종족의 존엄성을 나타내는 거울을 들여다보세요."

인간의 위선

3. 인간들을 자세히 들여다보니 그들은 많은 사람들 앞에서는 가면을 쓰고 있다가 혼자 있거나 동료들을 만나게 되면 가면을 벗는 것을 볼 수 있었다. 하지만 다시 대중 앞에 서게 되면 그들은 가면을 착용하

세상의 미로와 마음의 낙원

였다. 이 가면이 무엇인지 안내자 '편재' 에게 물어보았다. 그러자 '편재' 는 대답하였다. "이 가면은 인간의 신중함을 나타냅니다. 사람은 자기의 본 모습을 누구에게나 드러내지 않습니다. 혼자일 땐 몰라도 여러 사람들 앞에서는 적절한 예의와 범절을 지키게 마련입니다." 나는 가면 없는 인간의 진정한 참 모습을 한번 보고 싶어졌다.

인간의 흉한 모습들

4. 그들을 자세히 살펴보니 그들은 얼굴뿐 아니라 몸도 변형되어 있음을 알게 되었다. 그들의 얼굴은 우둘우둘 종기가 나 있거나 문둥병에 걸려 있었다. 그들은 또한 돼지 입술, 강아지 이빨, 황소 뿔, 당나귀 귀, 도마뱀 눈, 여우 꼬리, 늑대 발 등의 모양을 하고 있었다. 어떤 사람들의 목은 공작의 목처럼 펼쳐져 있었고 댕기물떼새 모양의 벼슬을 달고 있는 사람, 말발굽 모양의 발을 하고 있는 사람도 있었다. 그들 대부분은 원숭이 모습을 하고 있었다. 나는 겁에 질려 외쳤다. "이 사람들은 다 괴물들 같군요!"

"어떤 괴물을 말하는 겁니까?" 해설자 기만은 주먹을 쳐들고 겁을 주면서 외쳤다. "당신의 안경을 똑바로 쓰고 바로 보게 되면 그들은 단지 사람임을 알게 될 거요." 옆에 있던 몇 사람이 내가 그들을 보고 괴물이라고 하는 소리를 듣고는 나를 향해 으르렁거리며 겁을 주었다.

더 이상 논쟁하는 것이 소용없음을 깨닫게 되자 나는 조용히 혼자 생각하였다. "이들이 스스로 자신을 사람이라고 생각할지도 모르지. 하지만 내 눈에는 그렇게 보이지 않는군." 그러나 나의 안내자 편재가 내 안경을 바꿔 나를 기만할지도 모른다는 생각이 들어 조용히 입을 다물었다. 그들을 가만히 들여다보니 자기 필요와 상황에 따라 자기의 모습을 교묘히 바꾸며 대처하는 것을 볼 수 있었다. '세상이 이런 식으로 돌아

제7장 세상의 시장을 살펴보는 순례자

가는구나.' 하는 깨달음이 들었지만 조용히 입을 다물고 있었다.

대혼란

5. 그들은 또한 서로 다른 언어로 서로를 향해 외치고 있었다. 그들은 서로를 이해할 수 없음이 분명했다. 그들은 서로의 질문에 답하기보다는 각자 자기의 이야기만을 늘어놓을 뿐이었다. 많은 군중들이 모여 서로 자기 이야기를 들어 달라고 사람들의 소매를 끌어당겼지만 아무도 그들의 이야기를 귀담아듣지 않았다. 대화는커녕 오히려 싸움과 분쟁만 생겨나는 것이었다. "이게 바로 바벨탑이 아니고 무엇이겠는가?" 하는 소리가 내 입에서 저절로 나왔다. "각자가 자기 노래만 할 뿐이니 이보다 더한 혼란이 어디 있을까?"

쓸데없는 일들에 분주한 사람들

6. 게으른 사람은 거의 없었다. 모두가 각자 자신의 일에 분주하였다. 하지만 그들의 일은 어린아이 장난이나 허드렛일에 불과하였다. 어떤 이들은 휴지 조각을 모았다 또 흩뜨려놓았다 하는 일을 반복하고 있었다. 어떤 이들은 통나무와 돌들을 도르래로 올렸다 내렸다 하였다. 어떤 이들은 흙을 파서 이리저리 나르고 있었다. 어떤 이들은 벨, 거울, 방울 등 하찮은 장신구들을 가지고 놀고 있었다. 심지어 어떤 이들은 자기 그림자를 가지고 놀고 있었다. 그 그림자를 따라 잡으려고 이리저리 뛰어다니는 것이 그들의 일이었다. 사람들은 자신의 일에 어찌나 열심인지 숨을 헐떡거리고 땀을 흘리다가 과로로 쓰러지는 이들도 있었다. 더군다나 관원들이 여기저기에서 그런 쓸데없는 일거리들을 이 사람 저 사람에게 분배해 주고 있었다. 그 일을 분배받은 사람들은 열정을 가지고 맡겨진 일들에 전념하는 것을 볼 수 있었

세상의 미로와 마음의 낙원

다. "하나님께 부여받은 재능을 이렇게 헛되이 낭비하기 위해 인간이 창조되었단 말인가?" 나는 놀라 자문할 수밖에 없었다.

"이 일들이 왜 헛되다는 겁니까?" 해설자 기만이 말했다. "인간은 나름대로 발명의 재주를 가지고 일하고 있지 않습니까?"

"하지만, 이 사람들은 하나님께로부터 부여받은 재능을 헛되이 낭비하고 있습니다." 나는 대답했다.

"너무 불평만 늘어놓지 마세요. 이 사람들은 하늘에 있지 않고 땅에 살고 있기 때문에 땅에서 할 수 있는 일들을 하고 있을 뿐입니다. 이들은 나름대로 질서정연하게 자기에게 맡겨진 일들을 꾸준히 반복하고 있지 않습니까?" 해설자 기만은 나를 비난하였다.

무질서

7. 그들을 자세히 들여다보니 이보다 더한 무질서가 있을 수 없었다. 한 사람이 너무 무거운 짐을 들고 비틀거리고 있는데 다른 사람이 그를 도와주기는커녕 오히려 그의 앞길을 가로막고 방해하였다. 그들은 서로 싸우기 시작했고 곧 화해하는가 싶더니 또다시 새로운 싸움을 하기 시작했다. 같은 일들을 계속해서 반복하고 있었다. 관원들과 감독들의 지시를 받고 일하는 사람들은 대충 건성으로 일하고 있었다. 어떤 이들은 계급과 질서를 파괴하고 도망하였다. 어떤 이들은 불평불만을 끝없이 늘어놓았다. 어떤 이들은 감독자의 몽둥이를 빼앗아 도망하였다. 끝없는 소동과 소요의 연속이었다. 이런 소동과 소요를 가리켜 질서라고 우기는 사람들 앞에서 나는 입을 다물 수밖에 없었다.

추문들과 나쁜 범례들

8. 무질서와 어리석은 일들이 계속되었다. 모든 광장과 거리들은 온

통 나무, 돌, 함정, 분화구, 웅덩이 등 장애물로 가득 차 있었다. 하지만 아무도 그러한 장애물들을 치우는 사람이 없었다. 또한 장애물들을 조심해서 피해 가려 하지도 않았다. 사람들은 장애물에 부딪쳐 다치기도 하고 죽기도 하였다. 이런 광경 앞에 내 심장이 쿵쾅거리며 뛰기 시작하였다. 주의를 주는 사람도 보이지 않았다. 다른 사람들이 장애물에 걸려 넘어지면 그 광경을 보고 깔깔댈 뿐이었다. 보다 못해 장애물들을 조심하라고 주의를 주었지만 아무도 내 말에 귀를 기울이지 않았다. 어떤 사람들은 나를 비웃었고 어떤 이들은 나를 꾸짖었다. 나를 때려눕히려는 사람도 있었다. 장애물에 빠져 영영 일어나지 못하는 사람, 일어났다가 다시 넘어지는 사람 등 여러 종류의 사람들이 있었다. 그들의 몸은 상처와 흉터투성이였다. 하지만 아무도 그들에게 어떠한 관심조차 보이지 않는 것이 참으로 이상하게 여겨졌다. 오히려 서로 조금만 건드려도 곧 싸움이 터지곤 하였다.

인간의 변덕과 헛된 노력

9. 사람들은 그들의 옷, 건축 양식, 말과 행동에 있어서 끝없이 변하는 유행에 민감한 것을 볼 수 있었다. 어떤 사람은 이 옷 저 옷 계속 새로운 옷을 갈아입느라고 모든 시간을 소비하고 있었다. 어떤 사람은 집을 이렇게 지어 봤다 저렇게 지어 봤다 하다가는 그 동안 지었던 모든 집을 다 허물어 버리는 것을 볼 수 있었다. 사람들은 이 일 저 일을 해 보다가 나중에는 모든 일에 싫증을 느끼고 있었다. 한 사람이 죽거나 다른 곳으로 가거나 해서 일거리가 하나 생기면 다른 사람들이 서로 그 일거리를 차지하려고 대단한 싸움과 논쟁을 벌이는 것을 보았다. 또한 누가 무슨 일을 하거나 무슨 말을 하더라도 반드시 그 일과 말에 대해 비판하고 시비를 거는 사람이 꼭 있는 것을 볼 수 있었다. 한 사람이 대

세상의 미로와 마음의 낙원

단한 수고를 들여 큰일을 이루어 놓고 스스로 만족해하는가 하면, 또 다른 사람이 와서 그 일을 훼손하고 망가뜨리는 것을 볼 수 있었다. 어떤 일이든지 반드시 훼방꾼이 있게 마련이고 또 어떤 경우는 다른 사람이 망가뜨리기 전에 자기 스스로 자기가 한 일을 망가뜨리는 경우도 있었다. 나는 사람들의 변덕과 헛된 노력에 놀랄 수밖에 없었다.

교만

10. 사람들은 자기 자신이 다른 사람들보다 높은 자리를 차지해 보려고 애쓰고 있었다. 더 높은 자리를 차지한 사람은 어깨를 으쓱거리곤 했지만 그들은 곧 다른 사람에 의해 넘어지고 밑으로 내려 떨어지곤 하였다. 이들을 넘어뜨리는 사람은 선망과 질투로 가득 차 있었다.

자기도취

11. 어떤 사람들은 무슨 일을 하든지 계속해서 거울로 자기 자신을 들여다보고 있었다. 다른 사람과 대화를 할 때는 물론 싸움을 할 때도 그들은 항상 자기 자신만을 들여다보았나. 자신의 앞, 뒤, 옆모습을 보고 자기의 아름다운 자태에 스스로 도취해서 그 거울에 비친 자신의 멋진 모습을 좀 보아 달라고 다른 사람들에게 그 거울을 넘겨주곤 하였다.

모든 것을 파괴하는 죽음

12. 하지만 그 모든 사람들에게 성큼성큼 다가가는 죽음을 나는 볼 수 있었다. 큰 낫, 활, 화살을 가지고 죽음은 사람들에게 그들은 곧 죽게 될 것이라고 큰 소리로 외치고 있었다. 하지만 아무도 그녀(죽음)의 목소리에 귀를 기울이지 않았다. 사람들은 자신의 어리석음과 사악함에

빠져 있을 뿐이었다. 죽음이 쏘는 화살은 남녀노소, 부자, 가난한 자, 학자, 무식자 할 것 없이 무차별로 사람들을 쓰러뜨렸다. 그녀의 화살에 맞은 사람은 비명을 지르며 쓰러졌다. 쓰러져 피를 흘리며 죽어 가는 자들을 본 사람은 놀라 잠시 달아나다가는 다시 아무 일도 없었다는 듯 자기 길을 걸어가는 것이었다. 몇몇 사람들이 모여 죽은 사람을 위해 장송곡을 부르고 그들끼리 음식을 먹고 마시고는 또 아무런 일도 없었다는 듯이 사라졌다. 어떤 이들은 인상을 찌푸리며 죽은 사람들을 세상 바깥 어두운 구덩이에 집어 던지고는 다시 돌아와 술을 마시며 흥청거렸다. 아무도 죽음을 피할 수 없었다. 하지만 그들은 그 죽음을 진지하게 생각하지 않고 지나치고 있었다.

질병들

13. 죽음에 의해 단번에 쓰러지지 않고 대신 상처만 입은 채 병석에 누워 있거나 불구가 되어 있는 사람도 있었다. 눈이 멀거나 귀가 먼 사람, 다리를 저는 사람, 퉁퉁 부은 사람, 바싹 마른 사람, 사시나무처럼 떠는 사람 등 여러 모양의 사람들이 고통을 당하고 있었다. 온몸이 건강한 사람보다는 어딘가 문제나 병을 지니고 있는 사람들이 더 많아 보였다.

헛된 도움

14. 상처를 치료할 수 있는 알약, 물약, 연고 등을 파는 사람들도 있었다. 사람들은 죽음에 대항하기 위해 이런 약들을 사들이고 있었다. 하지만 죽음은 이런 약들과 상관없이 여전히 병든 사람들을 향해 화살을 쏘아 댔고 약을 파는 사람들을 향해서도 화살을 쏘았다. 생명을 위해 창조된 사람들이 죽음의 불쌍한 희생양이 되는 모습이 애처로웠다.

세상의 미로와 마음의 낙원

좋은 친구들을 많이 사귀고 사업이 번창하고 좋은 집을 짓고 이제 오래 살기 위해 노력하는 사람에게 죽음의 화살이 날아가 꽂히는 것을 볼 때는 정말 마음이 아팠다. 자기 보금자리를 애써 장만해 놓은 사람의 모든 일이 허사로 돌아가고 만 것이다. 그 다음 상속자, 또 그 다음 상속자, 계속해서 모든 상속자들에게도 같은 일이 계속되었다. 그러나 아무도 인생의 불확실성에 대해 깊이 있게 생각하지 않았다. 심지어 죽음의 면전에서조차 마치 자기는 죽지 않을 것처럼 착각하고 있었다. (그들의 모습이 애처로워 내 심장이 터지는 것 같았다). 나는 목소리를 높여 눈을 뜨고 죽음을 바라보라고, 죽음이 쏘아 대는 화살을 바라보라고 외쳤다. 하지만 죽음 자신이 보여 주는 무서운 모습과 음성에도 아랑곳하지 않는 사람들이 내가 외치는 소리에 귀 기울일 리 없었다. "오 하나님, 우리 인간에게 처해진 불행과 재난을 어찌하면 좋습니까?" 나는 탄식할 수밖에 없었다.

나의 해설자 기만이 내게 말했다. "친구여, 죽음의 문제로 괴로워하는 것이 현명한 일이라 생각합니까? 죽음은 피할 수 없음을 알기에 차라리 죽음은 생각하지 말고 사기 일만 열심히 하는 게 더 낫지 않을까요? 죽음은 언젠가 한 번은 오게 되어 있습니다. 그것은 한 시간일 수도 있고 일 분간일 수도 있지요. 한 사람이 죽는다고 해서 다른 사람들이 즐거움을 그쳐야 한단 말입니까? 죽는 사람보다 태어나는 사람이 더 많지 않은가요?"

나는 대답하였다. "당신의 말이 과연 지혜로운 것인지 나는 잘 모르겠습니다."

질병과 죽음의 원인

15. 이 일을 숨기고 싶은 마음은 추호도 없다. 죽음이 쏘아 대는 엄청

난 화살들을 보자 이런 생각이 들었다. '도대체 죽음은 어디에서 그렇게 많은 화살을 가져오는 것일까?' 자세히 살펴보니 죽음 그 자신이 가진 화살은 한 개도 없었다. 그녀는 단지 활만 가지고 있을 뿐이었다. 죽음은 사람들에게서 화살을 가져오고 있었다. 사람들은 스스로 그녀에게 화살을 만들어 주고 있었다. 어떤 사람들은 어리석게도 화살을 만들어 그녀가 자기 심장을 쏘도록 준비하고 있었다. 사람들은 자기 자신의 어리석음, 부주의, 무절제, 불안정함에 의해 자신의 죽음을 재촉한다. 죽음의 원인에 대해 살펴보고 있을 때, 기만은 나를 다른 곳으로 이끌며 말했다. "당신은 산 자보다 죽은 자에게 더 관심이 있나 보군요. 죽으면 다 끝나는 겁니다. 어떻게든 살려고 노력해야지요."

제8장
결혼 제도를 살펴보는 순례자

결혼을 향한 엄청난 수고와 노력들

1. 나는 결혼한 사람들이 사는 거리로 인도되었다. 그곳은 활기가 넘치는 거리였다. 그곳엔 성문이 하나 있었는데 그 문의 이름이 '약혼'이라고 안내자 '편재'가 설명해 주었다. 성문 앞에는 광장이 하나 있었는데, 남녀 커플들이 서로 팔짱을 끼고 걷기도 하고 서로의 눈을 들여다보곤 하였다. 그들은 서로의 귀, 코, 이, 목, 혀, 팔, 다리 등을 검사하고 있었다. 신체 부위들의 크기, 길이, 넓이 등을 재는 것이었다. 한 사람이 다가와서는 앞뒤 좌우에 있는 사람들의 모습들을 살피며 서로 비교하고 있었다. 사람들은 주로 서로의 지갑, 돈주머니의 크기와 무게를 재

는 데 열중해 있었다. 가끔씩은 여러 남자들이 한 여자를 주목하고 있었다. 어떤 경우엔 아무도 관심을 보이지 않는 여자들도 있었다. 한 여자를 놓고 두 남자가 격돌을 하게 되면 싸움이 일어나고 사람이 죽기도 하였다. 어떤 사람은 자기의 경쟁자를 물리치고서는 자기 자신도 도망가는 사람도 있었다. 어떤 사람은 그냥 자기 옆에 있는 사람을 별 생각 없이 자기 짝으로 택하기도 하였다. 어쨌든 사람들은 우여곡절 속에서 짝들을 하나씩 구해 손을 잡고 그 문을 향해 걸어 나갔다. 도대체 이게 다 무슨 일들인가를 묻지 않을 수 없었다.

해설자 기만이 대답했다. "이 사람들은 결혼의 거리에 사는 사람들인데, 혼자서는 그 문을 통과할 수 없기 때문에 누구나 짝을 한 사람씩 데리고 그 문을 통과하고 있는 것입니다. 그 짝을 고르는 일이 여기서 벌어지고 있고 누구나 한 사람씩을 고르려고 소동을 벌이는 것입니다. 누구든지 짝을 찾은 사람은 함께 그 문을 통과하도록 되어 있지요."

"짝을 찾는 것이 이렇게 소란스럽고 힘겨운 것일까요?" 나는 물었다.

기만은 대답했다. "힘겹다니요? 사람들이 짝을 고르는 과정을 얼마나 즐기고 있는지 보이지 않습니까? 서로 웃고 노래하고 소리 지르며 유쾌한 시간을 보내고 있지 않습니까? 이보다 더 즐거운 일이 어디 있겠습니까?"

정말 몇몇 사람들이 유쾌하게 소리 지르는 것을 볼 수 있었다. 하지만 다른 사람들은 우울과 절망에 빠져 있었다. 사람들은 여기저기를 뛰어 다니며 짝을 고르느라 난리였다. 어떤 사람들은 문제에 빠져 먹지도 않고 자지도 않았다. 어떤 사람은 반쯤 넋이 나가 있었다.

"이 사람들을 좀 보세요."

"이런 모습조차 유쾌하지 않습니까?" 해설자 기만이 대답했다.

"그럴까요? 다음엔 무슨 일이 있는지 좀 더 나아가 봅시다."

결과의 불확실성

2. 사람들 틈을 비집고 헤쳐 나아가 성문 앞에 이르게 되었다. 그 성문 앞에는 큰 저울이 걸려 있었고 저울 양쪽에는 커다란 바구니가 달려 있었다. 커플들은 각각 한 사람씩 그 바구니 속에 들어가 저울의 평형이 어느 쪽으로 기우는지를 살펴보고 있었다. 저울이 평형을 유지할 때 비로소 커플들은 성문을 통과할 수 있었다. 저울이 평형을 이루지 못해 저울 밖으로 떨어진 사람들은 군중들의 웃음을 사게 되었다. 그들은 부끄러운 모습으로 도망칠 수밖에 없었다. "이게 대체 무슨 일입니까?" 하고 나는 물었다.

그러자 "이게 바로 사람들의 약혼식입니다. 약혼 당사자 두 사람의 비중이 평형을 이루면 그들의 약혼이 성립됩니다. 평형을 이루지 못할 때는 결별하고 맙니다."라고 해설자는 대답했다.

"여기에서 말하는 평등과 평형은 무엇을 의미합니까? 어떤 사람들은 나이, 계급이 비슷한데도 평형을 이루지 못하는 반면, 어떤 사람들은 나이, 계급이 전혀 맞지 않는데도 평형을 이루는 이유가 무엇입니까? 나이 많은 남자와 젊은 여자, 젊은 남자와 나이 많은 여자가 평형을 이루는 이유가 무엇일까요?" 나는 물었다.

"당신은 외모만 보고 있기 때문에 그런 질문을 하는 겁니다. 나이 많은 남자나 여자의 경우 두둑한 돈지갑을 지니고 있거나 높은 관직을 가지고 있기 때문에 겉보기와는 다른 평형을 이루게 되는 겁니다."라고 해설자는 대답하였다.

부부 사이에 존재하는 깨질 수 없는 결합

3. 이제 결혼의 문을 통과한 사람들은 서로를 하나로 연결시켜 주는 족쇄를 차는 것을 볼 수 있었다. 이 족쇄를 채우는 결혼식에 많은 사람

세상의 미로와 마음의 낙원

들이 초대되었다. 그들은 일종의 증인 역할을 하는 것이었다. 초대된 사람들은 흥겹게 노래하고 즐기며 새 신랑, 신부를 즐겁게 해 주었다. 그 족쇄를 자세히 살펴보니 족쇄를 풀 수 있는 열쇠나 자물쇠 장식이 없이 평생 사는 동안 풀거나 깰 수 없도록 하나로 용접되어 있었다. 나는 깜짝 놀라, "이건 얼마나 잔인한 감옥과 같은 것인가! 한번 채우면 다시는 풀 수 없는 족쇄라니!" 하고 소리쳤다.

"물론 부부의 결합은 모든 인간의 결합 중 가장 강력한 결합입니다." 해설자는 응답하였다. "하지만 두려워할 필요가 없습니다. 결혼의 달콤함 때문에 이들은 기꺼이 족쇄를 차려고 하기 때문입니다. 이들이 얼마나 결혼 생활을 즐거워하는지 당신 눈으로 직접 보게 될 것입니다."

"어디 한번 가 봅시다."

성공적인 결혼에서 찾을 수 있는 약간의 기쁨

4. 우리는 거리로 들어가서 짝을 이루고 있는 많은 부부들을 보았다. 부부들의 짝 지어진 모습이 매우 다양한 것을 볼 수 있었다. 큰 사람과 작은 사람, 멋진 외모와 그렇지 못한 외모, 젊은 사람과 늙은 사람 등. 그 중 성공적인 결혼을 한 사람들은 서로를 바라보며 대화하고, 때로는 어루만지기도 하고 키스를 하기도 하였다. "성공적인 결혼이 주는 기쁨을 볼 수 있지 않습니까?" 해설자가 물었다.

"이게 결혼을 통해 얻을 수 있는 최상의 모습인가요?"

"물론이지요." 해설자는 대답했다. 하지만 나는 "이런 정도의 기쁨을 얻기 위해 평생 그처럼 족쇄를 차고 지내야 할까요?" 하고 반문할 수밖에 없었다.

결혼에 따르는 고통

5. 결혼의 일반적인 모습은, 아이들 양육의 책임과 부담을 지닌 채 끝없이 일하고 수고하는 굴레와 같은 모습이었다. 아이들은 울고, 소리 지르고, 병들고, 죽고 하였다. 아이들이 세상에 태어나면서 겪을 수밖에 없는 고통, 위험, 눈물, 고생 따위는 말할 필요도 없었다. 아이들의 성장을 위해 부모들은 최소한 두 가지 일을 감당해야 했다. 첫째, 아이들이 잘못 나가지 않도록 고삐를 채워야 했다. 둘째, 아이들이 올바른 길로 나아가도록 끊임없이 가르치고 재촉해야 했다. 그럼에도 불구하고 아이들은 문제를 일으키고 부모의 마음을 아프게 하였다. 아이들의 고삐를 느슨하게 해 주면 아이들은 그 고삐를 망가뜨려 부모에게 수치를 안겨 주기도 하고 심지어 그로 인해 부모가 죽기도 하였다.

이런 광경을 보고 나는 부모들에게 아이에게 너무 과도한 사랑과 무분별한 응석을 받아 주지 말라고 충고하였다. 그리고 아이들에게는 좀 더 성숙한 모습을 보여 보라고 격려하였다. 하지만 오히려 그들은 내게 화를 내거나 내게 폭력을 휘두르려 하였다. 자녀가 없는 사람들에게 그들이 얼마나 다행스러운가를 설명하려 했지만 그들 또한 불평과 불만을 호소하였다. 결혼해서 아이가 있는 사람은 있는 대로, 없는 사람은 없는 대로 고달픈 삶을 살고 있음을 볼 수 있었다.

대부분의 가족들은 그들을 위해 봉사하는 시종들을 가지고 있었다. 하지만 시종들을 거느리고 관리하는 것 또한 쉬운 일이 아닌 듯 보였다. 가정 안에도 마치 광장에서처럼 나무, 돌, 웅덩이 등의 장애물이 도처에 널려 있었다. 하지만 가정이 광장과 다른 것은, 가정에서 누가 이런 장애물에 걸려 넘어지게 되면 나머지 식구들 전체가 함께 고통을 감당해야 한다는 것이었다. 가정을 갖게 되면 자기 자신의 문제뿐 아니라 식구들 전체의 문제들이 서로 거미줄처럼 연결된다는 것을 알 수 있었다.

잘못된 결혼의 비극

6. 특별히 결혼 때문에 고통을 당하는 사람들이 있었다. 부부의 성격과 취향이 너무 다른 나머지 그들은 사사건건 충돌하였다. 그들은 늘 싸우고 화내고 서로 때리곤 하였다. 부부가 서로 지나가는 사람들에게 서로의 흉을 보고 신세를 한탄하곤 하였다. 마침내 아무 도움도 얻을 수 없을 때는 서로 주먹으로 때리고 발로 차며 격렬한 싸움을 벌였다. 누군가 그들의 싸움을 말려 봤자 헛일이었다. 한 사람은 이 길로 가려 하고 또 한 사람은 저 길로 가야 한다고 서로 고집을 꺾지 않았다. 이것은 마치 서로가 서로를 이기려고 하는 줄다리기 싸움과도 같았다. 어떤 때는 남자가 이겼고 어떤 때는 여자가 이겼는데, 여자가 이길 경우엔 사람들의 웃음을 사게 되었다. 하지만 이런 상황은 웃어넘기기보다는 불쌍히 여겨야 할 상황이라는 생각이 들었다. 이 부부들이 너무나 힘들고 괴로운 나머지 깊은 한숨을 쉬고 통곡하며 하늘을 향해 구원을 요청하는 모습을 볼 때 더욱 불쌍한 생각이 들었다. 나는 해설자 '기만'을 향해 이야기했다. "이 사람들을 도울 수 있는 방법이 없을까요? 서로가 너무나 맞지 않는 부부들은 차라리 서로 해방될 수 있도록 해 주는 것이 좋지 않습니까?"

해설자는 대답했다. "그들은 평생 헤어질 수 없습니다. 그 상태 그대로 살 수밖에 없습니다."

"이것보다 더 비참한 속박과 구속이 어디 있을까요?"

해설자는 말하였다. "그들은 결혼하기 전에 이런 일들에 대해 보다 신중히 생각했어야 합니다."

자발적 노예

7. 죽음이 그녀의 활로 몇몇 사람들을 쏘아 넘어뜨리는 것을 보았다.

제8장 결혼 제도를 살펴보는 순례자

그 화살에 맞아 죽은 사람의 배우자는 비로소 결혼의 족쇄에서 해방되었다. 그렇게 해방된 사람들은 참 행운아들이라고 나는 생각했다. 하지만 그렇게 해방된 사람들은 자기 배우자의 죽음에 대해 슬피 울며 통곡하였다. 그런 대로 행복하게 살았던 부부의 경우에는 그런 통곡이 가능하다는 생각이 들었다. 하지만 불행한 부부생활을 해 왔던 사람들의 통곡은 다른 사람들에게 보이기 위한 행위가 아닌가 생각되었다. 하지만 놀랍게도 불행한 부부생활을 했던 그 사람마저도 통곡의 기간이 끝나자마자 바로 약혼의 문으로 달려가 또 다른 사람과 결혼의 족쇄를 스스로 차는 것을 보고 놀라지 않을 수 없었다. "한심한 사람 같으니라구! 당신 같은 사람은 동정할 필요도 없군." 나는 화가 나서 안내자 '편재'에게 그곳을 떠나자고 이야기했다.

결혼의 족쇄를 찬 순례자

8. 우리는 분배의 문으로 돌아왔다. 나는 이곳에서 겪은 경험을 숨기려 하지 않는다. 세상의 모든 일들을 살펴보겠다고 이야기했건만 안내자 편재와 해설자 기만은 나로 하여금 결혼의 족쇄를 한번 직접 경험해 보라고 재촉하였다. 아직은 내가 젊고 인생 경험이 풍부하지 않으니 결혼을 직접 해 보는 것이 좋겠다고 고집하였다. 편재와 기만은 일종의 트릭을 써서 나로 하여금 결혼 저울 바구니 속에 들어가게 하였다. 내게는 세 사람의 가족이 딸리게 되었고, 그들과 나는 하나의 족쇄에 채워지게 되었다. 내게 딸린 세 식구들을 이끄느라 기진맥진할 수밖에 없었다.

그때 갑자기 돌풍과 천둥, 번개가 때리면서 나와 내 가족 외의 모든 사람들이 사방으로 흩어졌다. 한쪽 구석으로 가족들과 함께 피신을 하려니까 죽음이 나타나 나의 세 식구들을 쏘아 쓰러뜨렸다. 고통과 공포에 휩싸인 나머지 나는 어찌할 바를 몰랐다. 안내자 편재와 기만은 빨리 족쇄를 벗고 도망가라고 말하였다. "이렇게 될 줄 알면서 당신들은 왜 내게 결혼하라고 재촉했었소?" 그들은 지금 논쟁할 때가 아니니 빨리 피하라고 하였고 나는 그들의 말에 따라 급히 그곳을 빠져 나왔다.

결혼에 대한 순례자의 판단

9. 그러한 상황을 빠져 나오긴 했지만 뭐라 말할 수 없는 기분이 들었다. 결혼 생활이 성공적이었을 때(나의 경우는 그래도 성공적이었다.) 그 결혼을 통해 받은 위로와 고통 중 어느 쪽이 더 많았었는지는 분간하기 어려웠다. 한 가지 분명한 것은 달콤함과 동시에 쌉쌀한 맛이 함께 느껴지는 게 결혼 생활이었던 것이다.

제9장
노동자 계층을 살펴보는 순례자

순례자가 목격한 것

앞으로 더 나아가니 상인들이 물건을 팔고사는 큰길로 들어가게 되었다. 이 큰길은 더 작은 골목들과 작은 광장들로 나누어졌다. 작은 광장들마다 신기하게 생긴 다양한 도구들을 파는 여러 가게들이 몰려 있었다. 사람들은 이 도구들로 별별 희한한 소리들을 내며 작업을 하고 있었다. 어떤 사람들은 그 도구로 두더지처럼 굴을 만들며 땅을 파고 있었고, 어떤 사람들은 수로를 내고 있었다. 어떤 사람들은 불을 피우고 있었고, 어떤 사람들은 맹수들과 싸우고 있었다. 어떤 사람들은 나무와 돌들로 여러 가지 장식과 도구들을 만들어 이리저리 옮기고 있었다. 해설자 기만이 내게 물었다. "이 활기차고 즐거운 모습들을 보시오. 이 중 어떤 직업이 제일 마음에 드시오?"

"나름대로 일에 열중하며 흥미를 느끼고 있는 것 같군요. 하지만 계속 같은 일을 반복하다 보니 지치고 힘들어하는 모습도 보이네요."

"모든 일이 힘든 건 아닙니다. 몇몇 직업들을 보다 자세히 들여다봅시다." 해설자 기만이 말하였다. 그가 인도하는 대로 나는 온갖 종류의 직업들을 자세히 볼 수 있었다. 그 모든 본 것들을 다 생생히 묘사하기는 참으로 어려운 일이다. 하지만 대체적인 묘사는 가능하다.

모든 사업에 따르는 위험들

1. 첫째, 인간의 모든 일들이 다 수고뿐이요 헛된 것임을 알게 되었다. 모든 일은 다 나름대로의 불편과 위험을 지니고 있었다. 불을 다루는 사람은 불에 데기도 하고 그을리기도 해서 흑인처럼 새까맣게 되어 있었다. 망치질하는 사람은 망치 소리에 귀가 반은 멀어 있었다. 지하 갱도에서 일하는 사람은 늘 두려움 속에서 일해야 했고, 적어도 한 번쯤은 갱도가 무너져 갇힌 적이 있었다. 물속에서 일하는 사람은 온몸이 물에 젖어 오들오들 떨며 일하고 있었다. 적지 않은 사람이 물에 빠져 목숨을 잃기도 하였다. 나무나 돌처럼 무거운 것들을 나르는 사람들은 온몸에 멍과 상처가 나 있었고 피곤에 지쳐 있었다. 실로 많은 사람들이 지쳐 쓰러지기까지 힘들게 일하고 있었다. 그렇게 쓰러지기 직전까지 힘들게 일했음에도 불구하고 얻을 수 있는 급료는 겨우 입에 풀칠을 할 수 있을까 말까 할 정도였다. 한편, 적게 일하고도 훨씬 많은 돈벌이를 하는 사람들 중에는 거짓과 사기행위가 많이 있음을 볼 수 있었다.

세상의 미로와 마음의 낙원

끊임없는 수고

2. 둘째, 모든 사람들이 수고하는 주된 이유는 밥벌이를 위한 것임을 알게 되었다. 적든지 많든지 간에 모든 소득은 자신과 딸린 식구들의 입으로 다 들어갔다. 가끔 식사를 줄이고 대신 돈을 모으는 사람들도 있었는데, 그들의 지갑에는 구멍이 나 있어서 돈이 빠져나갔고, 그 돈을 또 다른 사람들이 줍곤 하였다. 다른 사람들이 그 지갑을 강탈하는 경우도 있었고 지갑 주인이 돈을 잃어버리는 경우도 있었다. 마치 물이 이쪽에서 저쪽으로 흘러가는 것처럼 돈도 이쪽저쪽으로 흘러 다니는 것을 볼 수 있었다. 돈과 물의 차이가 있다면 물보다 돈이 더 쉽게 탕진된다는 것이었다. 사방 어디를 둘러보아도 부자보다는 가난한 사람이 더 많았다.

전심전력의 수고

3. 셋째, 모든 직업이 다 그 직업에 종사하는 사람들의 전심전력을 요구하는 것을 볼 수 있었다. 일을 게을리 하거나 한눈을 팔게 되면 금방 뒤처졌다. 그는 점차 모든 것을 잃게 되고 가난의 수렁에 빠지게 되었다.

늘 조심해야 하는 수고

4. 넷째, 모든 곳에 어려움이 산재해 있음을 보게 되었다. 인생의 황금기가 지나고 나서야 자신의 직업을 갖게 되고, 직업을 갖게 되면 항상 조심해야만 하였다. 그렇지 않을 때 모든 일이 수포로 돌아가거나 잘못되는 것을 볼 수 있었다. 문제는 조심을 하는데도 언제든 불행이 들이닥칠 수 있다는 것이었다.

질투를 유발하는 수고

5. 다섯째, 인간이 사는 모든 곳에 (특히 같은 직업에 종사하는 사람들 사이에) 늘 시기와 질투가 존재한다는 것을 깨달았다. 어떤 사람이 더 일을 잘하거나 더 좋은 평판을 얻게 될 때 주위 사람들은 그를 시기하였다. 심지어 그 사람의 일을 훼방하고 망치려 들었다. 그 결과 분쟁, 다툼, 시비가 그치지 않았다. 어떤 사람은 이런 모든 일에 염증을 느낀 나머지 일을 포기해 버리고 스스로 가난 속으로 들어가 버리는 사람도 있었다.

거짓된 수고

6. 여섯째, 어느 곳에서나 거짓과 기만이 있음을 볼 수 있었다. 그럴싸하게 겉치장만 했으면서도 자신의 공적과 자랑을 하기에 여념이 없었다.

의미 없는 헛된 수고

7. 일곱째, 인간의 수고가 헛되다는 것을 깨닫게 되었다. 인간의 몸은 소박한 음식, 의복, 집만 있어도 사는 데 큰 지장이 없는 것이었다. 그러나 사람들은 결코 이런 소박한 것에 만족하지 않았다. 사람들은 특별하고 굉장한 것을 얻기 위해 육지, 바다 할 것 없이 돌아다니며 끊임없이 일하고 수고하다가 목숨을 잃기도 하였다. 많은 사람들은 그들의 의복과 집을 특별하게 꾸미기 위해 엄청 수고하며 애쓰고 있었다. 이런 지나친 열심과 욕심은 헛될 뿐 아니라 정당치 않을 것으로 여겨졌다. 또한 많은 장인들이 애써 만든 것들 중에는 사소하고 쓸데없는 장식품에 지나지 않는 것들도 많았다. 그 중에는 잔인한 도구들도 있었다. 칼, 대검, 총 등 사람을 죽이기 위한 도구를 만드느라 열심인 사람들도 있

세상의 미로와 마음의 낙원

었다. 이런 일들을 하느라 땀을 흘리는 것이 과연 현명하고 지혜로운 것인가 하는 생각이 들었다. 하지만 이런 일들 때문에 다른 모든 다양한 직업들이 가능해지고, 생업과 경제가 유지된다는 것을 생각할 때 답답한 마음을 금할 수 없었다.

인간보다 짐승들에게 더 적합한 수고

8. 위에서 살펴본 직업들이 모두 인간의 몸만을 위한 것들임을 생각할 때 더 답답한 생각이 들었다. 인간은 몸보다 더 소중한 영혼을 지닌 존재이기 때문이다. 인간은 영적 존재이기에 영혼의 유익을 위해 보다 많은 노력을 기울여야 한다.

9. 이런 일들을 보면서 마음이 답답해지고 우울해지기 시작하자, 안내자 편재는 해설자 기만을 향해 이렇게 이야기했다. "여기 이 사람은 잠시도 멈추지 않고 끊임없이 다른 곳으로 옮겨가고 싶어하는 것 같군. 우리 좀 더 먼 곳으로 날아가서 이 사람에게 보다 자유롭고 활기찬 곳을 보여 주는 게 어떤가?"

"그게 좋을 섯 같네요."라고 나는 대답하였다.

화물 운송자

10. 많은 사람들이 나무, 흙, 비료 등 온갖 종류의 물건들을 모으고 묶고 옮기고 싣고 하는 것을 볼 수 있었다. 이 사람들이 무슨 일을 하고 있는 건지 물어보자, 이들은 여행을 떠날 준비를 하고 있는 것이라고 편재와 기만이 대답해 주었다. "이런 물건들 없이 가면 더 쉽게 여행할 수 있을 텐데 왜 이런 수고들을 하는 건가요?"라고 묻자 편재와 기만이 대답하였다. "이 물건들이 그들의 날개인데 날개 없이 어떻게 여행을 떠난단 말이요?" "날개라고요?" "그렇다니까요. 이것들로 인해 이들은

제9장 노동자 계층을 살펴보는 순례자

용기와 힘을 얻게 됩니다. 아무런 이유도 목적도 없이 세상을 떠도는 사람이 얼마나 될까요? 이 물건들로 인해 이들은 돈, 명예, 인기 등 세상 사는 데 필요한 것들을 얻게 되는 겁니다."

자세히 들여다보니 이 사람들은 갖가지 물건들을 종류별로 단단히 묶어 바퀴 달린 수레로 운반하고 있었다. 이들은 또 무거운 물건들은 힘센 동물들이 끌도록 해서 언덕, 산, 골짜기 등을 오르내리며 나름대로 즐겁게 여행하며 사는 것을 볼 수 있었다. 하지만 거기에도 역시 어려움은 있었다. 진흙수렁에 빠져 고생하기도 하고 눈, 비, 폭풍, 추위, 더위에 시달려야 했다. 또 산 속에 숨어 있다 갑자기 나타난 강도들은 그들의 모든 소유물들을 빼앗았다. 소유물뿐만 아니라 그들의 목숨조차 위태로운 상황을 보게 되자 또 마음이 답답해 왔다.

새로운 여행

11. 편재와 기만은 보다 쉽고 편안한 여행이 있는데, 그것은 바로 항해라고 내게 설명해 주었다. 항해는 진흙수렁에 빠지거나 구덩이에 빠지는 일도 없고 세상 이쪽에서 저쪽까지 쏜살같이 갈 수 있을 뿐 아니라, 전혀 보지도 듣지도 못한 새로운 세계를 경험할 수 있게 해 주는 훌륭한 여행 방법이라고 말했다. 그들은 나를 땅 끝으로 데려갔고, 그곳에서는 하늘과 물밖에는 보이지 않았다.

배

12. 그들은 나로 하여금 판자로 만든 집 안으로 들어가도록 하였다. 그 집은 땅 위에 건축되거나 기둥에 의해 지탱되는 그런 집이 아니었다. 그 집은 물 위에 떠 있었고 이리저리 움직이고 있었다. 좀 불안하긴 했지만 다른 사람들이 다 들어가고 있기에 겁쟁이처럼 보이지 않기 위

세상의 미로와 마음의 낙원

해 나도 따라 들어갔다. 이것이 편재와 기만이 말한, 항해를 할 수 있는 도구라 하기에, 이제 앞으로 달려가거나 그들이 말한 대로 날아가는가 하고 내심 기대하고 있었다. 그런데 웬일인지 하루, 이틀, 사흘, 열흘이 지나도 앞으로 나아가질 않았다. "대체 이게 뭡니까? 세상 이쪽 끝에서 저쪽 끝으로 쏜살같이 날아간다고 하지 않았습니까? 어찌 된 게 전혀 움직이질 않는 거죠?" 하고 나는 물었다.

편재와 기만은 말들이 아직 도착하질 않아서 그렇다고 대답하였다. 너무 조급해하지 말고 좀 느긋하게 기다려 보라고 하면서, 그들은 내게 그 집, 즉 배 위에 설치된 여러 가지 장치들, 로프, 돛, 레버, 사다리, 키 등을 보여 주었다. 배 뒤는 납작하였고 가장 높은 나무 두 개로 떠받쳐 진 기둥이 있었다. 돛이 로프에 묶여 있었고, 사다리도 여러 개 걸쳐 있 었다. 배의 키는 뒤쪽에 있었는데 그 키를 조정하는 사람은 자기가 이 큰 배의 방향을 마음대로 조정할 수 있다고 자랑하였다.

항해

13. 그때 바람이 불어오기 시작했다. 그러자 선원들은 벌떡 일어나 뛰고 소리 지르며 바쁘게 움직이기 시작했다. 어떤 사람들은 다람쥐처 럼 로프를 위 아래로 오르내리고, 어떤 사람들은 돛을 펴기 시작했다. "갑자기 왜들 이러시는 겁니까?" 하고 물어보았다.

그들은 여행할 차비를 하는 거라고 대답했다. 돛이 엄청나게 부풀어 오르기 시작했다. (이 돛이 바로 여행을 가능케 하는 날개라고 설명하 였다.) 바람이 점점 세차게 불기 시작했고 파도가 치기 시작했다. 어느 새 배는 육지를 떠나 바다 한가운데로 나아가고 있었다. "이게 어떻게 된 겁니까?" 하고 물어보았다.

제9장 노동자 계층을 살펴보는 순례자

그들은 우리가 날아가고 있다고 대답하였다. 나는 배가 나아가는 엄청난 속도에 놀랍기도 하고 조금 두렵기도 하였다. 배 갑판 위로 나가 보니, 배가 너무 빨라 현기증이 나기 시작했다. 파도가 배 옆면을 너무 세게 때려 무섭기까지 하였다. 바람과 파도에 몸을 맡겨 항해한다는 것은 죽음을 무릅쓰는 용감한 행동이 아닌가 생각되었다. 내 몸과 깊이를 모를 바다와의 사이를 나무판자 하나가 떠받치고 있다고 생각하니 아찔한 느낌이 들었다. 하지만 두려움을 드러내지 않으려고 조용히 앉아 있었다.

배 멀미

14. 갑자기 역겨움이 치밀어 오르기 시작했다. 속이 울렁거려 견딜 수가 없었다. 나는 소리 지르며 구르기 시작했다. (나 외에도 배에 익숙하지 않은 사람들은 다 같은 증상을 보이고 있었다.) 나는 뱃속에 들어 있는 음식물을 다 토하기 시작했다. 편재와 기만을 향해 어떻게 좀 해 보라고 소리 질렀다. 하지만 그들은 하루이틀 정도 지나면 괜찮아질 거라고 하며 낄낄 웃기만 하였다. 정말 조금씩 속이 가라앉기 시작했고 힘을 회복하기 시작하였다.

고요한 바다

15. 하지만 더 힘든 것이 우리를 기다리고 있었다. 바람이 멈추자 돛도 내려앉고 말았다. 그러자 배는 꼼짝 않고 머물러 있었다. 우리는 바다 한가운데 멈춰 버리고 만 것이다. 과연 우리는 여기에 이렇게 갇히고 마는 것인가? 어쩌다 육지를 떠나와서 이런 곤경을 당한단 말인가? 하나님은 물고기들에게 바다를 주었고 인간에게 육지를 주셨는데, 하나님께서 허락하신 육지를 떠나 바다로 와서 이렇게 허망하게 표류하

세상의 미로와 마음의 낙원

다 끝나는 것은 아닌가? 이렇게 바다 위에서 삶이 끝나는 게 아닌가 하고 실의에 빠져 있는데 선원들이 소리를 지르기 시작했다. "무슨 일입니까?" 하고 묻자 바람이 오고 있다고 대답하였다. 눈에는 아무것도 보이지 않았다. 하지만 선원들이 돛을 올리자 드디어 배가 힘차게 움직이기 시작하였다. 모두가 기쁨의 환호성을 지르기 시작했다. 하지만, 그 기쁨의 소리가 비탄의 소리로 변할 줄은 아무도 몰랐다.

폭풍우 치는 바다

16. 폭풍이 점점 거세지기 시작하였다. 배뿐 아니라 바다 전체가 출렁거리기 시작하자 우리는 두려움에 사로잡히게 되었다. 배는 산 위로 올라갔다 산 아래로 떨어지는 것처럼 심하게 요동쳤다. 성난 파도는 마치 배를 삼킬 듯 마주쳐 왔다. 배가 파도에서 파도로 튕겨질 때마다 배 안에 있는 우리들도 이리 저리 튕겨지며 구르기 시작했다. 현기증과 함께 구토가 나기 시작했다. 밤낮으로 계속되는 폭풍우 속에서 우리는 꼼짝없이 공포의 포로가 되어 있었다.

나는 생각했다. "선원들이야말로 신앙심을 필요로 하는 사람들이다. 한 치 앞을 내다볼 수 없는 사람들 아닌가?" 하지만 그들을 돌아보니 신앙심을 가진 사람은 거의 없고 그저 세속적이고 향락적인 사람들뿐이었다. 나는 그들에게 하나님의 도움을 구하고 하나님께 의지하라고 충고하였다. 하지만 아무 소용이 없었다. 그들은 나를 비웃었고 어떤 사람들은 나를 때리고 나를 배 밖으로 던져 버리겠다고 위협하였다. 기만은 내게 조용히 하라고 충고하였다. 못 보고, 못 듣는 것처럼 조용히 손님으로 있어야 할 자리에 내가 놓여 있다고 말해 주었다. "하지만 지금 상황이 하나님의 도우심을 빌어야 할 때가 아닌가?" 하고 말했지만 선원들은 여전히 조소를 터뜨릴 뿐이었다. 이제 나는 더 이상 아무런 말도 하지 않겠다고 생각하게 되었다.

파선

17. 폭풍은 점점 심해졌다. 파도는 집채만해져서 우리 배를 강타하였다. 배가 산산조각 날 것 같았다. 하지만 나는 못 보고 못 듣는 사람처럼 입을 다물고 있었다. 선원들은 배가 바위에 부딪칠까 봐 돛을 내리고 닻을 내리기 시작했다. 폭풍이 가라앉을 때까지 배를 머물게 해 보려고 하는 것이었다. 로프 위로 오르던 사람은 바람에 날려 바람개비처럼 바다로 떨어졌다. 닻은 끊어져 바다 속에 가라앉고 말았다. 배는 이제 널빤지처럼 속수무책이 되고 말았다. 그렇게 용감무쌍하던 선원들도 간담이 서늘해졌다. 그들은 어찌할 바를 몰라 했다. 그들은 그제야 하나님을 찾기 시작했다. 그들은 내게 기도하라고 부탁했고, 그들도 기도하기 시작했다. 그러나 배가 가라앉으면서 물밑에 있던 바위에 부딪쳐 배가 깨지게 되었다. 배에 물이 들어오기 시작했다. 배 안에 있는 사람들은 너나 할 것 없이 물을 퍼내기 시작했다. 하지만 소용이 없었다. 사람들은 소리 지르며 울기 시작했다. 잔인한 죽음만이 점점 눈앞에 다가오기 시작하였다.

사람들은 책상, 판자, 기둥 따위의 무엇이든 잡히는 대로 손에 쥐고 의지하였다. 그것들을 쥐고 물에 떠서 헤엄쳐 나가려고 하였다. 배는 마침내 가라앉고, 나는 몇몇 사람들과 함께 나무 조각에 의지해서 육지로 헤엄쳐 나갔다. 나머지 사람들은 모두 바다 속으로 가라앉고 말았다.

그런 상황으로 나를 인도한 '편재'와 '기만'을 향해 비난을 하기 시작했다. 그래도 살아났으니 다행이지 않으냐고 그들은 내게 응수했다. 내 평생에 다시는 하고 싶지 않은 경험이었다.

18. 주위를 둘러보니 그 난리에서 살아난 선원들이 다시 다른 배에

세상의 미로와 마음의 낙원

오르는 것이 보였다. "한심한 사람들! 다시 불행에 빠지게 될 것이 틀림없어. 그런 상황을 다시는 보고 싶지도 않아."

"저 사람들이 다 잘못된 것은 아니요. 돈을 벌려면 생명의 위협조차 감수해야 하는 게 인생이기 때문이요."라고 기만이 말하였다.

나는 대답했다. "나는 단지 몸과 몸의 쾌락을 위해 목숨을 거는 짐승이 아닙니다. 짐승도 자기 목숨을 함부로 다루지는 않습니다. 몸보다 소중한 영혼을 가진 인간이 단지 몸과 몸의 유익을 위해 목숨을 건다는 것은 옳지 않습니다."

제10장
학자 계층을 살펴보는 순례자

전체적 조망

1. "당신이 무슨 생각을 하고 있는지 알 것 같소." 편새가 내게 말했다. "당신 같은 학자들은 이성적이고도 보다 평화로우며 유용한 삶에 대해 관심이 있을 것 같소."

"정말 그럴 것 같군요." 기만도 거들었다. "육체적 고통과 수고를 피해 고상한 것들에 대해 사고하는 것만큼 즐거운 일이 어디 있겠습니까? 이런 삶이야말로 불멸하시는 하나님과 유사한 삶을 사는 방식일 것 같군요. 학자들은 하늘과 땅에 있는 모든 현상들을 연구하고 그 이치를 알아내고 싶어하지 않습니까? 하지만 모두가 완전의 경지에 이를 수 있는 건 아니지요."

"뭘 꾸물거리고 있습니까? 빨리 그러한 곳으로 안내해 주세요." 나는 대답했다.

철저한 검사

2. 학문이라 불리는 성문 앞에 서게 되었다. 그 성문으로 들어가는 길은 좁고 길며 어두웠고 많은 경비병들이 지키고 있었다. 학자의 거리로 들어가려는 사람은 그 경비병들의 안내와 지시를 따라야 했다. 많은 사람들이 너무나 어려운 검사들을 통과해야 했다. 첫번째 시험은 머리, 두뇌, 엉덩이, 지갑과 피부색을 검사하는 것이었다. 머리는 강철로 되어 있고 두뇌는 수은, 엉덩이는 납, 피부는 철, 지갑은 황금으로 되어 있을 경우 그들은 환영을 받았다. 이러한 조건들을 갖추지 못했을 경우 그들은 포기하고 돌아가거나 별로 좋지 못한 결과를 예상해야 했다. "이 다섯 가지 종류의 금속들이 그렇게 중요한 건가요?" 나는 물었다.

"그럼요." 기만은 대답했다. "학자의 머리가 강철로 되어 있지 않으면 그 머리는 터져 버릴지도 모릅니다. 수은으로 된 두뇌가 없다면 그 사람은 마치 거울이 없는 것과도 같죠. 철판으로 된 피부가 없다면 교육의 전 과정을 치러낼 수가 없습니다. 납으로 된 엉덩이가 없다면 그는 그렇게 오랫동안 버티고 앉아 있을 수가 없습니다. 마지막으로 금으로 된 지갑이 없다면 어떻게 교육을 위한 돈과 시간을 확보할 수 있겠습니까? 교육과 학문이 비용 없이 가능하다고 생각하시나요?"

그의 말뜻을 이해할 것 같았다. 학자가 되려면 건강, 지혜, 불굴, 인내, 돈이 있어야 했다. "'모든 나무가 다 견고한 것은 아니다' 라는 말이 맞는 것 같군요." 나는 대답했다.

고통스런 학문의 과정

3. 우리는 학자의 성문을 향해 나아갔다. 보니까 경비병들이 지원자

들을 데리고 그 문을 향해 들어가고 있었다. 경비병들은 지원자의 귀에 바람을 불어넣고, 눈을 비벼 주고, 그들의 코와 콧구멍을 깨끗이 씻어 냈다. 그들의 혀를 내밀게 해서 혀를 단정하게 다듬어 주었다. 또한 지원자들의 손을 폈다 접었다 하게 시켰다. 어떤 경비병들은 지원자들의 머리에 구멍을 뚫고 그 속에 무엇인가를 집어넣었다. 내가 놀라는 모습을 보고 '기만'은 내게 이렇게 말했다. "놀랄 필요 없소. 학자는 훈련된 손, 혀, 눈, 귀, 두뇌를 필요로 하지 않습니까? 학자들은 무지한 사람들은 가지지 못한 특별한 감각들을 필요로 합니다. 그래서 학자 지망생들의 감각들을 단련시키는 것이고 고통과 수고 없이는 이러한 훈련을 견뎌낼 수 없습니다."

이 학자 지망생들이 교육을 위해 얼마나 많은 대가를 치러야 하는지를 볼 수 있었다. 돈을 말하는 것이 아니라 교육 환경에 노출된 그들의 피부에 대해 말하는 것이다. 그들은 교육을 받기 위해 주먹, 막대기, 지팡이로 머리, 얼굴, 등, 엉덩이를 두들겨 맞았고 그들의 몸은 온통 상처, 멍, 회초리 자국으로 뒤덮여 있었다. 이런 광경을 보고 몇몇 지망생들은 시작도 하기 전에 도망가 버리고 말았다. 어떤 지망생들은 교육 과정 도중에 훈련을 포기하고 도망가기도 하였다. 단지 소수의 사람만이 그 모든 교육 과정을 마치게 되었다. 학자가 되기 위해 나 역시 이런 모든 과정을 통과해야만 했다. 물론 그것은 매우 힘들고 어려운 과정이었다.

학문의 네 분야

4. 그 문을 통과하고 나자 교육 과정을 마친 사람들에게 그들이 학자 그룹에 속하게 되었음을 입증하는 증명서를 나누어 주었다. 그들의 허리에는 잉크병, 귀에는 펜, 손에는 지식을 모아 담는 공책이 들려 있었다. 또한 나에게도 이런 것들이 주어졌다. '탐구자'가 내게 말했다. "네

제10장 학자 계층을 살펴보는 순례자

가지 길이 있습니다. 철학, 의학, 법학, 신학이 그것입니다. 네 길 중 어디로 먼저 갈까요?"

"네 길 중 어느 길이 최고라고 생각합니까?" 나는 물어보았다.

"네 길이 하나로 합쳐지는 광장으로 가 봅시다. 그곳에서 우리는 네 가지 길을 다 가 볼 수 있을 것입니다."

학자들의 불완전성

5. 탐구자는 나를 학생, 교사, 의사, 성직자들이 함께 모여 있는 광장으로 안내하였다. 그들은 그룹을 지어 토론과 논쟁을 벌이고 있었다. 어떤 사람들은 구석으로 밀려나 있었다. 어떤 사람들은 눈은 있지만 혀가 없었다. 어떤 사람들은 혀는 있지만 눈이 없었다. 어떤 사람들은 귀는 있지만 눈이나 혀가 없었다. 학자들 역시 완전하지 않음을 알 수 있었다. 마치 벌통에 벌이 드나들듯 사람들이 계속 들어가고 나오는 곳이 있기에 우리도 그곳으로 가 보자고 요청하였다.

도서관

6. 우리가 들어간 곳은 커다란 홀이었는데 그 끝이 보이지 않았다. 그곳은 온통 책꽂이, 선반, 상자, 서류철로 가득 차 있었다. 수십만 대의 마차로도 그 모든 것들을 다 실어 나를 수 없을 것 같았고 각각의 선반에는 이름과 제목이 붙어 있었다. "이건 일종의 대형 약국과 같은 곳인가요?" 나는 물어보았다.

"마음의 질병을 치료하는 약들로 가득 찬 곳이지요." 해설자 기만이 대답했다. "이곳은 도서관이라고 불리는 곳입니다. 지혜의 엄청난 보고를 보세요!"

많은 학자들이 책 사이를 오가는 것이 보였다. 어떤 학자들은 아주

세상의 미로와 마음의 낙원

복잡하고 정교한 논문을 한 장씩 찢어서 씹어 삼켜 소화시키고 있었다. 한 학자에게 다가가서 지금 무엇을 하고 있는지 물어보았다.

"나는 스스로를 향상시키고 있는 중입니다." 그는 대답했다.

"그 맛은 어떤가요?"

"처음 씹을 땐 쓰거나 신데, 한참을 씹고 있노라면 차차 달콤해집니다." 그는 대답했다.

"왜 이런 작업을 하시는 건가요?"

"이 논문들을 이렇게 소화시킴으로써 그 내용에 대해 보다 확실히 알게 되지요." 그 학자는 대답했다. 내가 그를 자세히 살펴보았더니 그의 체구는 건장하고 얼굴빛은 건강해 보였다. 그의 눈은 촛불처럼 빛났고 그의 언변은 신중했으며 활기가 넘쳐 보였다.

"이 사람들을 좀 보세요." 해설자 기만이 외쳤다.

지식의 문제들

7. 자기 손에 들어오는 것은 무엇이든지 급하게 먹어치우는 탐욕스런 사람들이 보였다. 그들을 자세히 실펴보니 그렇게 먹는데도 그들의 혈색이 좋아지거나 건강해 보이지 않았다. 오히려 그들의 배만 부어올랐고 그들의 허기는 채워지지 않는 것 같았다. 그들이 억지로 배에 집어넣은 것들은 위쪽이나 아래쪽으로 다시 흘러나오고 있었다. 그들은 현기증을 느끼거나 점점 미쳐 가고 있었다. 어떤 사람들은 안색이 창백해지고 뻣뻣해지더니 그 자리에서 죽는 사람도 있었다. 이렇게 죽어 가는 사람들을 보며 책을 읽는다는 것이 얼마나 위험한 것인가 하는 것을 논하는 사람도 있었다. 이것을 보고 도서관에서 달아나는 사람도 있었고 어떤 사람들은 책을 조심해서 다루라고 충고하는 사람도 있었다. 책을 조심해서 다루는 사람은 그 책장을 찢어 씹어 삼키는 일은 하지 않

제10장 학자 계층을 살펴보는 순례자

았다. 대신 책들을 자루나 가방에 넣어 이리저리 옮기는 일만 반복하고 있었다. (그들이 택한 책들의 제목은 주로 어휘집, 사전, 동의어, 용어 색인집 같은 것들이었다.) 그들은 그들이 연설을 하거나 글을 쓸 때는 이런 책들을 꺼내서 필요한 말과 글들을 인용하곤 하였다. "이 사람들은 자기 지식을 주머니에 넣고 다니는군요."라고 나는 외쳤다.

"'보조 지식'이란 말 들어 보시지 않았나요?" 해설자 기만이 내게 물었다.

이 '보조 지식'을 좋은 의미로 사용하는 사람들도 있었다. 이것은 사용이 공인된 지식을 의미하기 때문이다. 일면 맞는 것도 같다. 하지만 여기에는 문제 또한 따른다. 어떤 사람들은 자기가 애지중지하던 책을 잃어버리기도 하고 어떤 이는 화재가 나서 아끼던 책들이 다 불에 타 버린 사람도 있었다. 그들은 너무나 안타까워하고 비통해하였다. 책이 사라지고 나니까 이제 그들은 더 이상 연설이나 글을 쓸 수가 없었다. 그들은 의기소침해져서 또 다른 책들을 구하려고 여기저기 기웃거리며 걸어다니고 있었다. 하지만, 지식을 자기 머리와 마음에 지닌 사람들은 그런 일을 당할 염려가 없었다.

책을 읽지 않는 학자들

8. 한편, 책을 주머니에 넣어 가지고 다니기보다는 자기 방에 전시해 놓은 사람들도 있었다. 그들의 방에 가 보니 멋있는 책장 속에 책들을 넣어 두고 있었다. 그들은 책장을 아름다운 색으로 칠해 놓았고 어떤 사람들은 책장을 은과 금으로 장식해 놓기도 하였다. 그들은 책을 넣었다 뺐다 하면서 책을 감상하였다. 그들은 남에게 자신의 멋있는 책과 책장들을 보여 주며 자랑하였다. 책을 들여다보는 것은 책 제목이 왜 그렇게 붙여졌는가를 겨우 알 정도로 피상적인 행위에 불과하였다. "이

사람들은 왜 이런 게임을 하고 있지요?" 나는 물었다.

해설자 기만이 대답하였다.

"멋진 서고를 가진 것이 신이 나서 그렇지요."

"책들을 전혀 읽지도 않으면서요?"

"책을 좋아하고 책을 수집하는 사람 역시 학자로 간주될 수 있기 때문이지요."

나는 스스로 생각하였다.

'이건 마치 망치와 집게들은 엄청 많으면서도 그 망치와 집게를 어떻게 사용하는지 모르는 대장장이와 다를 게 없군.'

저술의 문제

9. 대형 약국(도서관)을 들여다보니 선반 위의 약품 상자들이 점점 더 늘어나고 있었다. 나는 이 많은 상자들이 다 어디에서 오는 것인지 살펴보았다. 한 폐쇄된 공간이 눈에 들어왔다. 그곳에 들어가 보니 여러 사람들이 모여 다양한 재료들로 박스(책)를 누가 더 멋있게 만드는지를 시합하고 있있다. 그들은 박스 속에 연고나 약품들을 집어넣고 질병 치료에 사용할 것을 권하였다. "이 사람들이야말로 칭찬과 존경을 받을 만한 사람들입니다. 지혜와 지식을 늘리고 자기가 가진 은사들을 다른 사람들과 함께 나누기 위해 노력을 기울이는 사람들이기 때문입니다." 해설자 기만이 이야기하였다.

이러한 약(지혜 또는 은사)들이 어떻게 만들어지는지 살펴보게 되었다. 향료와 약초들을 자르고, 끓이고, 졸여서 인간을 위한 유용한 약재들을 만들고 있었다. 한편, 어떤 사람들은 다른 사람들이 만들어 놓은 것을 자기 용기에 집어넣는 사람들도 있었다. 이런 사람들이 수백 명도 넘었다. "이 사람들은 똑같은 액체를 이곳저곳에 옮겨 담기만 하는군요." 나는 외쳤다.

"이런 방식으로도 지식은 증가됩니다. 똑같은 내용이라도 다른 방식으로 포장될 수 있지 않을까요? 그리고 원액에 조금씩 다른 것들을 첨가해서 또 새로운 것이 만들어질 수도 있지요." 해설자가 말하였다.

"하지만 원액이 변질될 수도 있지요." 나는 화가 나서 외쳤다. 어떤 사람들은 자기가 만든 용액을 담기 위해 다른 사람들의 용기를 사용하는 사람들도 있었다. 그들은 용액의 양을 가능한 한 늘리기 위해 여러 가지 액체들을 섞어 만들다가 심지어 구정물을 집어넣기도 하였다. 어떤 사람들은 흙이나 먼지 등을 집어넣어 용액을 더 탁하게 만든 다음 마치 새로운 것을 고안해 낸 것처럼 행세하였다. 이렇게 엉터리로 만든 약들이 원래 원액보다 더 좋은 약인 것처럼 과장하며 자랑하기도 하였다.

정말 인간에게 도움이 될 수 있는 원액을 만드는 사람은 거의 없고 닥치는 대로 이런저런 약품만 만들어 내는 것을 보고 놀라기도 하고 화가 나기도 하였다. 또한 사람들 역시 약을 고를 때 내용보다는 겉포장과 겉모습이 화려한 것을 선호하는 것을 볼 수 있었다. 사람들이 많은 약들을 복용해도 정말 건강해지는 사람은 별로 없는 이유를 알 것 같았다. 이런 잘못된 약물을 과다 복용하는 사람들의 얼굴이 창백해지고 토하기도 하고 기절하여 죽기도 하는 이유를 알게 되었다.

정말 좋은 치료약들은 사용되지 않은 채 선반 구석에 방치되어 있었다. 자기가 애써 만든 치료약이 사용되지 않고 방치될까 봐 사람들은 약을 만들자마자 이웃에게 달려가 서문이나 추천서를 써 달라고 부탁하기 바빴다. 새로운 약을 만드는 데 도움을 줄 수 있는 후견인을 찾아다니느라 바빴다. 이 사람들은 자기가 만든 약에 다양한 장식, 이름, 멋있는 인물의 모습들을 새겨 넣었다. 그들은 자기가 만든 약을 사람들에게 억지로 먹게 하고 삼키게 하기에 바빴다.

하지만, 이러한 노력은 별로 성공을 거두지 못했다. 이런 가짜 약들이 이곳저곳에서 너무나 많이 양산되었기 때문이다. 어떤 사람들은 자기 명성과 이름을 가짜 약 만드는 사람들에게 빌려 준 나머지 자기의 명예도 훼손되고 다른 사람들의 건강도 해치는 불행을 초래하였다. 이러한 문제들에 대해 그들이 깨달을 수 있도록 주의를 주었지만 그들은 오히려 내가 공연한 분란을 야기한다고 나를 비난하였다. 결국, 독성 물질로 가짜 약을 만드는 것을 보면서도 입을 다물 수밖에 없었고, 그런 독이 든 약들이 여러 곳으로 팔려 나가는 것을 보고 있을 수밖에 없었다. 아무도 이런 문제를 지적하는 사람은 하나도 없었다.

불화와 분쟁

10. 우리는 학자의 광장으로 되돌아왔다. 그 광장은 학자들 사이의 불화와 분쟁으로 가득하였다. 그곳에서는 이런 분쟁 속에 휘말리지 않고 남아 있기가 대단히 어려웠다. 젊은층과 노년층이 서로 대립하였다. 더 많은 지식이 있다고 생각하는 사람일수록 더 논쟁이 치열하였다. 그런 사람은 자기 주위의 모든 사람들을 가차 없이 공격하였디. 그는 지기 명성과 가치를 그런 공격적 행동에서 얻으려 하였다.

"도대체 이게 어떻게 된 것입니까? 가장 고상한 직업을 내게 보여 준다고 약속하지 않았습니까?" 나는 질문하였다.

"이 사람들은 자기의 지혜를 갈고 닦고 있지 않습니까?" 해설자가 대답하였다.

"지혜를 갈고 닦는다고요? 서로를 향해 화내고, 상처 입히고, 죽이기까지 하는 것이 지혜일 수 있습니까? 노동자들도 이렇게 하지는 않습니다."

"그렇죠. 노동자 계급은 정해진 방식과 규칙대로 노동을 하지만 학자들은 주어진 자유 속에서 소신껏 일을 하지요. 노동자 계급에게는 허용

될 수 없는 것들이 학자들에게는 허용되곤 합니다." 해설자가 대답했다.

"이런 상황 속에서 학자들의 활동 속에 어떤 질서가 유지될 수 있을까요?" 학자들이 서로를 공격하기 위해 사용하는 무기는 그다지 무서워 보이지 않았다. 그들이 사용하는 칼, 창, 단검 등은 쇠로 만들어지지 않고 가죽으로 만들어져 있었으며 손으로 사용하는 것이 아니라 입으로 사용하고 있었다. 그들이 사용하는 대포는 갈대와 모래로 만들어져 있었고 포탄은 진흙으로 뭉쳐져 있었다. 또 그들은 서로를 향해 총을 쏘아 댔는데 그 총알은 종이로 만들어져 있었다. 겉으로 보기에는 전혀 위험하거나 잔인해 보이지 않았다. 하지만 자세히 들여다보면 그 싸움에서 약간의 상처만 입어도 비명을 지르고 온몸을 비틀며 도망쳤다. 한마디로 장난이 아닌 실제 전쟁 그 자체였다. 한 사람을 여러 사람이 공격하는데 그 부딪치는 칼 소리에 귀가 멀 정도였고 종이 총알은 우박처럼 쏟아져 그 사람을 쓰러뜨렸다. 이런 공격을 막아내고 공격자들을 다 물리쳐 내는 사람도 있었다. 어떤 사람들은 상처를 입고 피를 흘리며 쓰러지기도 하였다. 이곳은 그야말로 잔인함이 극치에 달하는 곳이었다. 자기편을 들지 않는 사람은 그가 상처를 입었든 피를 흘리든 인정사정없이 후려치고 쳐부수기를 주저하지 않았다. 그렇게 함으로써 자기의 용맹을 과시하고자 하였다. 이것보다는 덜 잔인한 논쟁과 분란들도 있었는데, 그들은 내리는 눈이 흰지 검은지, 불이 뜨거운지 차가운지 하는 것들에 대한 논쟁을 벌이고 있었다.

대혼란

11. 이러한 논쟁에 관여하여 그들 사이에 중재하여 문제를 해결하려는 사람들이 있었다. 이제 곧 논쟁이 끝나게 될 것이라는 소문이 돌았다. 하지만 문제는 누가 이러한 화해를 가능케 할 것인가 하는 것이었

세상의 미로와 마음의 낙원

다. 지혜의 여왕의 허락 아래 판관들이 선택되었고 그들에게 재판 권한
이 주어졌다. 이들은 논쟁 당사자들의 이야기들을 다 듣고 누구의 이야
기가 정당한지를 판가름하였다. 판관으로 선택된 자들과 선택받기 원
하는 사람들이 다 모여들었다. 같은 사안을 놓고 서로 다양한 판단을
내리는 수많은 판관들이 모여 있었다. 아리스토텔레스와 플라톤, 키케
로와 샐루스트, 스코투스와 아퀴나스, 바톨루스와 바르두스, 에라스무
스와 소르보니스트, 라무스 및 캄파넬라와 페리파테틱스, 코페르니쿠
스와 톨레미, 테오프라스투스와 칼렌, 후스 및 루터와 교황단과 예수
회, 브렌즈와 베자, 보딘과 비어, 슬레이다누스와 수리우스, 쉬미들레
인과 칼빈주의자들, 고마루스와 알미니우스, 로시크러시안들과 궤변론
자들, 그 외에도 수많은 사람들이 모여 있었다. 중재인이 모인 사람들
에게 각자 자기들의 주장을 최대한 간략하게 적어 보라고 하자 6천 년
이 걸려도 다 읽을 수 없을 만큼의 엄청난 분량의 책들이 저술되었다.
그들은 자신들의 의견이 채택될 것을 원했다. 그들이 쓴 책들을 읽노라
면 그 책의 주장에 동화되고 빨려 들어가게 마련이었고 책을 읽은 사람
은 자기가 읽은 책의 주장을 변호하기에 열심이었다. 사람들 사이에 이
견과 분란이 일어날 수밖에 없었다. 각자가 자기가 쓴 책, 자기가 읽은
책의 내용을 가지고 변론과 주장을 하고 있었기 때문이었다. 결국 아무
런 해결도 중재도 불가능하게 되었다. 그 어떠한 학자도 끝없는 논쟁
외에는 아무런 해결도 찾지 못하는 상황에 통탄할 수밖에 없었다.

제11장
철학자들과 순례자

일반적 상황

1. 해설자 기만이 말했다. "이제 철학자들에게 가게 될 것이오. 철학자들의 과제는 인간의 불완전성을 교정하는 것과 참된 지혜를 깨닫게 하는 것이오."

"하나님은 분명한 것이 무엇인지 나로 하여금 깨닫게 해 주실 것입니다." 하고 나는 말했다.

"물론 당신은 깨닫게 될 것입니다. 이 철학자들은 모든 것을 알고 있습니다. 철학자들의 지혜 없이는 천국도 드러낼 수 없고 지옥도 감출 수 없습니다. 이들은 인간을 덕스러운 삶으로 인도하고 사회와 국가를 계몽시키는 역할을 합니다. 그들은 하나님의 친구이며 하나님의 신비를 파헤칠 겁니다."

"그들에게 한번 가 봅시다." 나는 기만을 재촉했다.

그가 인도하는 곳으로 가 보니 나이든 사람들이 많이 모여 있었고 그들의 기이한 행동과 특이한 모습들이 눈에 띄었다. 비온(Bion)이 앉아 있었고 아나카르시스(Anacharsis)가 활보하고 있었다. 테일즈(Thales)는 하늘을 날고 있었고 헤시오드(Hesiod)는 밭을 갈고 있었다. 플라톤은 이념(ideas)을 하늘에서 추적하고 있었고 호머(Homer)는 노래하고 있었다. 아리스토텔레스는 논쟁을 하고 있었고 피타고라스는 침묵하고 있었다. 에피메니데스(Epimenides)는 잠을 자고 있었고 아르키메데스(Archimedes)는 지구를 밀고 있었다. 솔론(Solon)은 법률을 기록하고 있었고 갈렌(Galen)은 처방을 하고 있었다. 유클리드는 홀의 크기를 재고 있었고 클레오불루스(Cleobulus)는 미래를 탐색하고 있었다. 페리안더(Periander)는 의무 사항들을 점검하고 있었고 피타쿠스(Pittacus)는 전쟁을 하고 있었다. 바이아스(Bias)는 구걸을 하고 있었고 에픽테투스(Epictetus)는 시중을 들고 있었다. 세네카는 금 방석에 앉아서 청빈을 칭송하고 있었고 소크라테스(Socrates)는 자기는 아무것도 모른다고 얘기하고 있었다. 크세노폰(Xenopon)은 모든 사람들에게 모든 것을 가르쳐 주겠다고 약속하고 있었고, 디오게네스(Diogenes)는 통 속에서 머무르며 지나가는 사람들의 문제점을 지적하고 있었다. 티몬(Timon)은 모든 사람들을 저주하고 있었고 데모크리투스(Democritus)는 이 모든 것을 보고 웃고 있었다. 한편, 헤라클리투스(Heraclitus)는 울고 있었고 제노(Zeno)는 금식하고 있었다. 에피큐러스(Epicurus)는 향연을 벌이고 있었고 아낙사르커스(Anaxarchus)는 이 모든 것이 아무것도 아님을 선포하고 있었다. 그 외에도 많은 철학자들이 자기만의 특유의 주장과 행동을 펼쳐 보이고 있었다. 하지만 그들의 다양한 주장과 행동들이 기억나지 않았고 또 기억하고 싶지도 않았다.

"이 사람들이 현자, 곧 세상의 등불들이란 말입니까? 난 뭔가 대단한 것이 있을 줄 알았습니다. 이 사람들은 각자 자기의 주장만 펼치고 자기의 노래만 부르고 있군요."

"어리석은 친구여, 당신은 신비를 이해하지 못하는군요." 해설자 기만이 대답했다. 이 모든 것이 '신비'라는 말을 듣고 그 뜻이 무엇인가 생각하는 동안 해설자 기만이 그 의미를 설명하기 시작했다.

그때 타르수스의 폴(Paul of Tarsus)이라고 불리는 사람이 철학자 옷을 입고 내게 다가와 속삭였다. "누구든 자기가 현명하다고 여기는 사람은 사실 어리석은 자입니다. 이 세상의 지혜는 하나님의 어리석음에도 미치지 못합니다. '주께서 지혜 있는 자들의 생각을 헛것으로 아신다 하셨느니라.' 라고 성경에 기록되어 있지 않습니까?"

타르수스의 폴이 한 말에 전적으로 동의하였기에 "이제 다른 곳으로 가 봅시다." 하고 말했더니, 해설자 기만은 철학자들에게서도 배울 것들이 많음에도 불구하고 그곳을 떠나려 한다고 나를 바보라고 비난하였다. 그러나 나는 아무 말도 하지 않았다.

문법학자들

2. 우리는 한 강당으로 들어갔는데 그곳에는 젊은이들과 노인들이 글자, 선, 점들을 그리고 있었다. 그들 중 누군가가 다른 형태로 글자, 선, 점을 그리는 것을 보면 다른 사람들이 모두 그를 비웃고 조롱하였다. 또 많은 글자들을 벽에 걸어 놓고 그 글자들이 서로 어떤 관계를 지니고 있는지 격론을 벌였다. 그들은 글자들을 합성, 분리, 재배치하는 일에 열심이었다. "이것은 마치 아이들 장난 같군요. 다른 곳으로 갑시다." 나는 길을 재촉하였다.

수사학자들

3. 또 다른 홀에 들어가게 되었다. 거기에 모인 사람들은 붓과 물감을 들고 글자나 말들에 무슨 색을 입혀야 할 것인지를 토론하고 있었다. 초록, 빨강, 흑색, 흰색 등 다양한 색깔들의 배합과 혼합을 논하였다. 이들이 무엇을 하는지 물어보자, "글을 읽거나 말을 듣는 사람들의 뇌에 어떤 식으로 색을 칠할 것인가를 연구하는 것"이라고 해석자가 대답해 주었다.

"이런 색은 진실을 위한 것입니까, 거짓을 위한 것입니까?"

"진실과 거짓 둘 다를 위한 것입니다."해석자가 대답했다.

"그렇다면 이 사람들의 노력은 사람들에게 진실과 유익 못지않게 많은 거짓과 손해도 끼치겠군요." 나는 그곳을 빠져 나왔다.

시인들

4. 다른 곳엘 갔더니 그곳엔 많은 젊은이들이 다양한 음절들을 저울에 달아 보며 흥분하고 있었다. 이들이 무엇을 하는 것인가 물어보았더니, "학문을 하는 사람들 중에 이 사람들만큼 글을 멋있게 다루는 사람들이 없을 겁니다."라고 해석자가 설명해 주었다.

"어떻게 하는 건가요?"

"색칠만으로는 낼 수 없는 맛을 압축과 절제를 통해 표현하는 겁니다."

이들은 글의 압축과 절제의 맛을 내기 위해 몇몇 책들을 참조하였다. 그 책의 제목들은 희극, 시, 연애, 모험 등 온갖 종류의 제목들이 붙어 있었다. 누군가가 그들의 마음에 들면 그들은 모든 재능을 동원해 그를 칭송하는 시를 썼다. 하지만 그들의 마음에 들지 않는 사람이 있거나 하면 그 사람을 무시하고 조롱하기 위해 온갖 재능을 동원하였다. 이 사람들의 재능은 칭송 아니면 조롱을 위해 사용되었고, 나는 그곳을 서둘러 빠져 나왔다.

변증가들

5. 조금 앞으로 나아갔더니 안경을 만들어 파는 집이 나타났다. 이것들은 어떤 종류의 안경들인지 물어보았더니, 이 안경은 사물의 겉뿐 아니라 내면을 들여다볼 수 있게 해 주는 안경이라고 대답했다. 이 안경을 쓰면 다른 사람의 뇌와 마음도 들여다볼 수 있다고 하였다. 많은 사람들이 안경을 샀고 그들은 안경을 어떻게 쓰는지, 어떻게 조정하는지 가르쳐 주었다. 안경을 만든 사람들은 전문가로서 구석에 그들의 작업

실을 가지고 있었다. 그들의 안경은 하나같이 다 다른 모양을 하고 있었다. 큰 안경, 작은 안경, 둥근 안경, 사각 안경 등 다양한 안경들을 만들었다. 서로가 자기 안경을 사라고 권유하였다. 그러다 그들은 서로 논쟁을 벌이고 서로에게 물건을 집어던졌다. 어떤 사람들은 다양한 모든 안경을 다 샀고 어떤 사람들은 그 중 한 개만 사서 썼다. 어떤 사람들은 안경을 써도 내면이 잘 보이지 않는다고 불평하였고 어떤 사람들은 뇌와 지성의 깊이까지 다 볼 수 있다고 좋아하였다. 이 두 번째 부류의 사람들은 앞으로 걸어가다가 나무, 돌, 웅덩이에 빠져 넘어졌다. "이 안경을 쓰면 모든 것을 다 볼 수 있다면서 자기 앞에 있는 장애물도 보지 못합니까?" 나는 물어보았다. 해설자는 그건 안경이 잘못 된 것이 아니라 안경을 사용하는 방법을 잘 몰라서 그렇다고 대답했다.

변증가의 안경을 쓰는 것만으로는 충분치 못하고 물리학과 수학이라는 연고를 눈에 발라 눈을 깨끗하게 해야 한다고 변증학자는 설명해 주었다. 장애물에 넘어진 사람들은 다른 장소에 가서 그들의 시력을 교정받게 되었다. "우리도 가 봅시다." 나는 안내자에게 말했다. 그곳으로 가기 위해선 '탐구자' 가 시키는 대로 나도 안경을 써야만 했다. 안경을 쓰니 그전에 보지 못하던 것이 보이고 다양한 시각에서 사물을 볼 수 있었다. 나는 아까 그 변증가가 얘기한 안약을 발라 보고 싶어 길을 재촉하였다.

자연과학자들

6. 나는 한 광장으로 인도되었다. 그 광장 중앙에는 큰 나무가 있었고 그 나무에는 수많은 종류의 잎사귀들과 열매들이 열려 있었다. 그 열매들은 단단한 각질로 덮여 있었다. 사람들은 그 나무를 가리켜 '자연' 이라고 불렀다. 나무 주위에는 많은 학자들이 모여 나무에 대해 연

세상의 미로와 마음의 낙원

구하면서 그 나뭇가지, 잎, 열매 이름에 대해 이야기를 하였다. "이 사람들은 사물의 이름에 대해 연구하고 있군요. 하지만 이 사람들이 과연 자연을 올바로 이해하고 있는지 모르겠네요."

"모든 사람이 자연을 이해하는 것은 아니지요. 이 사람들을 좀 보세요." 해설자가 대답했다.

어떤 사람들은 나뭇가지를 꺾고 잎사귀를 찢고 열매를 각질에서 꺼내려 애쓰고 있었다. 그들은 열매껍질을 벗겨 보려고 이로 깨물어 보았지만 그만 그들의 이가 깨지고 말았다. 그들은 자기 이가 깨진 것도 모르고 자기들이 열매 각질을 깼다고 주장하였다. 그들은 자기들이 마침내 알맹이를 꺼냈다고 자랑하였다. 가끔 자기들이 꺼냈다고 생각하는 알맹이를 서로에게 보여 주기도 하였다. 하지만 자세히 들여다보니 그들이 각질의 겉껍질만 벗겨냈을 뿐 알맹이는 여전히 그 속에 들어 있었다. 오히려 여러 사람의 이가 깨지고 시력을 잃게 된 것을 볼 수 있었다. 그럼에도 불구하고 그들이 헛된 자랑을 늘어놓는 것을 보고 그곳을 빠져 나왔다.

형이상학자들

7. 우리는 다른 홀로 들어갔다. 그곳엔 철학자들이 나무, 돌, 물, 불, 구름, 별, 위성은 물론 소, 나귀, 늑대, 뱀 등 여러 가지 짐승과 조류, 파충류들을 보며 논쟁을 하고 있었다. 그들은 이러한 사물과 생명체들이 어떻게 유사하며 어떻게 다른지를 논하고 있었고, 어떤 과정을 거쳐 이러한 모습을 하게 되었는지에 대한 추론을 하고 있었다. 처음엔 외형을 제거하고 다음엔 내용을 해부한 뒤 오직 존재 그 자체만을 파악할 수 있을 때까지 끊임없이 추론에 추론을 거듭하고 있었다.

일체, 동일, 선함

그 후 형이상학자들은 결국 세상 만물이 일체요 같은 것이며 모두가 선한 것인지 여부에 대해 논쟁을 벌였다. 그들의 논쟁을 경청하며 인간 지성의 능력이 얼마나 대단한 것인가 하며 감탄하는 사람도 있었다. 인간의 지성은 사물의 본질까지도 꿰뚫어볼 수 있다고 생각했기 때문이었다. 나 역시 형이상학자들의 능력에 대해 일부 감탄을 할 수밖에 없었다. 그때 한 사람이 앞으로 나오더니 이 모든 논쟁들은 다 환상에 불과한 것이니 이제 쓸데없는 논쟁을 그만 두자고 하였다. 그의 강력한 주장에 동조하는 사람들도 많이 있었다. 하지만 다른 부류의 사람들은 그와 그를 따르는 무리들이 이단자라고 정죄하였다. 이러한 이단자들은 인간의 가장 고상한 능력인 지성을 무시하는 것이라고 비난하였다.

수학자들

8. 다음 홀로 가 보니 그곳엔 여러 학자들이 모여 엄청난 숫자들을 종류별로 분류하고 있었다. 그들은 그룹별로 숫자가 적힌 서류들을 이리저리 다양한 방법으로 옮기고 나누고 쌓고 허물고 하는 일을 반복하고 있었다. 이들은 인간의 모든 학문 중에 그들이 하는 것만큼 분명하고 확실한 학문은 없다는 자부심을 가지고 있는 것 같았다. 그들의 일에는 오류도 지나침도 부족함도 없다고 확신하는 것 같았다.

"이 사람들이 하는 모든 작업의 의미는 무엇인가?" 나는 자문하였다.

그들은 나의 어리석음을 한탄하며 수학의 위력을 설명하기 시작했다. 한 사람은 자기가 무리지어 날아가는 갈매기들의 숫자를 예측할 수 있다고 하였다. 또 한 사람은 파이프 5개로 우물물을 길어 올리는 데 걸리는 시간을 예측할 수 있다고 하였다. 어떤 이는 내 지갑 속에 들어 있는 동전이 몇 개인지 맞출 수 있다고 하였다. 어떤 이는 바다의 모래알

갱이 숫자가 모두 몇 개인지 맞출 수 있다고 하며 그에 관한 책을 집필하였다(아르키메데스). 어떤 이는 햇빛에 빛나는 먼지의 수를 헤아릴 수 있다고 주장하였다(유클리드). 내가 놀라서 서 있으니까 그들은 이러한 일이 가능한 수학적 원리에 대해 설명하였다. 이들은 내게 더 정교하고 복잡한 원리들을 설명하기 시작했지만, 나는 그런 것들을 이해할 수도 없었고 현기증만 더 심해질 뿐이어서 어서 빨리 그곳을 떠날 수 있기를 희망하였다.

기하학자들

9. 우리는 또 다른 강당에 도착하였다. 그 강당 입구에는 "기하학자들 외 출입을 금함"이라고 쓰여 있었다. "기하학자도 아닌데 우리가 들어가도 될까요?" 하고 안내자 '편재'에게 물어보았다.

"그냥 들어갑시다." 하고 편재가 응답하였다.

그곳은 수많은 선, 원, 사각형, 점, 십자 모양, 각도 등이 표시되어 있었다. 그곳의 사람들은 모두 혼자서 조용히 자기 일에 골몰하고 있었다. 그러다가 가끔씩 서로에게 다가가 자기가 그린 작품을 자랑스럽게 보여 주곤 하였다. 어떤 이는 그 작품이 너무나 훌륭하다고 칭찬하는 한편, 어떤 이는 그것은 잘못된 것이라고 핀잔을 주었다. 어떤 사람이 새로운 선이나 곡선을 발견하게 되면 그는 기뻐 환성을 질렀고 다른 사람들은 그를 시샘하였다. 그리고는 자기 작업 공간에 가서 자기도 그러한 선과 곡선을 그려 보려고 시도하였다. 어떤 이는 그대로 그리는 데 성공했지만 어떤 이는 실패하였다. 점차 그 강당 바닥, 벽, 천장은 말할 것도 없이 온통 선으로 가득 차게 되었다. 그들은 누구도 자기가 그린 선을 밟거나 건드리지 못하게 하였다.

원과 사각형에 관한 기하학자들의 논쟁

10. 가장 뛰어난 기하학자들이 중앙에 모여 한 문제를 풀기 위해 애를 쓰고 있었다. 다른 사람들은 그들 주위에 모여 그저 멍하니 구경만 할 뿐이었다. 세상에 이것보다 더 어렵고 신기한 문제가 있겠는가 하며 많은 이야기들이 오가고 있었다. 대체 무슨 일인가 싶어 가까이 다가가 보았더니 그들은 원을 가지고 사각형을 만들 수 있는가를 실험하고 있었다. 이 문제를 풀기 위해 각자 흩어져 엄청나게 많은 시간과 노력을 기울인 끝에 한 사람이 마침내 환호성을 질렀다(제이 스칼리제르).

"됐어, 됐어. 드디어 비밀을 발견했어!" 사람들이 몰려와 어떻게 된 일인가 살펴보았다. 그 사람은 자기가 발견해 낸 도해를 사람들에게 보여 주자 사람들은 모두 환호성을 올렸다. 하지만 사람들의 환호성이 끝나자마자 이것은 사각형이 아니라고 외치는 사람이 있었다(제이 클라비우스). 그는 먼저 사람이 사각형이라고 주장하는 것들을 모두 원이 되게 하면서 원으로 사각형을 만드는 것은 처음부터 불가능한 것임을 입증하였다. 그러자 사람들은 모두 풀이 죽어 자기 자리로 되돌아가는 것이었다.

측량 기사들

11. 다른 강당에 들어가 보았더니 거기에 있는 사람들은 자, 눈금, 추, 지렛대 등 다양한 도구들을 가지고 무게를 재고 크기를 측량하고 있었다. 몇몇 사람들은 강당의 크기를 재고 있었는데 그것을 재는 방식이 모두 달랐다. 그들 사이에 논쟁이 벌어졌다. 어떤 사람들은 그림자의 길이, 넓이, 깊이를 재고 있었다. 그들은 세상에 그 크기를 잴 수 없는 것은 없다고 자신 있게 말하였다. 그들의 활동을 보면서 그들이 너무 자신만만해한다는 생각을 떨쳐 버릴 수 없었다.

음악가들

12. 노래, 연주 등 다양한 음악이 흘러나오는 강당으로 들어갔다. 음악을 듣는 사람들이 전후 사방에 둘러서 있었다. 그들은 음악 소리에 집중하느라 귀를 기울이고 있었다. 어떤 사람들은 이 음악이야말로 천상의 신비를 노래하는 것이라고 기뻐하였다. 하지만 이처럼 뛰어난 연주를 하는 사람은 천 명 중에 하나 있을까 말까 할 정도였다. 나머지 사람들은 연주를 하거나 노래를 할 때 소음 같은 불협화음만 내고 있을 뿐이었고, 나 자신도 시도해 보았지만 역시 소음만 낼 뿐이었다. 뛰어난 음악의 대가들을 제외한 나머지 사람들의 좌절을 보면서 그 강당을 빠져 나오게 되었다.

천문학자들

13. 편재는 나를 위층으로 안내하였다. 그곳에는 많은 사람들이 긴 사다리를 들고 하늘에 올라가 보려고 애쓰고 있었다. 그 중에 마침내 하늘에 올라가 별을 잡는 사람들도 있었다. 그들은 지도, 나침반, 자, 줄 등을 가시고 별의 궤적을 측정하고 있었다. 별들이 이렇게 운행하며 언제, 어디에서, 어떻게 만나거나 서로 스치게 될 것인지 법칙을 발견하려 애쓰고 있었다. 하늘의 질서와 법칙을 발견하려 애쓰는 사람들의 노고에 경탄할 만하였다. 나도 이 놀라운 학문을 해 보려 시도하였다. 하지만 천문학자들과는 달리 내가 측정하는 별은 그 움직임이 불규칙적이었다. 천문학자들도 이러한 불규칙적인 움직임을 가리켜 하늘의 비정상이라고 불렀다. 그들은 항상 규칙과 질서를 하늘과 별들 사이에 세워 놓으려 노력하였다. 그들은 다양한 가정들을 세워 놓았지만 그러한 가정들이 잘 들어맞지 않는 것 같았다.

점성술사들

14. 어떤 사람들은 더 이상 하늘에 올라가려 하지 않았다. 대신, 그들은 단지 땅에서 별들의 움직임만을 관찰하였다. 별들의 위치, 형태, 움직임 등을 통해 그들은 땅의 행, 불행과 미래를 예측하고자 하였다. 이들의 예측은 공공연히 이루어지기도 하였고 개인의 부탁에 의해 이루어지기도 하였다. 이들은 점성도(占星圖)와 운세도(運勢圖)를 사람들에게 나누어 주었다. 그들의 점성도와 운세도를 보고 사람들은 두려워하기도 하고 기뻐하기도 하였다. 어떤 사람들은 그들을 거짓말쟁이, 사기꾼이라고 욕하며 경멸하기도 하였다. 과학이 절대적으로 신봉할 만하다면 점성술사들의 이야기는 들어 볼 만한 하등의 가치도 없는 것이 분명하였다. 하지만 세상에 확실하고 분명한 것들보다 그렇지 못한 것들이 많기에 어떤 예언이 다섯 번 틀리다가도 한 번이라도 맞게 되면 칭찬을 받을 수 있는 것으로 여겨진다. 별을 보고 예언하지 않더라도 나름대로 추측해 보다가 한 번이라도 그 추측이 맞게 되면 그 추측은 인정을 받게 될 것이다. 이런 일에 더 이상의 시간을 허비하는 것이 무의미하게 여겨졌다.

역사가들

15. 우리는 한 광장에서 희한한 광경을 보게 되었다. 많은 사람들이 구부러진 망원경을 들여다보고 있었다. 그 망원경의 끝은 그들의 어깨를 지나 뒤를 향하고 있었다. 이 사람들이 무엇을 하고 있는지를 물었더니 이들은 자기의 지나온 과거를 들여다보고 있다고 해석자가 대답해 주었다. 사람들은 누구나 지나온 과거를 회상해 보고 되돌아보게 마련이었다. 이런 회상을 통해 사람들은 현재와 미래를 위한 교훈을 얻을 수 있다고 여기고 있었다. 뒤를 향해 구부러진 망원경이 너무나 신기해

세상의 미로와 마음의 낙원

잠깐 좀 빌려 줄 수 없겠느냐고 물었더니 내게 여러 개의 망원경을 빌려 주었다. 그 망원경들을 통해 본 과거의 모습은 제각기 너무나 다른 것이었다. 어떤 것은 너무 멀리 보이는 반면 어떤 것은 너무 가깝게 보였다. 어떤 것은 이런 색으로, 어떤 것은 다른 색으로 각각 다른 색깔의 풍경들을 보여 주었다. 과거가 어떤 분명한 사실로 여겨지기보다는 어떤 망원경으로 어떤 각도에서 보느냐에 따라 과거가 달라질 수 있음을 깨닫게 되었다. 모든 사람이 똑같은 과거를 놓고 서로 다르게 해석하고 서로 자기의 관점에서 논쟁하고 있었다. 이 또한 안타까운 일이 아닐 수 없었다.

도덕주의자들과 정치가들

16. 나를 안내하는 사람들이 나를 또 다른 곳으로 데려가려 하기에 "아직도 돌아보아야 할 학자 계층이 있습니까? 이제 좀 지치는군요."하고 말하였다.

"아직 최고의 계층이 남아 있습니다."라고 편재가 대답하였다.

우리는 초상화가 가득 걸려 있는 강당으로 들어갔다. 한쪽 편은 참으로 아름답고 숭고해 보였다. 하지만 다른 편은 기괴하고 흉물스러워 보였다. 철학자들은 초상화를 바라보면서 그 초상화의 아름다움과 추함에 어떻게 정도를 더할 수 있는가에 관해 말하였다. 이 초상화들이 무엇을 의미하는지를 물었더니 "초상화 위에 이름이 쓰여 있지 않습니까?" 하고 해설자는 반문하였다. 초상화 위에는 다음과 같은 이름들이 쓰여 있었다. 강인, 절제, 정의, 온화, 조화 등. 하지만 또 다른 편 초상화에는 이런 이름들이 쓰여 있었다. 교만, 탐욕, 정욕, 불화, 폭군 등.

철학자들은 초상화를 바라보는 사람들에게 아름답고 숭고한 모습을 가진 인물들을 존경할 것과 흉물스런 모습을 한 인물들을 비판해야 한다고 설득하였다. "드디어 사회와 시대를 위해 봉사하는 사람들을 만나게 되었군요!" 하며 나는 기뻐하였다. 하지만 철학자들의 비평과 평가, 그리고 그들의 표정을 자세히 들여다보았더니 그들의 비평과 평가에는 공정함과 일관성이 결여되어 있음을 발견하게 되었다. 이 때는 이 말을 하다가 저 때는 저 말을 하고, 이 사람에게는 이 말을 하다가 저 사람에게는 저 말을 하는 등 영 일관성이 없었다.

"말과 행동이 일치하지 않는 사람들임에 틀림없네요." 나는 화가 났다.

"당신의 문제는 사람들 속에서 사람이 아닌 천사를 찾으려 한다는 거요." 해설자가 말했다. "도대체 당신 마음에 드는 사람이 누가 있소? 당신은 언제나 문제와 흠을 발견하고 있지 않소?" 나는 입을 다물고 고개를 숙일 수밖에 없었다. 내 말을 들은 주위의 사람들이 나를 기분 나쁘게 째려보고 있기에 더욱 그럴 수밖에 없었다. 나는 조용히 그곳을 빠져 나왔다.

제12장
연금술을 시험하는 순례자

1. "이쪽으로 오시오." 하며 '편재'가 재촉하였다. "인간의 놀라운 재능과 그 기쁨을 한번 맛보면 절대로 포기할 수 없는 작업이 이루어지는 곳으로 안내해 주겠소." 그가 나를 인도한 곳은 용광로, 오븐, 큰 솥, 유리 등과 같은 빛나는 물건들이 진열되어 있는 곳이었다. 불을 다루는 사람은 불을 높였다 낮췄다, 물체를 불 속에 넣었다 뺐다 하면서 특이한 동작을 계속하고 있었다.

세상의 미로와 마음의 낙원

“이 사람들은 누구이며 무슨 일을 하고 있는 겁니까?”

“이 사람들은 가장 지혜로운 사람들로서 세상의 모든 물건들을 금으로 만드는 놀라운 일을 하는 사람들입니다.”라고 편재가 대답했다.

“꼭 금만 필요한 게 아니라 철이나 다른 금속들도 필요하지 않은가요?”

“어리석은 사람 같으니! 금만 있으면 누구나 부자가 될 수 있지 않소?” 하고 편재가 핀잔을 주었다.

철학자의 돌

2. “철로 금을 만드는 기술은 또 다른 놀라운 힘을 발휘할 수 있소. 예를 들면 인간의 질병이나 죽음을 이삼백 년 동안 지연시켜 인간을 행복하게 만들어 줄 수도 있소. 이런 능력을 지닌 사람은 사실 영생할 수 있는 힘을 소유하게 되지요. 여기에 있는 돌은 생명의 씨앗과도 같은 겁니다. 동물, 식물, 금속 등 세상의 모든 것이 그 생명과 존재의 근원을 얻게 되는 씨앗 말입니다.”

“그럼 이 사람들은 죽지 않고 영생하는 사람들이란 말입니까?” 나는 놀라서 물어보았다.

“여기 있는 모든 사람이 그 영생의 돌을 발견할 수 있는 건 아니오. 그 돌을 발견하지 못하면 그 돌을 어떻게 효율적으로 사용하는가 하는 방법도 발견할 수 없게 되지요.”

“그 돌만 있으면 죽음도 벗어날 수 있고 나와 이웃을 위해 금도 만들 수 있단 말이지요. 그 돌을 어디에서 발견할 수 있을까요.?” 나는 물었다.

“바로 이 속에 있소.” 안내자 편재가 대답했다.

“이 솥 속에요?”

“그렇소.”

연금술사의 운명

3. 그 큰 솥 속에서 어떤 일이 일어나는지 나는 호기심에 가득 차게 되었다. 그곳에서 일하는 사람마다 일하는 방식이 다 달랐다. 어떤 사람은 불을 너무 약하게 한 나머지 솥 속에 있는 물질이 끓어오르지 않았다. 어떤 사람들은 불을 너무 뜨겁게 해서 솥 속에 있는 물질들이 튀어 오르거나 증발해 버렸다. 그 사람은 자기 것이 사라져 버렸다고 슬퍼하였다. 어떤 사람은 용액을 따르는 동안 엎지르거나 용액의 비율을 잘못 맞췄다. 어떤 사람은 눈에 화상을 입거나 눈에 연기가 들어가 용액의 농도를 적당히 조절할 수가 없었다. 어떤 사람은 연기에 질식해 죽는 사람도 있었다. 많은 사람들이 석탄이 부족해서 다른 사람에게 가서 석탄을 빌려와야만 했다. 그러는 동안 솥은 식고 그 속에 담긴 용액은 못쓰게 되고 말았다. 그들은 작업을 아예 포기하거나 다른 사람들에게 가서 빌려와 또 비슷한 과정을 계속해서 되풀이하고 있었다.

4. 이러한 광경을 보면서 물었다.

"여기 있는 사람들이 다 헛된 수고를 하고 있군요. 이 중에 어느 누구도 필요한 돌을 만들어 내지 못하고 있네요. 여기 있는 사람들은 자기의 금과 함께 자기 생명도 점점 소진시켜 가고 있습니다. 어디에 약속된 금과 영원한 생명이 있는 겁니까?"

"물론 금과 생명이 그렇게 쉽게 얻어지진 않습니다. 이처럼 굉장한 지식은 비밀로 남아 있어야 합니다. 누가 그러한 지식을 가지고 있다는 사실을 알게 되면 군주는 그 사람을 자기의 영원한 노예로 만들어 버리고 말 거예요. 그래서 그러한 지식을 얻은 사람이 있다 하더라도 그 사람은 조용히 비밀처럼 숨어 지내고 있을 겁니다."

5. 실패한 사람들이 서로 모여 이야기하는 것을 들을 수 있었다. 한 사람은 철학자가 가르쳐 준 내용이 너무 복잡하고 어려웠다고 불평하

였다. 또 한 사람은 용기들이 너무 깨지기 쉽게 만들어졌다고 불평하였다. 어떤 사람은 수은 용액의 순도가 너무 낮았기 때문이라고 하였다. 어떤 사람은 자금이 부족했다고 말하였다. 어떤 이는 단지 행운이 따르지 않았기 때문이라고 하였다. 결국, 너무나 다양한 문제와 이유 때문에 실패할 수밖에 없었고 그 실패를 만회할 수 있는 방법도 분명하지 않기에 그들은 그곳을 떠나게 되었으며 나 또한 그곳을 떠나게 되었다.

제13장
장미십자회원들을 살펴보는 순례자

1612년 라틴 및 독일계의 파마(Fama)형제단

1. 그때 한 광장에서 나팔소리가 들렸다. 그곳을 바라보니 말에 탄 기사 한 사람이 철학자들을 불러모으고 있었다. 철학자들이 온 사방에서 그를 향해 몰려 왔다. 그 기사는 모여든 철학자들에게 철학은 물론 인문과학이 지닌 결함에 대해 설명하였다. 하나님께로부터 부름 받은 몇몇 위대한 사람들이 이러한 결함들을 수정하여 인간의 지혜를 타락 이전의 상태로까지 되돌려놓았다고 주장하였다. 연금술은 그들이 지닌 지혜 중 가장 낮은 단계의 지혜에 불과하다는 것이었다. 이러한 지혜 앞에 모든 자연의 신비는 벗겨지고 자연 만물은 그들이 원하는 대로 마음대로 그 형태가 변형될 수 있었다. 그들은 모든 나라의 언어들을 말할 수 있고 모든 나라에서 일어나는 일들을 알 수 있으며 장차 다가올 신세계에 대해서도 알고 있었다. 그들은 수천 마일 떨어진 거리에서도 서로의 생각을 알 수 있는 능력을 지니고 있었다. 그들은 인간의 모든

질병을 고칠 수 있을 뿐 아니라 장수를 가능케 하는 철학자의 돌을 가지고 있었다. 그들의 지도자 휴고 알베르다(Hugo Alverda)는 562세이며 그의 협력자들도 비슷한 나이였다. 그들 일곱 사람은 수 세기 동안 은거해 지냈으며 각자 혼자서 철학의 개선을 위해 일해 왔지만 결국 철학의 완성을 이루어 내었다. 이제 전 세계의 개혁이 다가오고 있기에 그들은 더 이상 은거하지 않기로 작정하게 되었다. 그들은 그들과 뜻을 같이하는 사람들과 함께 자신들이 발견한 지혜를 나누기 원했다. 누구든지 그들을 위해 헌신하게 되면 그는 모든 나라의 언어들을 습득하게 되고 모든 비밀을 알게 되며 모든 대답을 얻게 될 것이다. 하지만 단지 욕심이나 호기심으로 참여하는 자는 아무런 지혜도 얻지 못하게 될 것이다.

파마에 대한 다양한 평가

2. 연설을 마친 후 그 기사, 메시지 전달자는 사라져 버렸다. 그곳에 모여 있는 사람들의 얼굴을 들여다보니 그들은 모두 놀라움에 가득 차 일종의 충격 속에 빠져 있었다. 그들은 점차 제 정신이 들자 자기들이 들은 소식에 대한 평가를 하기 시작했다. 어떤 이는 작은 소리로, 어떤 이는 큰 소리로 자기 의견을 피력하였다. 다양한 그룹들의 이야기를 들을 수 있었다. 어떤 이들은 놀라움과 기쁨에 들떠 어쩔 줄 몰라 하였다. 그들은 이러한 지혜에 대해 들어 보지도 못한 채 죽어 간 그들의 선조들에 대해 불쌍한 마음을 가지고 있었다. 이제 온전한 지식과 철학을 습득하게 된 자신들과 자신들의 세대에 대해 너무나 기뻐 스스로 축하하는 모습을 보여 주었다. 이제 진심으로 진리와 지혜를 원하는 사람은 누구나 그 진리와 지혜를 얻을 수 있을 뿐 아니라 질병과 노화 없이 수백 년을 살 수 있게 된 것이다. "우리 세대여 복되도다. 우리 세대여 복

세상의 미로와 마음의 낙원

되도다.” 그들은 끊임없이 합창하였다. 이런 합창을 들으니 나까지 덩달아 기분이 좋아졌다. 하나님께서 허락하시면 나도 이런 지혜를 얻을 수 있을 것만 같았다.

하지만 또 다른 그룹은 이러한 소식을 어떻게 해석해야 할 것인지에 관해 진지한 고민과 깊은 성찰을 하였다. 그들이 들은 소식이 참말이라면 그보다 더 좋을 수 없을 것임에 틀림없었다. 하지만 그들이 들은 이야기는 인간의 논리와 이성을 벗어날 뿐 아니라 무언가 모호하고 분명치 않은 데가 있었다. 어떤 사람들은 그것은 말도 안 되는 소리라고 드러내놓고 거부하였다. 그처럼 위대한 지혜자들이 왜 수백 년이 지나도록 자신의 모습을 드러내지 않았는지 반문하였다. 그것이 사실이라면 왜 직접 나와 이야기하지 않고 메시지 전달자만 보내고 자신들은 은거해 있느냐고 반문하였다. 철학은 이미 잘 정립되어 있으며 새로운 철학이나 개혁을 필요로 하지 않는다는 것이었다. 그들 자신이 지니고 있는 철학마저 빼앗기게 되면 남는 것은 아무것도 없게 되는 것이기 때문이었다. 어떤 사람들은 지혜로운 자임을 자처하는 저들이야말로 거짓말쟁이요, 사기꾼이요, 악한 영의 세력이라고 정죄하였다.

형제회 후보자들

3. 광장 곳곳은 소란 그 자체였다. 지혜자들의 형제회에 가입하기 위해 안달이 난 사람들이 많았다. 자기들을 형제회 회원으로 받아들여 달라는 탄원서를 어떤 사람들은 은밀히, 어떤 사람들은 공개적으로 써서 보냈다. 하지만 그들의 탄원서는 어느 한 구석에 모아졌다가 도로 본인들에게 되돌려졌다. 그들은 절망에 빠졌다. 하지만 그들은 지혜자들을 비판하거나 의심하는 자들과 논쟁을 벌였다. 논쟁을 벌이는 가운데 어떤 사람들은 두 번, 세 번 또는 그 이상 입회를 위한 탄원서를 제출하였

다. 어떤 이는 모든 재능과 웅변력을 동원해서 탄원서를 제출하였다. 성미가 급한 어떤 이는 이러한 온전한 지혜와 행복에 참여할 수 없음을 비관해서 스스로 목숨을 끊기도 하였다. 어떤 이는 자신이 형제회에 입회가 안 된 것이 자신의 자격이 부족해서라고 생각하는 사람도 있었고, 어떤 이는 형제회가 뭔가 딴 뜻을 품고 있어서 자신을 받아들여 주지 않는다고 비난하는 사람도 있었다. 결국, 어떤 사람들은 좌절에 빠졌고 어떤 사람들은 희망을 버리지 않고 있었다.

장미십자회의 지속

4. 또다시 트럼펫 소리가 들렸다. 나 자신을 포함해서 많은 사람들이 트럼펫 소리가 나는 곳으로 달려갔다. 그곳에는 어떤 사람이 가게를 하나 열고 있었다. 그는 놀라운 신비술을 사라고 하면서 그 신비술은 신비로운 지혜를 원하는 모든 사람에게 만족을 줄 것이라고 선전하였다. 장미십자회가 그들의 보물을 사람들에게 공급해 주는 광경을 보고 모두들 기뻐하였다. 많은 사람들이 그 제품을 구입하였다. 모든 제품들은 멋진 상자 속에 담겨 있었는데, 그 상자에는 다음과 같은 이름들이 각각 새겨져 있었다. 지혜의 문, 과학의 요새, 보편적 대학, 대소 우주를 향한 입문, 두 세계의 조화, 기독교 신비철학, 자연의 동굴, 최초 물질의 성, 신적 마술, 일반적 삼위일체, 승리의 피라미드, 할렐루야 등등. 이러한 제품들을 구입한 사람들은 그 상자를 개봉하지 못하도록 하였다. 신비의 지혜의 능력은 삼투성이 있기 때문에 상자를 열게 되면 그 능력이 사라지고 만다는 것이었다. 하지만 호기심이 많은 사람은 그 상자를 열어 보았다. 상자를 열어 보니 아무것도 들어 있지 않았다. 그러자 다른 사람들도 모두 상자를 열어 보니 그 어떤 것도 들어 있지 않았다. "사기다, 사기야!"라고 사람들은 소리쳤다. 그러자 그 물건을 판 사람이

세상의 미로와 마음의 낙원

그들을 조용히 시킨 후 이것이 바로 비밀스러운 신비라고 설명하였다. 1천 명 중 한 사람만이 그 신비를 알아볼 수 있다는 것이었다.

파마의 결과

5. 이 말을 듣고 물건을 산 사람들이 조용해졌다. 물건을 판 사람은 가게를 정리하였고 사람들은 하나 둘 흩어지기 시작하였다. 그들 중 어느 한 사람이라도 신비스런 능력을 소유하게 되었는지는 아무도 알 수 없었다. 한 가지 분명한 것은 처음엔 굉장히 열광적이었던 사람들이 이제는 조용해졌을 뿐 아니라 아무도 입을 열지 않고 침묵하고 있다는 것이었다. 그들 중 정말 신비의 능력을 소유하게 된 사람이 있음에도 불구하고 그것을 비밀로 유지하고 있는 것인지, 아니면 그들 모두 헛된 꿈을 꾸었던 것을 부끄러워하며 입을 다물고 있는 것인지는 모르겠지만, 내가 보기에는 아마도 후자의 경우처럼 보였다.

마치 폭풍 후의 고요처럼 사방이 조용해졌다.

"결국 이 모든 게 다 헛것이었단 말입니까? 아! 내 기대와 꿈이 다 헛것이었단 말인가!" 나는 한탄하였다.

"앞으로 그 꿈이 이루어질지 모르지 않소? 그 꿈은 언제 누구에게 이루어질지 아무도 알 수 없소." 해석자가 응답하였다.

"나보다 더 학식이 많은 사람들 수천 명 중에도 이루어지지 않은 꿈이 내게 과연 이루어질 수 있단 말인가요? 더 이상 여기에 있고 싶지 않습니다. 여길 떠납시다." 나는 말하였다.

제14장
의학자들을 살펴보는 순례자

해부

1. 물리학자들과 화학자들의 강당 사이에 난 골목길로 걸어갔더니 광장이 하나 나왔다. 그곳에서는 끔찍한 광경이 펼쳐지고 있었다. 한 사람의 팔과 다리를 다 절단하고 그 사람의 내부 기관을 살펴보고 있었다. 그들은 자기들이 발견한 것들에 대해 비상한 관심을 보이고 있었다. "사람을 마치 짐승처럼 다루고 있군요."

"여기에서는 그렇게 해야 합니다. 인간의 내부를 연구하는 학교이기 때문이지요." 해설자가 대답하였다.

식물학

2. 이러한 관찰을 마치고 그들은 들로 산으로 뛰어 다녔다. 그들은 닥치는 대로 식물들을 채집해서 엄청난 양을 모으고 있었다. 이렇게 채집된 식물들 중에 자기가 원하거나 자기 손에 들어오는 것을 가지고 연구하고 관찰하기 시작했다. 그들은 식물의 길이, 두께, 넓이를 재면서 이 식물이 저 환자에게 맞는다, 저 식물이 저 환자에게 맞는다고 논쟁을 벌이기 시작하였다. 또한 각 약초의 이름을 짓고 그 이름을 암기하는 일도 쉬운 일이 아니었다. 엄청나게 많은 약재들의 이름과 특성을 가장 잘 아는 사람을 선정하여 그에게 식물학박사라는 칭호를 주었다.

의료 행위

3. 사람들이 외상과 내상을 입어 고통당하는 사람들을 의학자들에게

데려왔다. 의사들은 그들의 상처와 염증들을 살펴보고 그 상처에서 흘러나오는 불결한 액체들을 연구하기 시작하였다. 이러한 행위를 가리켜 '검진'이라고 명명하였다. 검진이 끝난 후에 그들은 상처를 치료하기 위해 굽고, 삶고, 끓이고, 식히고, 썰고, 자르고, 꿰매고, 약을 바르고 붕대로 싸고 하는 일을 하였다. 환자들은 엄청난 신음과 고통의 소리를 질러댔다. 의사들이 치료 행위를 하는 중에 환자가 죽어도 의사들을 비난하는 사람들은 없었다. 의료 행위가 사람들을 치료하는 좋은 면이 있음에 틀림없었지만, 그것은 또한 매우 어렵고 힘들 뿐 아니라 비위가 상하는 일임에 틀림없었다.

제15장
법률학자들을 살펴보는 순례자

법의 목적

1. 안내자들은 나를 다른 넓은 강당으로 안내하였다. 그곳에는 다른 어느 곳보다 업적이 뛰어난 사람들이 모여 있었다. 벽을 빙 둘러 펜스, 레일, 칸막이 등이 설치되어 있었다. 이런 설치물들 사이에는 구멍, 틈, 문, 볼트, 자물쇠 등이 있었고 크고 작은 열쇠들과 고리들이 있었다. 사람들은 언제 어떻게 이런 설치물들을 통과할 수 있는가를 가늠하고 있었다. "이 사람들은 무엇을 하고 있는 겁니까?" 하고 물었더니 이 사람들은 각자 자기의 재산을 유지하거나 남에게 양도하거나 남의 재산을 정당하게 취하는 방법들을 살피고 있는 것이라는 설명을 듣게 되었다. "이것은 참 좋은 일이군요." 하고 나는 응답하였다. 하지만 자세히 살펴

보니 그렇지도 않음을 깨닫게 되었다.

법의 관심

2. 무엇보다 법의 최고 관심사는 인간의 영혼, 정신, 건강 같은 것보다는 인간의 소유와 물질에 관한 것임을 알 수 있었다. 그 소유와 물질을 통해 인간이 얻게 되는 행복 못지않은 고통, 수고, 번민 또한 있음을 알게 되었다.

법의 기초

3. 법이라는 것은 기본적으로 그 법률 제정에 종사하고 관할하는 사람들의 마음에 따라 좌우되는 것임을 볼 수 있었다. 어떤 법이든 일단 그런 식으로 한번 만들어지게 되면 다른 사람들은 영문도 모르고 무조건 복종하도록 되어 있었다.

법의 복잡성

펜스, 레일, 칸막이들을 설치하는 사람이 있는가 하면, 어떤 사람들은 그것들은 부수는 사람들도 있었다. 이것은 서로 모순 되는 일이 아닐 수 없었다. 어떤 사람들은 서로 입장과 이해가 상충되어 서로 머리를 맞부딪치는 사람들도 있었다. 천 년에 한 번 있을까 말까 하는 사소한 문제를 놓고 엄청난 논쟁과 시비를 벌이는 것을 보고 놀라지 않을 수 없었다. 그 논쟁과 시비 저변에는 자신의 명성과 자존심을 걸고 있는 것이 대부분이었다. 어떤 한 사람이 기존에 설치된 펜스, 레일, 칸막이들을 부수고 새로운 시설물들을 설치할 때 그는 스스로의 능력에 만족해하였고 다른 사람들은 그를 부러워하다 못해 시기하였다. 하지만 그 사람의 그러한 행동에 대해 반기를 들고 나서는 사람이 꼭 생기기 마련이었다. 그래서 논쟁은 끊이지 않았다. 어떤 상황이든 간에 그 상황을 바라보는 시각이 다 다르게 마련이었고 그 상황을 설명하는 방식과 내용은 다 달랐다.

이런 끝없는 논쟁과 시비를 보고 나는 "더 이상 못 견디겠군요. 다른 곳으로 갑시다." 하고 말했다.

"이 세상에 당신 마음에 맞는 곳이 어디 있겠소? 가련한 친구 같으니! 당신은 가장 고상한 직업을 보고도 마음에 들어하지 않는 구려." 해설자 기만은 화를 내며 내 팔을 낚아챘다.

"이 사람에게서는 종교인의 냄새가 나는군. 그를 다른 곳으로 인도해 봅시다. 아마 그가 좋아할 만한 곳도 있을 것 같으니…." 안내자 '편재'가 말을 거들었다.

제16장
석사와 박사들의 승진을 살펴보는 순례자

1. 마치 사람들을 불러모아 축하연을 벌이려는 듯 나팔 소리가 울려 퍼졌다. "저쪽으로 한번 가 봅시다. 뭔가 볼 만한 일이 있을 것 같습니다." 탐구자는 무슨 일이 일어날지 알고 있기라도 한 듯 말하였다.

"무슨 일일까요?" 나는 물었다.

"열심히 학업을 해서 드디어 소기의 성과를 거둔 사람들의 공적을 치하하려는 것 같네요. 그들의 공적은 다른 사람들의 귀감이 되지요." 탐구자는 대답하였다.

나는 호기심에 가득 차서 사람들을 따라가 보았다. 총장의 머리 위에는 차양이 드리워져 있었고 그는 종이로 만든 홀을 들고 있었다. 사람들은 차례차례 순서에 따라 자기의 학문적 기본 능력을 검증 받기 위해 앞으로 나오고 있었다. 그들의 학문적 기본 능력이 검증되고 나면 그들의 전공 분야에 따른 논문을 써 보도록 요청 받았다. 철학, 의학, 법학 등의 다양한 분야의 논문이 제출되었다. 이러한 논문이 잘 통과될 수 있도록 그들은 지갑 속에 든 돈으로 손바닥에 윤활유를 바르기도 하였다.

2. 총장은 학위 후보자들 한 사람 한 사람의 머리에 명칭을 써 붙였다. 인문학석사, 의학박사, 민법 및 교회법 강사 자격증 등. 총장은 이러한 명칭들 위에 자신의 직인을 찍어 주었다. 그는 폐회를 선언하였고 사람들은 흩어지기 시작하였다.

"뭔가 더 남아 있나요?" 나는 물었다.

"이 정도면 충분하지 않습니까? 모든 사람들이 학위를 취득한 사람들을 위해 길을 비켜 주는 것이 보이지 않나요?" 해설자는 대답하였다.

3. 하지만, 학위를 취득한 후에 그들의 삶이 어떻게 전개되는지 궁금하였기에 석사학위를 취득한 사람의 삶을 관찰해 보았다. 그에게 수학 계산을 해 보라고 사람들이 요청하였지만 그는 계산을 하지 못했다. 별들의 이름에 관해 말해 보라고 했지만 그는 하지 못했다. 삼단논법에 대해 설명해 보라고 했지만 그는 하지 못했다. 외국어를 해 보라고 했지만 그는 하지 못했다. 연설을 해 보라고 했지만 그는 하지 못했다. 읽고 써 보라고 했지만 그는 하지 못했다. "참 한심한 노릇이네! 일곱 과목을 공부한 석사라면서도 아는 게 없군."

"이 사람은 모를지 몰라도 다른 석사 학위 소유자들은 알지도 모르지. 모든 사람이 유능한 건 아니니까." 해설자가 대답했다.

"학교에서 그렇게 많은 시간을 보내고 교육을 위해 많은 돈을 투자해서 학위를 취득했는데도 기본적인 것들을 모른다는 것은 말이 되지

세상의 미로와 마음의 낙원

않습니다. 그런 공부라면 할 필요가 없을 것 같군요."

"대체 그 불평과 비판을 언제 멈출 거요? 계속 그런 식으로 비판하다 보면 그 비판에 대한 대가를 치르는 날이 오게 될 거요." 해설자는 나를 힐난하였다.

"석, 박사들이 수많은 과목들을 공부하고서 모든 것을 알든 모르든 나는 이제 상관하지 않겠소. 다른 곳으로 가 봅시다." 나는 대답하였다.

제17장
종교인들을 살펴보는 순례자

이방인들

1. 그들은 다양한 형태로 지은 교회와 사원들이 있는 광장으로 나를 안내하였다. 많은 사람들이 교회로 들어가고 나오고 있었다. 우리는 가장 가까운 사원으로 들어갔다. 그 사원의 온 사방엔 남자, 여자, 새, 나무, 동물, 해, 달, 별, 심지어 무서운 형상을 한 마귀의 모습들이 동상이나 조각으로 새겨져 있었다. 이 사원에 들어온 사람들은 자기 마음에 맞는 대상을 골라 그 앞에 무릎 꿇고 경배하고 향을 피우고 희생 제물을 드리고 있었다. 그곳에 있는 모든 사람들은 각각 자기 방식으로 제사를 드리고 있었다. 다른 사람의 제사 방식에 참견하거나 이의를 제기하는 사람이 하나도 없는 것을 보고 놀라지 않을 수 없었다. 이런 모습은 다른 어디에서도 볼 수 없는 광경이었다. 그때 갑자기 어떤 역한 냄새가 코를 찔러 그곳을 황급히 빠져 나오게 되었다.

유대인들

2. 우리는 다른 사원에 들어갔다. 그곳은 온통 흰색으로 되어 있었고 깨끗이 정돈되어 있었다. 그곳엔 사람의 모습 외에는 아무 형상도 새겨져 있지 않았다. 그들은 머리를 흔들며 무언가를 중얼거렸다. 그들은 일어나 귀를 막고 입을 크게 열고 늑대 울음소리 같은 소리를 내기도 하였다.

탈무드의 탄생

이 유대인들은 함께 모여 어떤 책을 열심히 들여다보기 시작했다. 가까이 다가가서 보니 날개 달린 짐승, 날개 없는 새, 인간의 얼굴을 한 짐승, 짐승의 발을 한 인간, 몸은 하나이지만 머리가 여럿 달린 생물, 머리는 하나인데 몸이 여럿 달린 생물 등 기괴한 그림들이 그려져 있었다. 어떤 생물은 꼬리 부분에 머리가 달려 있었고 어떤 생물은 머리 부분에 꼬리가 달려 있었다. 어떤 생물은 배 부분에 눈이 달려 있었고 등 뒤에 발이 달려 있었다. 어떤 생물은 눈, 입, 발의 수가 셀 수 없이 많았고 이런 기관들이 아예 없는 생물도 있었다. 다리가 발보다 더 짧은 생물, 다리가 엄청나게 긴 생물, 두께가 손가락 정도밖에 안 되는 생물이 있는가 하면 드럼통같이 굵은 생물도 있었다. 한 마디로 모든 것들이 상상을 초월할 만큼 기괴하였다. 그럼에도 불구하고 그들은 이 책에 들어 있는 그림들이 역사상에 존재했던 생물들을 그린 것이라고 주장하였다. 이러한 괴물들의 그림을 대단히 중요하고 고상한 것처럼 존중했을 뿐 아니라 젊은이들에게 이것이 하나의 신비인 것처럼 설명하고 있었다.

"이런 괴물들을 존중하고 좋아하는 사람들이 있다는 게 신기할 뿐입니다. 여길 떠나 다른 곳으로 갑시다." 다른 곳을 향해 나아가면서 바라보니, 이 유대인들이 다른 여러 민족들 틈에 섞여 걸어다니는 것이 보

세상의 미로와 마음의 낙원

였다. 하지만 사람들은 유대인들을 싫어하였고 그들을 조롱하였다.

회교도들

3. 우리는 또 다른 사원으로 들어갔다. 그 사원은 둥근 모습을 하고 있었고 다른 사원들 못지않게 아름다웠다. 그 사원의 벽과 바닥의 카펫에 쓰인 글들 외에는 아무런 장식도 없었다. 그 사원의 사람들은 대체로 조용하였고 종교적으로 엄숙하게 행동하였다. 그들은 흰옷을 입고 있었고 청결한 것을 좋아하였다. 그들은 몸을 자주 씻었을 뿐 아니라 자선금을 내어놓았다. 이들의 모습이 좋아 보여 그들에게 저절로 호감이 생기기 시작했다.

"이 사람들의 삶과 행동의 규범은 무엇일까요?" 나는 물어보았다.

"그들은 그 규범을 옷 속에 넣어 갖고 다니죠." 탐구자가 대답하였다.

그 옷 속에 들어 있는 규범이 무엇을 의미하는지 알기를 원했지만, 그 규범의 해설자 외에는 누구도 그 규범을 볼 수 없다고 그들은 내게 대답했다. 하지만 운명의 주(Lord Fate)께서 내게 모든 것을 볼 수 있도록 허락하셨음을 상기시키면서 그것을 보어 달라고 주장하였다.

코란의 요약

4. 나의 안내자들은 그 규범을 내게 보여 주었다. 그 규범 속에 그림이 하나 들어 있었는데, 그것은 나무뿌리가 하늘을 향해 뻗어 있고 그 줄기가 땅속에 묻혀 있는 그림이었다. 그 나무 주위엔 많은 두더지들이 땅을 파고 있었다. 그 중에 제일 몸집이 큰 두더지가 일어나 걸어다니며 다른 두더지들의 작업을 감독하고 지시하고 있었다. 그 나무줄기들은 온갖 종류의 좋은 열매들을 많이 맺으며 두더지들이 그 열매를 먹고 산다고 안내자들이 내게 설명해 주었다. "이것이 곧 그들의 종교입니

다." '탐구자'가 내게 말해 주었다. 회교도들의 삶과 행동의 규범은 일종의 공중에 뜬 가정(假定) 위에 기초해 있었다. 그러한 가정이 가져다 주는 열매는 땅속에 묻혀 있는 것이기에 그들은 그러한 열매를 얻기 위해 무작정 땅속을 헤집고 다니는 것이었다. 그들은 그들이 찾지 못했을 뿐, 분명히 땅속 어딘가에 열매가 있다고 믿으며 마음에 위로와 위안을 얻으며 살고 있음을 볼 수 있었다.

힘에 기초한 회교도들

5. 그곳을 떠나며 나는 안내자에게 물었다. "이 사람들은 자기들의 종교적 기초가 분명한 진리임을 어떻게 증명할 수 있을까요?"

"이쪽으로 와 보시죠." 안내자는 내게 보여 주었다.

흰옷을 입고 몸을 청결하게 씻은 회교도들은 눈에 불을 켜고 입술을 꽉 깨물고서 엄청난 괴성을 지르며 달려 나가고 있었다. 그들은 누구를 만나든 만나는 사람들을 칼로 쳐서 쓰러뜨려 그들이 죽인 사람들의 피가 강처럼 흘러 내렸다.

나는 깜짝 놀라 도망치며 물었다. "이 사람들이 왜 이러는 겁니까?" "그들은 그들이 믿는 종교에 관해 논쟁하다가 코란이 진리임을 주장하기 위해 이런 살육을 하는 겁니다." 안내자가 대답하였다.

페르시아인과 터키인 사이의 코란에 관한 논쟁

6. 우리는 회교도들의 사원으로 다시 들어갔다. 그 속에서는 제일 몸집이 큰 두더지, 즉 대장 두더지의 모습이 그려진 도표를 놓고 논쟁이 벌어지고 있었다. 어떤 사람은 대장 두더지 혼자서 모든 일들을 지휘한다고 주장하였고, 어떤 사람들은 그가 다른 두 부관을 통해 일을 지휘한다고 주장하였다. 그들의 논쟁이 점점 치열해진 나머지 그들은 서로

세상의 미로와 마음의 낙원

칼과 불을 가지고 마치 적과 싸우듯 싸우기 시작하였다.

제18장
그리스도교를 살펴보는 순례자

1. 내가 놀란 것을 바라본 안내자는 이렇게 말했다. "이제 다음 장소로 이동합시다. 여러분에게 그리스도교를 소개하는 곳을 보여 드리겠습니다. 그리스도교는 하나님의 확실한 계시를 토대로 설립된 종교로서, 무식한 사람이나 유식한 사람 모두를 만족시켜 줍니다. 그리스도교는 천상의 진리를 분명하게 제시해 주는 한편 그와 반대 되는 오류들을 가차 없이 무너뜨립니다. 그리스도교를 대표하는 말은 일치와 사랑이며, 그것은 현재까지도 여전히 유효합니다. 수많은 역경 속에서도 그리스도교가 무너지지 않을 수 있었던 것은 바로 사랑과 일치라는 정신 때문이었습니다. 이러한 일치와 사랑의 힘은 하나님께로부터 나온다는 것을 여러분은 쉽사리 이해할 수 있습니다. 따라서 여러분은 그리스도교에서 참 위안을 발견할 수 있을 것입니다." 이와 같은 설명을 듣고 나는 기뻤다. 그리고 우리는 그리스도교를 상징하는 곳으로 계속 더 들어가 보았다.

세례

2. 그리스도교를 표현하고 있는 곳에 도착했을 때, 나는 반드시 통과해야만 하는 문 하나를 보았다. 그 문에는 한 사람 한 사람이 지나가며 손을 씻고, 백색 혹은 적색의 표지를 받아야 하는 물이 놓여 있었다. 그

곳에서 자신의 법과 규칙, 행함을 위한 신앙, 행함을 위한 기도, 의식에 대한 준수를 결단해야 한다. 그리고 이것은 사물들의 고귀한 질서의 시작에 관한 것으로서 나를 기쁘게 했다.

말씀 선포

3. 그 문을 통과하여 앞으로 나가면서, 나는 다른 사람과 구별되는 예복을 입고 서 있는 몇 사람을 보았다. 그들은 감탄할 정도로 정교하게 그려진 그림 하나씩을 들고 강대 위 여기저기에 서 있었다. 그 그림은 금과 같은 것으로 장식하지 않았으며, 화려한 색깔로 꾸미지도 않았다. 또한 그 그림은 멀리서는 잘 보이지도 않았다. 따라서 나는 멀리 떨어진 곳에 서 있는 사람들이 들고 있는 그림이 잘 보이지 않아서 그 아름다움을 감상할 수 없었다. 반면 가까이 서 있는 사람들이 들고 있는 그림은 몇 번을 다시 보아도 싫증나지 않을 만큼 아름다웠다.

그리스도의 형상

4. 예수 그리스도의 형상을 전달하는 사람들은 그 형상을 몹시 기리고 있었다. 그들은 그리스도를 하나님의 아들이라고 부르며, 하나님의 모든 미덕이 그리스도 안에 나타난다고 말했다. 그들은 그리스도께서 사람들이 당신의 모범을 따라 삶을 영위하도록 하늘에서 지상으로 파송된 분이라고 말했다. 크나큰 기쁨과 찬양이 있었다. 무릎을 꿇고 하늘을 향해 손을 들고 회중들은 하나님을 찬양했다. 이 광경을 보면서 나 역시 그들처럼 목소리 높여 이곳으로 나를 인도한 하나님을 찬양했다.

그리스도인의 영적 축제

5. 한편 나는 모든 사람이 그리스도의 형상에 적합하게 살아야 한다

세상의 미로와 마음의 낙원

는 다양하고 수많은 충고를 들었다. 또한 나는 그들이 여러 장소에 함께 모여 그리스도의 형상을 전달하도록 위임받은 사람들이 한 보자기 속에서 그리스도의 형상을 꺼내어 사람들에게 나눠 줌으로써 자기 역할을 수행하는 것을 보았다. 그에 응답하여 사람들은 경건하게 입으로 그 형상을 받았다. 나는 그것이 무엇을 의미하는지를 물었다. 그들은 단지 외면에 나타난 형상만을 보아서는 그 의미를 충분히 파악할 수 없었기 때문에, 내면에 존재하는 아름다움을 봄으로써 인격에 변화가 일어난다고 설명해 주었다. 나는 그 메시지에 의존하여 나 스스로, 그리스도인들을 악에 반대하는 그와 같은 치유와 도움을 소유한 축복 받은 사람들로 칭찬했다.

그리스도인들의 무절제

6. 한참 동안 나는 이미 자신의 내면세계 속에 하나님을 모신 몇몇 사람들을 눈여겨보았다. 점차 그들은 알코올 중독과 싸움과 부적절한 성 행위와, 탈취와 도둑질로 스스로 포기했다. 나는 그들이 술을 지나치게 마시고, 구토하고, 싸우고, 속이고, 훔치고, 남의 것을 베껴 쓰고, 폭력을 휘두르고, 변덕스럽기 짝이 없이 이웃을 대하고, 가래 끓는 소리를 그르렁그르렁 내고, 쇳소리로 비명을 지르고, 성 범죄를 저지르는 것을 보고 나의 눈을 의심했다. 요컨대 그들은 그들 자신이 말씀의 권면과 그 권면에 대한 서약에 상반되는 행실을 했다. 이러한 광경을 목격하면서 나는 한없이 서글퍼져서, "하나님의 구원에 대해서 도대체 여기서 무슨 일이 벌어지고 있단 말인가요? 나는 뭔가 좀 다른 것을 기대하지 않았는가요?"라고 말했다.

해설자가 대답했다. "너무 놀라지 마세요. 그리스도를 본받으려고 하지만 그만 나약함으로 인해 온전한 단계에 이르지 못하게 됩니다. 다

른 사람들을 안내하는 사람들은 그렇지 않은 사람보다 더 완전해야 합
니다. 하지만 평범한 사람들은 돌봄을 받아야 합니다. 인도자가 그를
따르는 사람과 똑같아서는 안 됩니다."

그래서 나는 "이러한 인도자들과 함께 갑시다. 나는 그들을 바라볼
것입니다."라고 말했다.

설교자들의 메마름에 관하여

7. 이어서 나의 안내자는 나를 설교단에 서 있는 사람들에게 데려갔
다. 그들은 사람들에게 그리스도의 형상을 사랑해야 한다고 권면했다.
그러나 그들의 말은 무기력하기 짝이 없어 보였다. 왜냐 하면 만일 어
떤 사람이 그들의 말을 준수하고 잘 따랐다면 그 권면은 한없이 좋은
것이었다. 그러나 만일 따르지 않았다면 그 권면은 단지 들어도 그만,
듣지 않아도 그만인 그런 말이었다. 몇몇 설교자는 아주 귀에 거슬리는
말을 했다. 그들은 말씀에 복종하지 않는 사람들에게는 하나님께로 가
는 문을 잠가 버릴 수 있는 권한을 자신들이 가지고 있다고 강변했다.
동시에 말을 잘 듣지 않는 사람을 그 누구도 들어갈 수 없게도 할 수 있
다고 소리 높였다. 만일 그 설교자들이 천국문의 열쇠를 쥐고 있었다
면, 그들은 마치 장난조로 그렇게 하는 것 같았다. 실제로 나는 그들이
공공연하게 그렇게 행하는 것을 목격했다. 이에 대해 심하게 표현한다
면, 그들은 설교가 아니라 악담을 퍼붓는 것이라고 말할 수 있을 것이
다. 그러므로 이러한 설교자들의 죄를 말로 떠벌리지 않고 서면으로 항
거했다. 그러나 그들의 풍자는 잘못된 설교자들을 준엄하게 나무라는
데 부족함이 없었다. 사람들은 이제 그 설교자들에게서 돌아섰다. 오늘
선포되는 메시지도 듣지 않았다. 또한 한 걸음 더 나아가 그들이 설교
단에 서지 못하게 했다. 그 대신 그들보다 나은 설교자들을 초빙했다.

나는 이 광경을 보고 외쳤다. "그들이 지도자 혹은 상담자로서 자신들을 추종하고 맹종하는 사람들을 만들려고 했다는 사실이 얼마나 어리석은 짓인가?" 그러자 해설자가 다음과 같이 말해 주었다. "그와 같은 일은 세속 사회에서는 아주 흔히 일어나고 있습니다." "만일 그렇게 소리 높여 떠벌리는 사람들이 완전한 자유를 얻었다면, 그들은 감히 그런 짓을 해서는 안 된다는 것을 알았을 것입니다. 그들 역시 한계가 있다는 것을 보여 주고 있는 것임에 틀림없습니다."

그리스도인들 가운데에서 성직자들의 음탕함

8. 나는 다음과 같이 말했다. "설교자들이 설교단에서 내려와 집에 돌아가서는 어떻게 살고 있는지 살펴보러 갑시다. 나는 적어도 그들이 자신들을 간섭하거나 끼어드는 사람이 한 사람도 없이 완전히 자유롭다는 사실을 압니다." 우리는 성직자들만이 살고 있는 곳으로 들어갔다. 나는 그들이 기도를 드리거나, 신앙의 신비를 찾아 정진하고 있기를 기대했다. 그러나 불행하게도 나는 그들이 깃털을 넣은 침대 위에서 코를 골면서 자고 있거나, 빈둥거리면서 앉아 있거나, 식탁에 앉아 말 없이 술을 마시고 있거나, 다른 음식을 게걸스럽게 먹고 있는 것을 목격했다. 몇몇 성직자는 춤을 추고 있거나, 방안 이곳저곳을 뛰어 다니고 있었다. 또 다른 성직자들은 그들의 지갑이나, 여행용 가방이나, 비밀 서랍 속에 돈을 채워 넣고 있었다.

몇몇 성직자는 등산용 구두, 단도, 칼, 구식 소총 등을 챙기면서 시간을 보내고 있었다. 또 다른 성직자들은 개를 데리고 토끼사냥을 하고 있었다. 그들은 성경과 함께 보내는 시간을 극히 적었다. 몇몇 성직자들은 자신들이 성경의 교사로 부름을 받았음에도 불구하고, 심지어 그 경전을 아예 들여다보는 적이 없기까지 했다. 이런 모습을 보면서 나는 다음과 같이 말했다. "이런 모습은 비극입니다. 이런 성직자들을, 어떻게 우리가 교우들을 하나님 나라로 이끌고 있는 지도자나 덕스러운 모범으로 여길 수 있다는 말입니까? 사기나 속임수가 없는 성직자들을 어디에서 발견할 수 있단 말입니까?"

내가 성직자들의 불규칙적인 생활을 애석해한다는 말을 듣고, 몇몇 사람들이 나를 곁눈질로 흘끗흘끗 흘겨보고 중얼거리기 시작했다. 만일 내가 위선자나 천박하게 성인 흉내를 하는 사람을 찾고 있었다면, 이곳이 아니라 다른 곳에서 찾아야 할 것이라고 그들이 내게 말했다. 왜냐 하면, 그들은 교회와 집 양쪽에서 자신들에게 부과된 의무를 어떻게 수행해야 하는지, 그리고 세상 사람들과 어울리는 세속적 방법을 아주 잘 알고 있었기 때문이다. 그래서 나는 말을 하지 말고 침묵하라는 강요를 받았다. 그러나 성직자 의복 위에 쇠비늘 갑옷을 입거나, 가톨릭 성직자가 쓰는 모자 위에 헬멧을 착용하는 것은 해서는 안 될 행위였다. 한 손에 하나님의 법을 가지고 있으면서, 또 다른 한 손에 칼을 가지는 일은 해서는 안 될 행위였다. 다른 사람들이 보이는 곳에서는 베드로의 열쇠를 가지고 있다고 소리치면서, 보이지 않는 곳에서는 가룟 유다의 지갑을 꿰차는 일을 해서는 안 될 행위였다. 가끔 제정신이 들 때는 성경을 그런대로 훈련시키다가도, 또 다른 데서는 교활하게 살아가는 것은 해서는 안 될 행위였다. 말은 아주 경건하게 구사하면서도, 바라보는 눈길은 방종하기 짝이 없는 것은 해서는 안 될 행위였다.

그들이 하늘의 은사로 다른 사람들을 돕지만, 자신들을 돕지 못하다

9. 특별히 나는 매우 유창하고 경건한 설교를 선포하며 자신들과 다른 사람들에 의해 하늘에서 타락한 천사들보다 매우 훌륭하다는 평가를 받고 있었던 성직자들을 눈여겨보았다. 그러나 그들의 개인 생활에

세상의 미로와 마음의 낙원

휴식시간이 없다는 것이 흠이었다. 나는 더 참지 못하고 그만 다음과 같이 말할 수밖에 없었다. "선한 일들이 흘러 나가는 파이프들을 보십시오. 그것들이 자신을 위해서는 아무것도 남겨 두지 않은 채 아낌없이 쏟아놓는 것을 보십시오." 그러자 해설자는, "신령한 문제들을 유창하게 말한다는 것은 하나님의 은사입니다."라고 말했다. 그때 내가 그 말에 가세하며, "설득력 있게 말할 수 있다는 것은 참으로 하나님의 은사입니다. 그러나 말만 잘한다고 그것이 전부는 아닙니다."라고 말했다.

감독들의 무질서

10. 한편 나는 모든 성직자들이, 모든 사람들이 존경하고 있는 매우 중요하고 저명한 사람들인 감독들, 추기경들, 수도원장들, 선배 성직자들, 학장들, 감리사들, 감사원장 등과 같은 고위직에 있는 사람들을 모시고 있는 것을 보았다. 나는 '그런데 그들은 왜 순서대로 더 낮은 직으로 순환하지 않을까?'라고 생각했다. 그 이유를 파악하고 싶어서 그들은 방 뒤쪽에 자리한 첫번째 방, 두 번째 방, 세 번째 방, 네 번째 방에서 바쁘게 일하는 것을 훑어보았다. 나는 그들이 심하게 두려워하면서 바쁘게 움직이고 있었기 때문에, 주변에 어떤 사람이 와도 쳐다볼 여유가 없었다. 그들이 하는 일은 다른 사람들이 다른 사람들과 함께 하는 일상적인 일들 이외에 교회의 재산과 수입원의 중요한 사안들의 기록들을 보관하는 것이었다. 나는 "내가 실수로 그들을 영적인 신부로 부르게 되지 않을지, 그들이 수입을 챙기는 신부들로 불려야 하는지 의아하게 생각한다."고 말했다. 그러자 해설자는 "교회는 주 하나님께서 선물로 주신 모든 것과 경건한 선조들이 남긴 것들을 헛되이 낭비해서는 안 된다는 사실을 유의해야겠지요."라고 응답했다.

그때 그들 중 한 사람, 자신의 허리띠에 두 개의 열쇠를 차고 있었던 베드로라고 부르는 사람이 한 걸음 올라서서, "형제 여러분, 우리가 하나님의 말씀 봉사와 식탁 봉사와 헌금 관리 봉사를 할 때 가볍게 경시하는 것은 옳지 않습니다. 평판이 좋은 사람들을 선택해서 그들에게 이 일을 맡기도록 합시다. 그리고 기도와 말씀의 목회에 더 열심을 냅시다."라고 말했다. 나는 이 말을 들으면서 그것이 곧 내가 평소에 생각하던 것이었기 때문에, 훌륭한 충고라고 여기면서 기뻤다. 그러나 그들 중의 어느 누구도 그 말을 귀 기울여 듣지 않았다. 그들은 돈을 세고, 수입을 올리고, 쓸데없는 곳에 돈을 함부로 지출하는 일을 중단하지 않고 계속했다. 그들은 기도하는 일과 말씀을 전하는 일은 다른 사람들에게 함부로 맡기거나, 자신들이 해야 할 일들을 성급하고 가볍게 처리해 버리곤 했다.

11. 그들 중 한 사람이 죽고 다른 사람에게 그 자리를 계승해야 할 때마다, 나는 매우 뽐내며 다투면서 추천을 받는 것을 목격했다. 각자가 푸대접받기 전에 한 사람 한 사람이 사무실로 밀려들어오고 있었다. 공석을 채우는 데 책임을 진 사람들이 후보자들로부터 추천서를 받았다. 그 추천서의 내용은 다양했다. 첫째 후보는 자신이 전임자의 친척이라고 했다. 둘째 후보는 전임자가 자기 아내의 친척이라고 했다. 셋째 후보는 전임자의 조상으로서 오랫동안 봉사해 왔고, 얼마의 보수를 원하는가에 대해서도 기록했다. 넷째 후보는 자기가 부양해야 할 가족에게 꼭 그 자리에서 일할 것을 약속했다고 했다. 다섯째 후보는 자신이 영예로운 부모였기 때문에 명예직을 가져야 한다고 했다. 여섯째 후보는 이런저런 곳에서 칭찬을 받았노라고 진술했다. 일곱째 후보는 추천서와 함께 책상 아래에 선물을 두고 갔다. 여덟째 후보는 더 깊고 높고 넓은 생각으로 그 자리를 발전시키겠다고 했다. 그리고 그 외에 어떤 내용이 있었는지 나는 알지 못했다. 이러한 장면을 목격하면서 나는 한마

디 언급했다. "그 자리는 분명히 밀어붙여서 차지하려는 것은 적당하지 않습니다. 초빙을 받을 때까지 겸허하게 기다리는 것이 오히려 옳다고 생각합니다." 그러자 해설자가 다음과 같이 설명해 주었다. "그 자리에 마지못해 자신이 맡겠노라고 수락하는 사람들을 초빙해야 할까요? 오히려 그 자리는 자신이 적임자라고 잘 서술하는 사람에게 맡겨 봅시다." 나는 "내가 자기가 먼저 나설 것이 아니라 하나님의 부르심을 기다려야 할 것을 생각합니다."고 말했다. 그러자 해설자가 다음과 같이 대답해 주었다. "그러면 당신은 그 자리에 천상에 있는 누군가를 초빙해야 한다고 생각하십니까? 하나님께서는 이 세상에서 성실하게 살아가는 사람들을 부르십니다. 그리고 하나님의 부르심을 받으려고 준비하는 사람은 어느 누구나 자유롭게 소명을 받을 수 있습니다."

나는 대답했다. "잘 알겠습니다. 교회의 봉사를 위해 오려고 하지 않는 사람을 억지로 초빙하여 데려오는 것은 적당하지 않다는 말씀이군요. 그런 방식으로 초빙하면 오히려 부적당한 사람이 오고, 적당한 사람은 오지 못하는 결과를 낳을 수도 있겠어요. 더욱이 만일 누군가가 지지를 얻으려고 한다면 교회 앞에 겸손과 정숙, 그리고 근면한 태도를 보여야겠지요. 그리고 나는 그런 모습을 보여 주는 사람을 여기에서 보지도 못하고 듣지도 못했습니다. 당신이 원하는 바를 피력해 보세요. 그러나 그런 일들은 무질서를 초래합니다."

행함이 없는 신앙을 가진 그리스도인의 신뢰

12. 해설자가 나의 결연한 태도를 보고 다음과 같이 말해 주었다. "그리스도인과 신학자의 생활이 가끔 자신이 믿는 신앙과 조화를 이루지 못하는 것이 사실입니다. 그러나 비록 그리스도인들이 심술궂게 산다 해도 임종을 잘 맞기도 합니다. 구원은 행위에 기초하기보다 신앙에

기초합니다. 만일 참 신앙을 지니고 있다면 구원을 얻는 데 실패할 수가 없습니다. 그리스도인들의 생활이 단정하지 못하다는 것에 놀라지 마십시오. 그들의 신앙만 굳건하다면 그것으로 충분합니다."

신앙에 대한 논쟁, 거룩한 복음이 시금석

13. 나는 "그들이 적어도 신앙에 대해서는 모두 동의하겠지요."라고 질문했다. 그러자 해설자가 다음과 같이 대답했다. "사람에 따라 약간의 차이는 있습니다. 그러나 그것이 무슨 큰 문제이겠습니까? 그들은 모두 동일한 기반을 가지고 있습니다." 그런 다음 그들은 내가 사슬로 매달아 놓은 크고 둥근 돌을 목격한 큰 교회의 중앙 기둥이 서 있는 뒤쪽으로 나를 인도했다.

그들은 이것이 삶의 시금석이라고 말했다. 선두에 선 사람들이 시금석으로 가까이 다가갔다. 다가서는 그들의 손에는 각자 금, 은, 철, 줄, 한 줌의 모래, 혹은 금속조각 등이 있었다. 그런 다음 각자 가지고 온 물건들을 그 돌에 문지르며 감탄했다. 또 다른 사람들은 그 광경을 뒤에서 바라보고 있었다. 그들은 서로 외치기 시작했다. 왜냐 하면 아무도 그 물건을 향해 세게 던지는 무례함을 나무라는 사람이 없었기 때문이다. 또한 다른 사람들이 지니고 있는 물건을 인정하는 사람도 없었다. 그들은 서로 비난하고 저주하며, 머리에 쓰고 있는 것이라든가 귀 등을 잡아채고 끌어당겼다. 몇몇 사람은 돌의 색깔에 대해서 서로 다른 의견을 나타냈다. 몇 사람은 그 돌이 청색이라고 단정했다. 몇 사람은 또 녹색이라고 주장했다. 몇 사람은 또 백색이라고 확신에 차서 말했다. 몇 사람은 또 흑색이라고 말했다. 아주 극소수만이 그 돌은 만질 때마다 색깔이 변하는 것 같다고 주장했다. 몇 사람은 그 돌을 가루로 부수어서 진짜 색깔이 무엇인지 봐야 한다고 충고했다. 몇 사람은 그와는 정

반대 의견을 내놓았다. 여전히 몇 사람은 한 걸음 더 나아가서 그 돌이 사람들 사이에 불화를 야기하는 원흉이라고 지적하면서, 차라리 끌어내려서 화해를 이룰 만한 곳으로 그 돌을 옮기는 것이 낫다고 말했다. 꽤 저명한 사람들이 있었는데, 그들 중 몇 사람이 이 의견에 동의했다. 또 한 그룹은 이러한 제안에 반대했다. 사실상 몇 사람은 싸움이 격렬해지면서 죽임을 당하기까지 했다. 그러나 그 돌은 여전히 그대로 남아 있었다. 왜냐 하면 둥글고 매우 부드러웠기 때문이다. 그 돌은 움켜쥐려고 해도 오래 붙잡고 있을 수가 없었다. 그 돌을 붙잡는 즉시 손에서 미끄러져 나가 빙글빙글 돌았기 때문이었다.

그리스도인들이 종파로 분열

14. 그곳을 떠나면서 나는 이 교회 주위로 많은 예배실이 배치되어 있으며 그곳에 시금석을 분산시키는 것에 동의할 수 없었던 사람들이 있는 것을 목격했다. 각 방마다 그를 따르는 사람들의 그룹을 형성했다. 그들은 자신들이 다른 사람들과 어떻게 구별되어야 하는지에 관한 준칙을 정해 주었다. 몇 사람은 불과 불로 자신늘을 표시하려고 했다. 어떤 사람은 자신들의 주머니에 항상 십자가를 준비하여 가지고 다녔다. 몇 사람은 좀 더 완전하게 보이기 위해서 보통 그림보다 훨씬 큰 대형 초상화를 가지고 다녔다. 몇 사람은 그 그림이 기도하는 것을 보여주기 위해 무릎을 꿇는 바리새인과 같은 모습을 나타낸다고 주장했다. 몇 사람은 음악을 관대하게 대할 필요가 없는 바람둥이로 간주했다. 몇 사람은 자신들은 내적으로 영적 계시를 받았기 때문에 더 이상 배울 필요가 없다고 주장했다. 요컨대 이곳의 예배실을 둘러보면서 나는 어느 예배실에서나 흔히 볼 수 있는 몇 가지 특별한 규정을 볼 수 있었다.

예배실 중 가장 불가사의한 것 하나

15. 여러 예배실 가운데 가장 크고 화려한 예배실이 있었다. 금과 같은 값비싼 돌들로 지어진 그 예배실은 번쩍이고 있었다. 나는 특히 그곳으로 초대받아서, 그 어떤 곳보다 아주 즐거운 분위기를 연출하는 모습을 관찰할 수 있었다. 그 예배실의 벽에는 많은 그림들이 있었다. 몇몇 그림은 하늘까지 사다리가 연결되어 있었다. 몇몇 그림은 산들과 언덕들이 겹겹이 쌓여 그것이 하늘까지 닿아 있었다. 또 다른 몇몇 그림들은 날개를 그려 놓고, 그 날개를 붙잡고 하늘에 오르도록 묘사했다. 또 다른 그림들은 날개가 달린 피조물들을 그려 놓았다. 그 그림들은 모두 하늘을 향해 날아오르려고 하는 모습들이었다. 사람들에게 그 그림들을 보여 주면서 칭찬하고 있는 여러 목회자들이 그 그림 속에 있었다. 그림 속 목회자들은 여러 가지 다양한 성의(聖衣)를 입고 있었다. 그들은 여러 가지 예식을 수행하는 자신들이 일반인들과 어떻게 구별되는지 일러 주고 있었다. 은과 금으로 장식된 옷을 입은 성직자들 가운데 한 사람은 높은 보좌에 앉아서 자기보다 낮은 지위에 있는 사람들에게 선물을 나눠 주고 있었고, 그러한 상담자들은 즉시 그들과 동등한 위치에 가 앉았다. 그런 모습은 하나의 좋은 선례로 보였고, 그 어느 곳에서보다 유쾌하게 보였다. 그러나 내가 그들이 하는 모든 일들을 비난하고 저주하면서 공격하는 다른 종파들을 보고는 소스라치게 놀랐다. 특히 나는 그들의 자신 없는 대답과 자기 방어를 보고 깜짝 놀랐다. 한편 그들은 돌을 던지고, 물에 빠뜨리고, 불에 태우고, 칼로 찌르며, 다른 한편 뇌물로 사람들 속이고 있었다. 나는 또한 그들이 불화를 일으키고, 다투고, 질투하고, 서로를 밀어 제치고, 무질서를 야기하고 있는 것을 목격했다. 그래서 나는 다른 그룹을 보기 위해 그곳을 떠났다. 내가 가려는 곳은 '갱신'이라고 불리는 곳이었다.

다른 사람들이 통합을 시도하지만 헛되다

16. 그곳에서 나는 이러한 예배실 중 몇 개(두세 개는 서로 밀접하게 있었다.)는 어떻게 하나가 될 수 있을지 협의 중이었다. 그러나 그들 사이에 절충이란 불가능했다. 각자가 자신이 좋은 자리, 높은 자리를 차지하려 했고, 다른 사람들에게는 그것을 수락하라고 강요했기 때문이다. 더욱 어리석은 사람은 자기에게 어떤 자리에 대한 제의가 들어오면, 그 어느 것도 마다지 않고 덥석 받아들였다. 좀 약삭빠른 사람들은 자신에게 그 자리가 이익이 될 것 같으면 수락하고, 손해가 될 것 같으면 고개를 돌렸다. 그리스도인들의 우유부단함과 혼돈을 보고 나는 충격을 받지 않을 수 없었다.

순례자가 참 그리스도인들을 확인하지 못하다

17. 그러는 한편 몇몇 사람은 이런 논쟁과 관계가 없었다고 주장했다. 그들은 말없이 조용히 걸었고, 깊이깊이 생각했다. 종종 하늘을 바라보기도 했고, 상대방에게 더없이 친절하게 대해 주었다. 그들은 외관상으로는 호감을 주지 못했다. 그들은 누더기 옷을 걸치고 있었다. 금식과 단식을 하느라 말라 보였다. 철없는 사람들은 이 사람들을 보고 깔깔대며 웃고, 조롱하고, 휘파람을 불어대고, 할퀴는가 하면, 머리털을 잡아 흔들어 대고, 발을 걸어 넘어지게 하고, 욕설까지 해 댔다. 그러나 참 그리스도인들은 마치 자신이 시각장애가 있는 것처럼, 청각장애자인 것처럼, 농아인 것처럼, 그 모든 수모를 묵묵히 감내하며 걷고 있었다. 나는 그들이 성가대 석의 커튼 뒤로 그들이 들어왔다 나갔다 하는 것을 보았다. 그들은 도대체 거기서 무엇을 하고 있는지 들여다보고 싶었다. 그러나 해설자는 나를 뒤편으로 이끌었다.

해설자가 다음과 같이 내게 물었다. "당신은 그곳에서 무엇을 보기

원하십니까? 당신도 역시 참 그리스도인들을 보고 깔깔대며 조롱하고 싶습니까? 그곳에 갈 필요가 없습니다." 그래서 나는 해설자의 말을 따르기로 했다. 그러나 나는 불행한 동반자인 기만에 의하여 속임을 당하여 그만 길을 잘못 들었다. 나는 하늘과 땅의 천지의 중심과 기쁨의 충만함과 연결되어 있는 길을 놓쳤다. 나는 하나님께서 다시 미궁에서 구출하여 내가 잘못 들었던 길, 그 지점으로 되돌아갈 때까지 세상의 미로의 미궁으로 인도되었다. 언제 어떻게 이런 일이 발생했는지 후에 다시 자세히 설명할 것이다. 그러나 그때 나는 올바르게 판단하지 못했다. 오히려 외적인 평화와 위안을 추구하면서 나는 다른 풍광들을 그저 생각 없이 바라보고자 급히 자리를 떴다.

성직자의 영내에서 발생한 사고

18. 나는 이 거리에서 발생한 모든 것을 조용하게 지나쳐 버리지 않을 것이다. 편재가 나는 이러한 직업에 속해야 할 운명에 처해 있음을 확신시키면서 성직자와 합류할 것을 계속하여 독려했다. 비록 내가 그들의 모든 관습을 인정하지 않는다 할지라도, 너무 한쪽으로 치우쳐 있다고 고백했다. 나는 모자를 쓰고 겉옷을 입는 것에는 동의하기로 했다. 그리고 내 모자와 겉옷이 주어질 때까지 다른 성직자들 옆에 있는 강단 위로 발을 올려놓았다. 그러나 그들의 뒤에 서 있는 나를 향해 몇 사람이 몸을 돌리는 첫째 그룹의 사람들을 보았다. 두 번째 그룹은 그들의 머리를 흔들었다. 세 번째 그룹은 나를 노려보았다. 네 번째 그룹은 주먹을 흔들어 보이면서 위협했다. 다섯째 그룹은 삿대질을 해 댔다. 여섯째 그룹은 나를 공격했다. 그리고 나를 쫓아내고, 다른 사람을 그 자리에 대신 오게 했다. 나는 깜짝 놀라서 안내자에게 "오, 이렇게 비참한 세상이여, 모든 일이 즉시 사라지고 있습니다."라고 경고하며

달아났다.

해설자가 대답했다. "의심할 필요 없습니다. 왜 당신은 자신을 화나게 만드는 사람들을 피하려고만 합니까? 왜 그들을 돌보려고 시도해 보지는 않습니까? 다른 사람들과 더불어 함께 살기 원하는 사람들은 누구나 그들과 아름다운 조화를 이루어야 합니다. 이웃과 어울리는 사람들은 다른 사람들을 고려해 보지도 않은 채, 그냥 무조건 달아나는 어리석음을 범하지 않습니다."

이 말을 듣고 나는, "잘 모르겠습니다. 그러나 그렇게 잘 참고 어울리는 것이 사람을 쉽게 포기하는 것보다는 낫다고 생각합니다."라고 말했다. 그러자 도처에서 다음과 같이 내게 말해 주었다. "아직은 때가 아닙니다. 아직은 때가 아닙니다." "우리는 쉽게 절망해서는 안 됩니다." "만일 이런 일을 당신이 좋게 보지 않으면 무언가 또 다른 일이 일어날 것입니다. 그저 묵묵히 앞으로 정진하시오. 이제 또 다른 곳으로 옮겨 가 봅시다." 그는 내 손을 끌더니 다른 곳으로 안내했다.

<h1 style="text-align:center">제19장
지배 계층을 살펴보는 순례자</h1>

행정 관리들의 계층

1. 우리는 다음 장소로 옮겼다. 거기에서 나는 여러 좌석을 볼 수 있었다. 높은 좌석도 있었고 낮은 좌석도 있었다. 그 자리는 치안관, 행정관, 의원, 총장, 주지사, 판사, 왕, 왕자, 영주 등이 차지하고 있었다. 해설자는 나에게 설명했다. "여기서 당신은 심판하고, 판결을 내리고, 악

행을 저지르는 이들에게 벌주고, 선행자를 변호하고, 세계의 질서를 지키는 사람들을 보게 됩니다.”

내가 말하기를, “그거 잘된 일이지요. 사람들이 함께 살아가려면 필요한 자리들이겠네요. 그런데 그 사람들은 어느 자리에서 그 자리로 옮겨갔습니까?”라고 물었다.

“몇몇은 내부에서 승진했습니다. 몇몇은 전임자나 공동체 내에서 승계했습니다. 그들은 가장 지혜롭고, 경험이 풍부하고, 사법과 법률에 관한 지식이 가장 많은 사람들입니다.”

“그거 참 잘된 일입니다.”라고 내가 응답했다.

2. 바로 그때 나는 그 높은 자리에 앉은 사람들이 어떤 행위를 하는지 볼 수 있었다. 몇 사람은 뇌물로 그 자리를 움켜쥐었다. 몇 사람은 갖은 구걸을 다하면서 그 자리를 얻었다. 몇 사람은 온갖 아첨을 통해 그 자리를 차지했다. 몇 사람은 완력으로 그 자리를 얻게 되었다. “자, 저 부패를 보십시오.”라고 나는 외쳤다.

“제발 조용히 해 주세요. 당신은 참 오지랖도 넓군요. 당신이 하는 소리를 만일 그들이 들으면 많은 범칙금을 물어야 할 것입니다.”라고 해설자가 경고했다. 이 소리를 듣고 나는 되물었다. “그렇지만 선거에 의해서 선출될 때까지 그들은 왜 기다리지 않는단 말입니까?”

“글쎄요. 그들은 자신들의 능력을 확신할 수 없는가 보지요.”라고 해설자가 대답했다.

3. 그래서 나는 조용히 입을 다물었다. 안경을 다시 고쳐 쓰면서, 나는 그들이 무엇을 하는지 유심히 살펴보았다. 아연실색할 수밖에 없는 일이 내 눈앞에 비쳐지고 있었다. 그들 가운데 아주 극소수만이 온전한 팔다리를 지니고 있었다. 대다수는 팔다리가 부족했다. 몇몇 사람은 불평 소리를 들을 수 있는 귀가 부족했다. 몇 사람은 무질서를 알아차릴

세상의 미로와 마음의 낙원

수 있는 눈이 부족했다. 몇 사람은 의도적으로 불법을 저지르는 악취를 맡을 수 있는 코가 부족했다. 몇 사람은 농아와 민중을 대변할 수 있는 혀가 부족했다. 몇 사람은 정의를 집행할 수 있는 손이 부족했다. 많은 이가 정의를 집행할 수 있는 심장이 부족했다.

4. 그러나 나는 온전한 신체를 가진 사람들이 괴롭힘을 당하고 있는 것을 보았다. 사람들은 끊임없이 그들에 대한 연판장을 돌리면서 기를 꺾어 놓고 있었다. 그래서 그들은 평화로이 먹을 수도 없었고 잠들 수도 없었다. 한편 절반 이상의 사람들이 게으르게 살고 있었다. "그러나 왜 정의와 법은 그러한 사람들을 이 과업을 위해 필요한 사지(四肢)가 부족한 사람들로 여겨야 합니까?"라고 내가 물었다.

해설자는 내 눈에만 이상하게 보일 뿐이라고 답했다. 그는, "다른 사람들을 지배하기 원하는 사람은, 그가 설령 보고 듣고 이해한다 하더라도, 가끔 보지도, 듣지도, 이해하지도 말아야 한다."라고 설명했다. "곧 다른 사람들을 통치하는 사람들은 누구든지 때때로 무엇을 보고도 보지 않은 체해야 하고, 무엇을 듣고도 듣지 않은 체, 이해하지 못하는 체해야 합니다. 자신이 비록 실제로는 잘 볼 수 있고, 들을 수 있고, 이해할 수 있다고 해도 말입니다. 그러나 당신은 정치 경험을 해 보지 않았기 때문에 이런 행태를 제대로 이해할 수 없습니다."

나는 "그럼에도 불구하고, 실제로 그들은 그들이 가지고 있어야 하는 것이 무엇인가를 소유하고 있지 않다는 것을 나는 압니다."라고 단언했다.

그러자 해설자가 되받아 말했다. "조용히 입 다물고 있어야 신상에 좋을 것 같은데요. 만일 계속 그렇게 신랄하게 발언하면 이제 보고 싶은 곳을 더 이상 보지 못하게 됩니다. 당신은 법정에 대한 모독이 곧 자본가 계급에 대한 모독죄와 똑같다는 것을 모르십니까?"

그래서 나는 입을 다물어야 했고, 조용히 모든 것을 바라보기만 해야 했다. 그러나 생각해 보면 특별하다고 생각했던 자리 하나하나에 대해서 자세히 서술하는 것이 그렇게 필요해 보이지 않았다. 나는 두 가지 사건에 대해서만 기술하고자 한다.

판사들의 빈번한 불의와 부패

5. 나는 상원의 법정에서 무슨 일이 벌어지고 있는지 아주 주의 깊게 살펴보았다. 나는 거기서 판사들의 이름을 보았다. 무신론자, 싸움꾼, 풍문 발설자, 당파성이 강한 자, 돈을 사랑하는 자, 뇌물 수수자, 무경험자, 지식 결핍자, 조심성 없는 자, 조급한 자, 부주의한 자 등이었다. 그들 모두를 대표하는 사람과 최고위 판사 혹은 대주교는 "그러므로 내가 그것을 할 것이다."(thus-I-will it)의 구주이다. 그 이름들을 보고 나는 즉시 그들이 어떤 수준의 판사들인지 알아차리기 시작했다. 이어서 곧 나는 의심스러워 보이는 한 가지 예를 눈앞에서 목격하게 되었다. 진실이라고 불리는 선한 사람들에게 악성 루머를 퍼뜨리면서 공격하는 사람들이 있었다. 구두쇠 고리대금업자, 술고래 등이 그 선한 사람들을 공격하고 있었다. 구두쇠 고리대금업자와 한통속인 증인들은 진실한 사람들이 험담하고, 거짓말하고, 갖가지 혐의 등이 있다고 그 증거들을 법정으로 가져왔다. 검찰의 발언은 아첨 그 자체였다. 고발자의 발언 자체는 수다 그 자체였다. 그러나 진실한 사람은 고발자의 고발 내용을 변호할 의향이 있느냐고 질문을 받고 다음과 같이 말했다. "모두 억지로 나를 뒤집어씌우는 죄목의 내용들인데, 그것에 대해 제가 변호한들 무슨 소용이 있겠습니까? 저는 단지 기도할 뿐입니다. 하나님, 저를 도우소서."

판사들은 이 말을 듣고 서로 모여 투표를 한 후 그 용지를 모았다. 무신론자 판사가 발언을 했다. "저런 죄인이 말할 것이 있겠습니까? 아니 땐 굴뚝에 연기가 나겠습니까? 고발자들이 쓸데없이 고발하겠습니까? 저런 사람을 기소하지 않고 그냥 석방하면, 저 죄인은 아마 우리 판사들에 대해서도 쓸데없는 소리를 떠벌이고 다닐 것입니다. 그러므로 마땅히 벌을 받아야 한다고 생각합니다."

"물론이지요. 왜냐 하면 이 사건을 그냥 덮고 지나가면 이와 흡사한 일이 후에도 연달아 일어날 것입니다."라고 싸움꾼 판사가 맞장구를 쳤다.

"나는 도대체 무슨 일이 발생하고 있는지 잘 모르겠습니다. 그러나 검사들이 저 사람의 죄를 그렇게 심각하게 말하는 것을 들어 보면, 그를 감옥에 가두고 상응하는 벌을 주어야 마땅하다고 생각합니다."라고 유언비어 발설자가 말했다.

"나는 고발자들이 저 사람이 저지른 죄를 입증할 만한 자료를 충분히 사전에 준비해 왔다고 생각합니다. 저 사람의 입을 다물게 해야 합니다."라고 당파성 강한 사람이 말했다.

"저 사람이 말하는 정치적 당파가 나의 좋은 친구입니다. 적어도 내게 있어서는 저 사람은 그 정치적 당을 비웃지 말았어야 했습니다. 저 사람은 벌을 받아 마땅합니다. 자업자득입니다."라고 편들어 주기 좋아하는 사람이 말했다.

돈을 사랑하는 판사가 말했다. "당신은 관대한 고발자가 자신이 어떻게 되기를 보여 주었는지 알고 있습니다. 그는 방어할 자격이 있습니다."

"나도 그 말에 동의합니다. 우리는 만일 우리가 이 경우를 잘 지적하고 넘어가지 않으면, 우리가 일한 보람이 없을 것입니다."라고 뇌물을 좋아하는 사람이 말했다.

"나는 이와 비슷한 사례를 보지 못했습니다. 진실한 사람으로 하여금, 자신이 심은 대로 고통을 거두게 해야 합니다."라고 경험이 부족한

자가 말했다.

그 다음으로는 지식이 결핍된 자가 말했다. "나는 무엇이 문제인지 잘 모르겠습니다. 그러나 여러분들이 처벌하자는 쪽으로 의견을 모았으니 거기에 따르겠습니다."

그 다음으로는 부주의한 자가 말했다. "나는 사유야 어쨌든 그저 여러분의 모든 결정 사항에 동의합니다."

그 다음으로는 조심성 없는 사람이 물었다. "우리 결정을 연기해야 좋지 않을까요? 시간이 좀 지나다 보면 무엇이 문제인지 자명해질 거예요."

그러자 "아니요. 판결을 빨리 내리도록 합시다."라고 조급한 사람이 말했다.

"그렇습니다. 판결을 빨리 내려야 합니다." 주심 판사가 이 말에 동의했다. "왜 우리가 다른 사람을 고려해야만 합니까? 법대로 처리해야 합니다." 이렇게 말하고 나서 판결문을 읽어 내려가기 시작했다.

"이 사람, 수다쟁이 여성은 예의바른 사람들을 중상모략하는 일에 가담했습니다. 그녀가 함부로 놀리는 방종한 혀를 길들이고, 모든 사람들에게 경종을 울리기 위하여 뺨 사십 대를 칠 것을 선고합니다."

그런 다음 검사 및 증인과 함께 고발자는 그와 같이 판결을 내린 판사에게 감사의 인사를 했다. '진실'이라고 불리는 사람은 그렇게 선고받고 말았다. 그러나 진실은 쏟아지는 눈물을 자기 손으로 조용히 닦아 내릴 뿐이었다. 이와 같이 진실이 법정의 명예를 손상시켰다며 판사들은 혹독한 판결을 내렸다.

진실이 그렇게 억울한 일을 당하는 것을 보고, 나는 잠자코 가만히 앉아 있을 수가 없어 크게 소리쳤다. "만일 세상의 모든 법정이 이 따위로 진행된다면, 전능하신 하나님, 판사들을 아예 없애 주소서. 소송도 아예 없도록 도와주소서."

그러자 "조용히 해요. 당신 정신 나갔어요? 더 이상 그 따위로 말하면 당신마저 똑같은 처벌을 받도록 할 것이오."라고 해설자가 자기 손으로 내 입을 틀어막으면서 말했다. 정말 주변을 살펴보니 고발자와 아첨꾼들이 나를 고발하려고 모여들기 시작했다. 이것을 보고 나는 깜짝 놀라서, 숨을 헐떡거리면서 황급하게 그 자리를 빠져나왔다.

변호사들의 사악함에 관하여

6. 법원 청사 앞에서 숨을 고른 다음 나는 눈을 비볐다. 그리고 법복을 입고 법정 안으로 들어가는 많은 사람을 목격했다. 또한 수다쟁이, 아첨꾼, 엉터리 인솔자, 꾸물거리는 자 등의 이름을 가진 변호사들이 판사들에게 종종걸음으로 다가서는 것을 보았다. 변호사들은 의뢰인의 하소연에 주의 깊게 관심을 갖기보다는, 오히려 의뢰인이 돈을 얼마나 가지고 있는지 셈하고 있었다. 변호사들은 부지런히 신학자들이 갖고 있지 않은 법률서를 뒤적이며 변호 내용을 검토했다. 나는 그 법률서의 제목을 들여다보았다. 거기에는 땅 강탈, 혹은 탐욕스러운 땅 사취 등이라고 쓰여 있었다. 나는 너 이상 그 광경을 보고 싶지 않아 그 자리를 빠져 나왔다.

왕자들의 무제한의 권력과 그 관리들의 음모

7. "최고 권력자는 아직 나타나지 않았습니다." 탐구자가 이어서, "이리 와서 왕, 왕자, 그리고 권력승계 체제에 의해 자기 주권을 누리는 이들을 보도록 해요. 아마 그 모습을 보면 당신은 기뻐할 것입니다."라고 내게 말했다. 그래서 우리는 다른 방으로 들어가서 그들이 높고 넓은 보좌에 앉아 극히 소수만 접근을 하도록 허락하고, 다른 사람들은 접근하지 못하도록 배제시키는 것을 보았다. 귀로 직접 듣는 대신 그들

은 긴 튜브를 귀에 대고 듣고 있었다. 그 높은 양반들에게 말하고 싶은 사람은 튜브에 대고 속삭여야만 했다. 튜브는 휘어져 있을 뿐 아니라, 구멍이 뚫려 있어 진술하는 말들이 그 고위직 인사에게 닿기 전에 거의 다른 곳으로 새어나가고 말았다. 도달하는 말이라고 해 봐야 본래의 의미가 달라져 있었다. 이러한 이유로 나는 고위직 인사들은 민중의 청원에 제대로 답변해 주지 못하고 있다는 것을 알아차렸다. 가끔 답변을 주는 경우가 있었지만, 튜브를 통해 전달되는 동안 통치자가 주려는 본래 의도와는 다르게 전달되곤 했다. 이러한 설비를 보고서 나는 다음과 같이 말했다. "왜 통치자들은 그 통화 튜브를 없애지 않는지 모르겠습니다. 튜브를 없애고 직접 자신의 눈으로 보고, 듣고, 그리고 자신의 입으로 답변해 주는 것이 낫지 않습니까?"

그러자 "왜냐 하면 자기 위치의 명예와 위엄을 지키기 위해, 그러한 의식들은 유지되어야만 합니다. 농부들이 자기 눈과 귀와 혀로 보고 듣고 말하는 것처럼, 위엄 있다는 통치자들도 손수 자기 눈과 귀와 혀로 보고 듣고 말해야 한다고 생각합니까?"라고 해설자가 대답했다.

고문관의 무력함이 얼마나 불편한지

8. 그 다음 나는 튜브에 대고 말하는 것이 아니라 통치자의 귀에 대고 직접 말하는 정치 보좌관을 보게 되었다. 몇몇 고문관은 통치자의 눈에 여러 가지 색깔의 안경을 끼워 주거나, 코 앞에 향을 피우거나, 손을 펴 주고 오므리게 하거나, 신발 끈을 매어 주고 풀어 주거나 등등의 일을 하고 있었다. 몇몇 보좌관은 통치자 밑에서 자기 자리를 되찾거나 강화하고 있었다. 이런 일련의 이상한 광경을 목격하면서 나는 다음과 같이 물었다. "이 사람들은 도대체 누구이며, 어떤 일을 하는 건가요?"

"그 사람들은 통치자에게 정치 자문을 해 주는 비밀 보좌관들입니다."라고 해설자가 말했다.

"만일 내가 통치자의 자리에 있다면, 이런 사람들을 그냥 내버려 두지 않을 것입니다. 오히려 나는 내 손발을 자유롭게 나 스스로 움직일 것이며, 내 활동이 저런 사람들에 의해 좌지우지되지 않도록 할 것입니다."라고 나는 말했다.

"사람이란 혼자 일을 수행할 수는 없는 법입니다. 이런 사람, 이런 자리도 필요합니다. 이해해 줘야 합니다."라고 해설자가 말했다.

"그런데 이 통치자들은 오히려 농부들보다 더 비참한 것 같습니다. 왜냐 하면, 그들은 보좌관들의 의지에 따라 움직이는 형편에 있기 때문입니다."라고 내가 덧붙여 말했다.

"그러나 이런 보좌관들의 도움으로 통치자들은 일을 그르치지 않고 잘 처리할 수 있답니다. 다음 사람들을 보면 내가 하는 말을 이해할 수 있을 것입니다."라고 해설자가 덧붙여 말해 주었다.

보좌관이 없이는 상황이 더 악화되다

9. 나는 반대편으로 돌아서 보았다. 거기에는 비밀 보좌관을 두지 않고, 권좌에 앉아 있는 몇몇 통치자들이 있었다. 나는 그들을 눈여겨보았다. 사실 비밀 정치 보좌관들은 쫓겨난 셈이었다. 나는 오히려 보좌관이 없는 그들이 좋게 보였다. 그러나 즉시 이곳에도 또 다른 문제가 있다는 것을 알게 되었다. 소수의 정치 보좌관이 쫓겨나자, 그 자리에 그들 대신 많은 사람들이 각기 여러 가지 방식으로 통치자의 귀와 코, 입과 눈을 가리고 있었다. 또한 양손을 따로 놀게 하거나, 두 발을 각기 다른 방향으로 향하도록 하고 있었다. 많은 사람들이 각자 자기 욕심을 채우려고 그곳에 와 있었다. 자기 뜻을 통치자에게 설득하려고 무진 애를 쓰고 있었다. 그래서 자신 쪽으로 통치자를 향하게 하려고 갖은 애

를 썼다. 그 불행한 통치자는 지금 어떤 상황이 벌어지고 있는지 알지 못했고, 간교한 사람들에 맞서 자신을 어떻게 보호해야 할지 도대체 알지 못하고 있었다.

"불법을 저지르는 폭도들의 밥이 되지 않도록 내버려 두는 것보다 차라리 소수 정예의 보좌관을 곁에 두는 것이 낫다는 것을 이제 알겠습니다."라고 내가 대답했다.

"그렇게 하지 않는다면 어떻게 통치자가 제대로 다스릴 수 있겠습니까? 불평, 고발, 의뢰, 진정서, 논쟁, 논쟁에 대한 반론 등을 책임 있고, 공정하게 처리하기 위해 비밀 정치 보좌관은 필요합니다. 보좌관을 두지 않으면 책임 있고 공정하게 일을 처리할 수 없습니다."라고 해설자가 대답했다.

무관심한 통치자들

10. 그 다음 해설자는 나에게 불성실한 통치자들을 보여 주었다. 나는 그 태만한 통치자들이 할 일을 건너뛰고, 가볍게 처리해 버리고, 베개 밑에 방치해 두고, 거울 뒤에 내던져 놓고, 부채질하거나, 옷을 세탁하거나, 예복에 입 맞추거나 하면서 빈둥대는 것을 보았다. 몇몇 보좌관은 통치자의 침과 콧물을 달콤하다고 말하면서 핥아 주고 있었다. 이런 모습을 보고 나는 다시 참담해졌다. 권좌에 앉은 각각의 통치자들이 흔들리면서 그를 지지하던 신실한 후원자들은 지지를 철회하고 있는 것을 보았다.

순례자의 위험한 모험

11. 갑자기 내 앞에서 권좌 하나가 흔들리는 모습이 보였다. 권좌는 조각이 나더니 뿔뿔이 흩어져 버리고 말았다. 왕자는 땅에 곤두박질쳤

다. 그래서 사람들이 모여들었다. 그 군중을 향해 나는 몸을 돌렸다. 군중은 다른 왕자 한 명을 이끌고 와서 그 자리에 대신 앉혔다. 군중은 자신들의 행위를 자화자찬하고 있었다. 권좌 주위에서 춤추면서 할 수 있는 사람은 누구나 그 권좌를 견고하고 강하게 만들고 있었다. 공공복지를 실현하는 데 초점을 맞추는 듯이 보였다. 나는 그곳에 다가가서 쐐기 한두 개를 박았다. 몇 사람이 쐐기 박는 나를 잘한다고 칭찬했고, 몇 사람은 매서운 눈으로 나를 노려보았다.

바로 그때 자기 주변에 모여든 정치적 가신들과 함께 축출된 왕자가 곤봉을 들고 와서 우리를 습격하고 군중을 공격했다. 모든 사람이 당황하여 흩어지기 시작했다. 몇몇 사람은 심지어 목이 날아가기까지 했다. 나는 공포에 사로잡혀 정신을 차릴 수 없었다. 그때 탐구자가 그들이 데려온 왕자를 새로 옹립하는 데 나서서 지원해 줄 사람이 누구인지 듣고 나서 내가 달아날 수 있도록 나를 잡아끌었다. 그러자 기만은 이러한 것이 필요하지 않다고 말했다. 내가 복종해야만 한다는 사실을 의아하게 생각하면서 나를 향해 휘두르는 곤봉을 피했다. 나는 지혜를 짜내어 구석으로 도망쳤다. 이와 같이 나는 지금 이곳에 앉아 있는 것이 몹시 위험하다는 사실을 감지하게 되었다. 어떤 방식으로든 저들을 후원한다 할지라도, 위험하다는 사실을 깨닫게 된 것이다. 나는 미련 없이 그곳을 떠나 다시는 돌아오지 않기로 결심했다. 그래서 안내자에게 말했다. "원하는 사람은 이 산으로 가게 합시다. 그러나 나는 가지 않으렵니다."

도처에서 벌어지는 백성들의 불법과 무질서

12. 내가 모든 사람들이 세상의 지배자로 불리기를 원한다는 것을 발견했을 때 결심을 굳혔다. 그러나 불법은 도처에 만연했다. 통치자가

자신의 보좌관들을 직접 면담하든지, 아니면 튜브를 통해 이야기하게 한다든지 스스로의 힘으로 법령을 공표하든지 보좌관들의 자문을 받고 공표하든지, 어쨌든 정의가 살아 있지 않다는 것을 보았다. 나는 또한 기쁜 소리만큼이나 신음소리도 많이 들었다. 나는 또한 공정성이 불법과 혼재되어 있고, 권력 남용이 정의와 혼합되어 있음을 목격했다. 공회당, 법정, 그리고 행정 관사 등은 불의와 정의의 공동 연구회 장소처럼 보였다. 세상 질서의 옹호자로 불리는 그들은 그만큼이나 무질서의 옹호자이기도 했다. 이와 같은 계급을 가지고 있는 사람들은 그것이 얼마나 덧없음을 숨기고 살아가는 것이 놀랍다는 그런 불행을 보면서 나는 그 사람들을 떠나 다음 장소로 가 보았다.

제20장
군인의 직업

인간의 잔인성

1. 그 다음 우리는 마지막 거리로 나가 보았다. 그곳에는 빨간 옷을 입은 사람들이 여럿 있었다. 우리는 그들에게 다가섰다. 나는 가까운 곳뿐만 아니라, 멀리 떨어진 곳까지도 금방 날아갈 수 있는 죽음의 날개를 어떻게 부여할 것인지 토론하는 소리를 들었다. 나는 또한 수년 동안 건설된 것을 한 시간 안에 무너뜨려 버리는 방법을 찾고 있는 소리를 들었다. 나는 그런 소리를 듣고 깜짝 놀랐다. 왜냐 하면, 나는 지금까지 인간의 말과 행위가 사회 발전을 지향하고, 인간성을 고양시키며, 위안을 주는 방향으로 진행되는 것만을 보아 왔기 때문이다. 그러나 이

세상의 미로와 마음의 낙원

사람들은 생명을 살리는 일이 아니라, 파괴시키는 것에 대하여 토론 중이었다. "이 사람들의 목표는 똑같습니다. 그러나 그들은 다소 다른 것을 추구하고 있습니다. 그들은 장애를 걷어치우는 일을 합니다. 나중에 당신은 이런 상황을 이해하게 될 것입니다."라고 해설자가 설명해 주었다.

징병

2. 문으로 다가섰을 때, 우리는 문지기 대신에 북을 연주하는 여러 사람을 보았다. 문 안으로 들어가기 원하는 사람들은 누구나 지갑을 소지하고 있는지 질문을 받았다. 각자가 문을 통과하면서 지갑을 열어 보여 주는데, 그들은 지갑 속에 돈을 넣어 주면서 말했다. "이 지갑 가죽은 지불됩니다." 그 다음 그들은 어느 지하실로 데려가서 철과 불에 넣도록 안내하고, 광장으로 가자고 말했다.

병기고 혹은 군수품 보관소

3. 지하실에 들어가 그곳에 있는 것을 보고 나는 기괴한 기분에 사로잡혔다. 그곳에서 나는 땅바닥에 각종 무기들이 쫙 진열되어 있는 것을 보았다. 땅뿐만이 아니었다. 벽에도 무기로 가득 채워져 있었다. 무기를 실어 나르는 수천의 수레들도 있었다. 요컨대 생명을 없애는 데 사용할 수 있는 각종 무기들, 곧 찌르고, 찢고, 태울 수 있는 갖가지 섬뜩한 무기들이 저장되어 있었다. 그 무기들은 철, 납, 나무, 돌 등으로 만들어진 것들이었다. 공포심에 사로잡혀 나는 외쳤다. "이런 무기들은 도대체 어떤 짐승을 없애기 위해 만들어진 것들입니까?"

"사람들입니다."라고 해설자가 대답했다.

"사람들이라고요? 나는 이 무기들이 사나운 짐승이나 동물을 없애는

데 사용하는 줄로만 알았습니다. 그런데 사람이 사람을 대항하는 데 이런 끔찍한 무기를 발명해야만 한단 말입니까? 참으로 잔인하기 그지없습니다."라고 나는 물었다.

그러자 해설자가 웃으며 내게 말했다. "당신은 참으로 까다로운 사람이로군요."

군인의 방탕한 생활

4. 그곳에서 나와 우리는 앞 쪽으로 갔다. 그리고 광장에 이르렀다. 그곳에서 나는 철로 만들어진 뿔과 집게발을 가지고 뛰는 사람들을 보았다. 그들은 반죽 그릇에 누워 있었다. 그리고 그 옆에는 음식과 음료가 가득 담긴 양동이도 있었다. 그들은 게걸스레 먹고, 왁자지껄 떠들며 마셔대고 있었다. "이 돼지같이 뚱뚱한 사람들은 도살당하기 위해 자기 몸을 한껏 살찌우고 있는 건가요? 내 눈에 이 사람들은 인간의 탈을 쓰고 돼지 행위를 한다고밖에 볼 수 없습니다."

"군인이라는 직업은 위안이 필요한 법입니다."라고 해설자가 답해했다. 바로 그때 그들은 반죽 그릇에서 일어나서 깡충깡충 뛰어 다니며, 춤을 추고, 소리 지르기 시작했다. "이 사람들이 기뻐하는 모습을 보십시오. 그들에게 무엇을 요구해야 할까요? 여기에 즐거움이 없다고 생각하세요?"라고 해설자는 계속 설명해 주었다.

그 소리를 듣고 "나는 그들에게 앞으로 어떤 결과가 나타날지 두고 봐야겠습니다."라고 응답했다. 한편 그들은 자신들이 만나는 시민들을 동물 사냥 하듯이 쫓아가서 강탈을 했다. 그런 다음 그들은 어떤 부끄러움도 없이, 하나님에 대한 두려움도 수치심도 없이 땅에 뒹굴며 수치스러운 행동을 했다. 내가 얼굴을 붉히며 "이런 행동은 그냥 놔두어서는 안 됩니다."라고 소리를 버럭 지를 때까지 그들의 추행은 계속되었다.

세상의 미로와 마음의 낙원

"이들의 행동을 관대하게 봐줘야 합니다. 왜냐 하면, 군인이라는 직업은 너무 압박감이 많아 자유도 때로는 필요하기 때문입니다."라고 해설자가 말했다. 그러자 그들은 자리에 앉아서 다시 코가 비뚤어질 때까지 먹고 마셔대기 시작했다. 마침내 그들은 쓰러지더니 코를 골며 자기 시작했다. 그러자 그들은 비 오고, 눈 내리고, 우박 쏟아지고, 서리 내리고, 진눈깨비 오고, 갈증 나고, 배고프고, 이와 비슷한 불편이 많은 광장으로 인도되어 나갔다. 그러자 그들 가운데 많은 사람들이 와들와들 몸을 떨고, 기운을 잃고, 땅에 풀썩 쓰러지고 말았다. 곧 개나 까마귀의 밥이 될 판이었다. 그러나 또 다른 군인들은 자신들이 처음 서약할 때의 올챙이 시절은 까마득히 잊어버린 채 한껏 즐기고 있었다.

전쟁의 묘사

5. 그 다음 드럼 소리, 트럼펫 소리, 또 아주 큰 소리가 울려 퍼졌다. 그러자 각자 한 사람 한 사람씩 일어나더니 단도와 칼과 총검과 그 외에 무기라고 생각되는 것이라면 무엇이든지 챙기기 시작했다. 그들은 피를 볼 때까지 서로를 부자비하게 찌르고, 자르고, 가장 험악한 야수보다 더 사납게 찍어 내렸다. 그때 사방에서 시끄러운 소리가 들리더니 점점 커지기 시작했다. 말을 채찍질하는 소리, 칼이 맞부딪치는 소리, 대포 쏘는 소리, 총알이 허공을 날아가는 소리, 트럼펫 부는 소리, 드럼 치는 소리, 전진하여 싸우라고 독려하는 소리, 승리한 쪽의 환호소리, 중상자와 죽어 가는 자의 신음소리 등이 난무하는 소리가 들렸다. 나는 소름끼치도록 험상궂게 보이는 큰 집 한 채를 보았다. 또 다른 곳을 보니 기괴하고 불길한 기운이 감도는 빛이 보였다. 벼락 치는 소리와 같은 소음도 들렸다. 여기저기에 군인의 팔, 머리, 다리가 잘려나가 널브러져 있었다. "전능하신 하나님, 여기에서 도대체 어떤 일이 벌어지고

있는 것입니까?" 나는 울부짖었다. "온 세상이 멸망해야 이런 행위가 끝난다는 말입니까?" 가까스로 정신을 차린 후 나는 그 참혹한 전투장에서 빠져 나왔다. 숨을 고르려고 했지만 여전히 몸이 사시나무처럼 떨렸다. 나는 안내자에게 물어보았다. "이제 저를 어느 곳으로 인도하시렵니까?"

"당신은 꼭 여자처럼 겁이 많군요! 사나이라면 모름지기 누가 공격을 해 온다 해도 두려워하지 않는 법입니다."라고 해설자가 대답했다.

"그러나 군인들이 서로를 죽이는 것을 보았잖습니까?"라고 내가 물었다.

"저 병사들은 높은 양반들이 지시하는 대로 했을 뿐입니다."라고 해설자가 설명해 주었다.

"높은 양반들이 시킨 일이라고요?"라고 내가 물었다.

"물론입니다. 영주들, 지방의 왕들이 서로 충돌하면 그들을 뜯어말릴 판사가 없습니다. 그래서 칼로써 자기들의 문제를 해결하지요. 철로 된 무기와 총과 같은 화기를 잘 활용하는 사람이 승리를 거둔답니다."

"정말 야만적이고 짐승과 같은 일이 아닐 수 없습니다. 평화를 찾는 데 꼭 이 방법 말고는 다른 방도는 없단 말입니까? 이런 방식으로 문제를 해결하는 것은 야수에게나 어울리는 일이지, 사람으로서는 할 수 없는 일입니다."

전쟁의 생존자들

6. 그 다음 나는 전쟁터에서 실려 온 수많은 부상자들을 보았다. 그들은 팔, 다리, 머리, 코가 잘려 나갔고, 몸에 총탄 자국이 여기저기 나 있고, 피부가 찢겨 나갔고, 난도질당하거나, 피가 줄줄 흐르기까지 했다. 나는 그들이 너무 불쌍해서 차마 똑바로 바라볼 수가 없었다.

세상의 미로와 마음의 낙원

“군인이라면 모름지기 이런 모습을 보고도 태연해야 합니다.”라고 해설자가 말했다.

“그러나 생명을 잃은 사람들은 어떻게 하고요?”라고 내가 물었다.

그러자 “그들은 생명을 잃기 전에 이미 응분의 보상을 받았습니다.”라고 해설자가 대답했다.

그래서 내가 물었다. “어떻게 보상을 받았단 말입니까?”

“당신은 그들이 죽기 전에 실컷 먹고 즐김으로써 보상받는 것을 보았잖아요?”

“그것은 봤지요. 그러나 그들은 죽어 가면서 극심한 불안을 겪어야 했을 것입니다.”라고 내가 대답했다.

“그들이 생전에 기쁘게 살았다 해도, 피둥피둥 살이 찌면 그와 동시에 즉시 도살장으로 끌려가는 것은 안 된 일입니다. 군인이라는 직업은 이런 유감스런 모든 상황을 감수해야 합니다. 나도 이런 비참한 일은 원치 않습니다. 이제 여기에서 나가 다른 곳으로 이동해 봅시다.”

제21장
기사도(騎士道)

왜 귀족의 명칭과 문장(紋章)이 주어지는가

1. “적어도 칼과 창, 화살과 총알을 가지고 용감무쌍하게 싸우는 사람들에게 주어지는 영예를 보십시오.”라고 해설자가 말했다. 그들은 나를 어느 궁으로 안내했다. 그곳에서 나는 장엄한 덮개 아래 우아하게 앉아서 포상을 하려고 혁혁한 공을 세운 사람들을 소집하고 있는 한 사

람을 보았다. 그러자 포상을 받기 원하는 많은 사람들이 각자 사람의 두개골과 수족, 늑골과 손, 전리품과 약탈한 지갑, 돈지갑 등을 가지고 앞으로 나왔다. 장엄한 덮개 아래 앉아 있는 그 사람은 앞으로 나온 사람들에게 문장을 수여하고, 일반인이 갖지 못하는 특전을 그들에게 베풀었다. 수여 받은 문장을 몸에 부착한 그들은 모든 사람들이 볼 수 있도록 그것을 자랑스럽게 보여 주었다.

다른 사람들이 이 계층으로 모여들다

2. 포상하는 모습을 보면서 또 다른 사람들, 곧 전투병뿐만 아니라 노동조합원들, 지식인들까지 포상을 받고자 앞으로 나왔다. 이들에게는 전투병처럼 흉터도 몸에 없었고, 적들에게서 약탈한 전리품도 없었다. 그 대신 그들은 지갑을 꺼내거나 자신이 저술한 책들을 보여 주었다. 그러자 그들에게도 전투병에게 주어진 것과 똑같이 수여되었다. 오히려 그들이 받은 문장이 더 장엄하게 보였다. 이들도 위층 홀로 들어갈 수 있는 특권이 주어졌다.

기사들의 찬란함

3. 나는 이 사람들에 이어서 양쪽에 철로 만든 버팀 테를 달고, 구두 끝에 동철을 달고, 머리에는 깃털을 꽂은 채 뽐내며 걷는 한 무리를 보았다. 나는 그들 옆에 감히 가까이 접근하지 못했다. 그리고 그들에게 가까이 다가서지 않은 것은 참 잘한 일이었다. 왜냐 하면, 내가 그들 속에 섞인 사람들이 순조롭지 못하고 불편을 겪는 것을 보았기 때문이다. 그들 곁에 아주 가까이 다가선 몇몇 사람은 공간을 충분히 확보하지도 못하고, 무릎을 충분히 구부리지도 못하고, 칭호를 어떻게 정확하게 불러야 할지도 몰랐다. 이런 모습을 보고 나는 무서워서 어서 그곳을 떠

나자고 안내자에게 부탁했다.

그러자 "먼저 좀 더 가까이 접근해서 그들을 살펴보도록 합시다. 그러나 주의해야 합니다."라고 '탐구자'가 말했다.

기사의 행위

4. 그 다음, 나는 약간 떨어진 곳에서 그들의 행위를 살펴보았다. 나는 그들이 하는 일이 잘 닦여진 도로를 구두소리를 내면서 걷거나, 두 발을 모아 말에서 멋지게 내리거나, 사냥개와 함께 토끼나 늑대를 사냥하거나, 농부들에게 어서 더 열심히 일하지 못하느냐고 험상궂게 몰아치거나, 지하 토굴에 농부들을 가두었다가 다시 풀어 주거나, 긴 식탁에 음식을 잔뜩 차려놓고 즐기거나, 가능한 한 자신의 다리를 최대한 쭉 뻗고 비스듬히 누운 채 아랫사람들의 절을 받거나, 자기 손에 입 맞추는 것을 즐기거나, 능숙하게 바둑이나 주사위놀이를 하거나, 부끄러움도 없이 외설적인 음담패설을 실없이 지껄이는 행위 등이었다. 그들은 이런 행동들이 자기네에게 주어진 특권에 알맞은 일이라고 주장했다. 일반인은 아무도 그들의 대열에 함부로 합류힐 수 없었다. 덕을 높이 쌓은 사람 중에 한 사람만이 그들 속에 끼일 수 있었다. 몇몇 기사는 다른 사람의 것과 비교하면서 자기 방패의 크기를 재 보고 있었다. 누구 방패가 더 오래되었고, 그 오래된 방패를 누가 더 많이 착용해 보았는지, 어느 방패가 더 값비싼지를 비교하고 있었다. 또 다른 몇몇 기사들은 새 방패를 착용한 사람들을 이상한 눈으로 쳐다보면서 손가락질하고 고개를 좌우로 흔들었다. 나는 또한 이외에도 이곳에서 벌어지는 이상하고 터무니없는 일들을 적잖이 보았다. 그러나 내가 본 일들을 모두 다 말하고 싶지 않다. 구태여 말하자면, 이러한 기사들의 작태가 덧없음을 충분히 살펴보았으니, 안내자에게 이곳을 떠나자고 말하고 싶

은 것뿐이었다. 그러자 안내자는 내 부탁을 들어주었다.

행운의 성에 이르는 길

5. 우리가 앞으로 나아갔을 때, 해설자는 내게 다음과 같이 말했다. "당신은 이미 이런저런 다양한 직업을 살펴보았습니다. 그 모든 것을 보고 당신은 기뻐하지 않았습니다. 아마 그 까닭은 그 사람들이 아무 일도 하지 않은 채 무위도식하는 것처럼 보였기 때문일 것입니다. 그러나 당신은 그들의 모든 수고가 휴식으로 가는 길이라는 사실을 깨달아야 합니다. 그들이 부동산과 많은 재산과 명성과 명예와 위안과 기쁨을 얻었을 때, 그들의 마음은 아주 기쁘게 된다는 것을 당신은 깨달아야 합니다. 그러므로 기쁨의 성으로 이제 들어가 봅시다. 그곳에서 당신은 노동의 목표를 보게 될 것입니다." 나는 나 자신도 휴식을 취하고 마음의 위안을 갖기로 마음을 다지면서, 해설자의 이러한 제안을 기쁘게 받아들였다.

제22장
신문 기자들 중에서 자신을 발견한 순례자

신문 기자들의 많은 일에 놀라다

1. 우리가 그 문으로 다가섰을 때, 나는 광장 왼쪽에서 한 무리의 사람들이 모여 있는 것을 보았다.

"우리가 이 사람들을 보지 않고 그냥 지나쳐서는 안 됩니다."라고 편재가 큰소리로 외쳤다.

"이 사람들은 무엇을 하고 있습니까?"라고 내가 물었다. 그러자 "무엇을 하고 있는지 가서 한번 살펴봅시다."라고 그가 대답했다.

우리가 그들이 있는 중간쯤 걸어 들어갔을 때, 그들은 둘 혹은 세 그룹으로 모여 있었다. 그리고 손가락을 이용하여 수화를 하고 있었다. 또 머리를 흔들고, 손뼉을 치고, 귀 뒤쪽을 할퀴고 있었다. 그러다가 마침내 그들 중 몇 사람은 기뻐서 껑충껑충 뛰기 시작했다. "도대체 여기서 무슨 일이 벌어지고 있는 겁니까? 이들은 혹시 코미디를 연출하고 있는 것은 아닙니까?"라고 내가 물었다.

"아니에요. 이들이 연극을 하고 있다고 착각하지 마세요. 이 사람들은 진심으로 자기들이 관심을 갖고 있는 일에 몰입하여 처리하는 중입니다. 이들은 상황에 따라 놀라워하거나, 즐거워하거나 때로는 분노도 합니다."라고 해설자가 말했다.

"그들이 도대체 무엇에 놀라워하고, 즐거워하고, 분노하는지 나는 알고 싶습니다."라고 내가 말했다. 그들을 지켜보니 그들은 호루라기를 부느라 바쁘다는 것을 알아차렸다. 서로가 서로에게 기대면서, 그들은 시로의 귀에 호루라기를 불었다. 호루라기 소리가 즐거울 때 그들은 기뻐했다. 그러나 호루라기 소리가 날카로울 때 그들은 슬퍼했다.

호루라기 소리가 다양한 소리를 내다

2. 무엇인가 이상한 것을 느꼈다. 똑같은 호루라기 소리인데도 한 무리는 기뻐서 깡충깡충 뛰는가 하면, 또 다른 무리는 똑같은 호루라기 소리에 귀를 틀어막고, 구석으로 황급히 가서 비통하게 소리 내며 우는 것이었다. "참 이상하기도 합니다. 똑같은 호루라기 소리인데도 왜 어떤 사람은 기뻐하고, 어떤 사람은 애통해한단 말입니까?"라고 내가 물었다.

제22장 신문 기자들 중에서 자신을 발견한 순례자

그러나 해설자가 다음과 같이 설명했다. "호루라기 소리는 다르지 않고 똑같습니다. 그렇지만 듣는 사람에 따라서 상황이 달라지게 됩니다. 그것은 마치 똑같은 약인데도 환자의 질병에 따라 각기 다른 작용을 하는 것과 같습니다. 내면의 소리를 들을 수 있느냐 아니면 바깥에서 들려오는 소리만 단순히 듣느냐에 따라 차이가 납니다. 내면의 소리를 들을 줄 알면 기뻐하게 됩니다. 그러나 바깥에서 들려오는 소리만 듣게 되면 비통해합니다."

절룩거리는 메신저

3. "이런 호루라기는 어디에서 구입한 것입니까?"라고 내가 물었다.

"이 호루라기는 여기저기서 구입한 것입니다. 당신은 호루라기를 파는 상인들을 보지 못했습니까?" 그래서 나는 주변을 둘러보았다. 그랬더니 걷거나 말을 타고 돈을 받고 호루라기를 파는 사람들이 여기저기에 보였다. 그들 중 많은 상인이 빨리 달리는 말을 타고 장사하고 있었다. 그리고 수많은 사람들이 말을 탄 상인에게서 호루라기를 샀다. 말이 없는 상인들은 걸어다니며 장사했다. 몇몇 상인은 심지어 지팡이를 짚고 발을 절룩거리며 호루라기를 팔고 있었다. 슬기로운 사람들은 이들이 더 믿을 만하다며 그들로부터 기꺼이 호루라기를 구입했다.

기쁨에 넘치는 소식

4. 나는 그들만 본 것이 아니라, 멈춰 서서 여기저기를 둘러보고 이런저런 소리를 듣기도 했다. 나는 사방에서 들려오는 여러 가지 소리를 들으면서 참으로 그 소리에 기쁨이 스며 있다는 것을 알게 되었다. 그러나 몇몇 사람이 정도가 지나치게 많은 호루라기를 한꺼번에 구입해서 조금 불다가 내던져 버리는 사람들을 보고 나는 화가 났다. 집에 거

세상의 미로와 마음의 낙원

의 있지 않고 항상 광장에 지켜 서서 호루라기 소리를 들으려고 귀를 쫑긋 세우고 있는 계층의 사람들이 여럿이 있었다.

무상한 소식

5. 나는 이러한 활동이 덧없음을 알고 전혀 기쁨을 느끼지 못했다. 왜냐 하면, 가끔 슬픈 소리가 흘러나왔고, 그 슬픈 소리를 듣고, 모두가 비탄에 젖어 있었기 때문이었다. 잠시 후 또 다른 소리가 들려왔는데, 두려움이 웃음으로 변했다. 다시 특별한 호루라기 소리가 들려왔다. 그 소리는 아주 즐거워서, 모두가 기뻐 뛰고, 기뻐했다. 그러나 그 즐거운 소리가 갑자기 바뀌었다. 마음을 착 가라앉히거나, 혹은 날카로운 금속 성 소리로 바뀐 것이다. 그때에 바뀐 소리를 들을 사람들은 희망을 갖기도 했지만, 공포에 사로잡히기도 했다. 그래서 몇 사람은 담배를 피우려고 일어나서 올라가기도 했다. 사람들이 정신을 차리려고 바깥바람을 쏘이는 것을 보게 되자 즐거워했다. 결국 나는 이런 어리석은 사람들에게 주목하지 않고, 자신에게 주어진 본연의 임무에 충실한 사람들을 칭찬했다.

소식이 있을 때와 없을 때의 불안

6. 그러나 나는 또 다른 그림자를 지켜보게 되었다. 누군가 호루라기 소리에 주목하지 않았을 때, 아마도 좋지 않은 일이 생길 것을 생각하는 것이었다. 마침내 나는 호루라기 소리를 듣는 일이 여러 가지 면에서 위험하다는 사실을 알아차렸다. 소음들이 여러 사람의 귀에 각기 다르게 들렸기 때문에 싸움과 말다툼이 일어났다. 나 자신도 그런 경험을 한 적이 있다. 나는 호루라기 소리가 분명할 때 친구에게 그 소리를 건넸다. 그런데 몇몇 사람이 소리를 건넸다는 이유로 나를 위협하면서, 호

제22장 신문 기자들 중에서 자신을 발견한 순례자

루라기를 땅에 내동댕이치고 발로 찌그러뜨렸다. 얼굴색을 붉으락푸르락 하며 성질을 있는 대로 내고 있는 그들을 보면서, 나는 피하지 않으면 안 되겠다고 느꼈다. 한편 안내자는 행운의 성에 대한 소식을 전해 주면서, 그곳으로 가 보자고 격려해 주었다. 우리는 행운의 성을 향해 갔다.

제23장
행운의 성과 출입구를 살펴보는 순례자

덕성, 명성으로 잊혀진 문

1. 우리가 멋진 성에 도착했을 때, 무엇보다 먼저 나는 시내에서 모여 온 많은 사람들을 보았다. 그들은 어떻게든 성 꼭대기에 올라가자고 결단하면서 무리를 지어 빙빙 돌았다. 성 안으로 들어가는 길은 단지 가파르게 경사지고, 협소한 부서진 문 하나뿐이었다. 그 문은 부서져 있었고, 이런저런 조각으로 덮여 있었으며, 가시가 무성하게 자라 있었다. 나는 그것이 곧 덕성이라 불린다고 생각했다. 종전에는 유일한 입구가 하나 있었는데, 사고로 그만 그 입구가 부서졌다고 들었다. 그러므로 그 입구를 대신할 수 있는 작은 입구들이 만들어졌다. 그리고 그 작은 입구는 아주 접근하기 어려울 정도로 너무 가파른 경사가 있어서 들어가기 쉽지가 않았다.

한쪽 입구

2. 벽이 무너지자 몇 개의 작은 입구들이 양쪽으로 만들어졌다. 나는

그 작은 입구들에는 위선, 거짓, 아첨, 불의, 교활, 폭력 등과 같은 명칭들이 붙어 있는 것을 보았다. 내가 그 입구의 명칭을 소리 내어 읽자, 그 입구로 들어가던 사람들이 화가 나서 뭐라고 중얼중얼하더니 나를 언덕으로 밀어 버리려는 기색을 보였다. 그때 나는 입을 다물어야 했다. 나는 몇몇 사람이 여전히 파편과 가시로 덮여 있는 옆문을 이용하여 성에 올라가려고 애쓰고 있는 것을 보았다. 몇몇 다른 사람은 어떻게 해서든 그곳으로 들어가 보려고 애썼지만, 그렇지 않은 사람들도 있었으며, 그들은 아래쪽 문으로 다시 돌아가서 그곳으로 들어가려고 했다.

행운은 우연히 그것을 잡는 사람마다 들어 일으킨다

3. 나도 또한 그곳에 들어갔지만, 그곳은 내가 찾던 성이 아니라는 것을 알아차렸을 뿐 아니라, 많은 사람들이 안마당 뜰에서 더 높은 궁을 향해 쳐다보는 것이 보였다. 그들에게 무엇을 하느냐고 묻자, 그들은 은혜로운 행운의 여신이 자신들을 한 번만 바라봐 주고 성 안으로 들어갈 수 있는 입장권을 제공할 때까지 기다리는 중이라고 대답해 주었다. 나는 "그러나 이 사람들이 기다리다 보면 결국 모두 입장권을 받지 않습니까? 이 사람들은 끝까지 신실하게 그 입장권을 얻으려고 노력했기 때문에 말입니다."라고 말했다.

"각자 자신의 지식과 능력에 따라 노력한 대로 입장권을 얻을 수 있습니다. 그러나 입장권을 얻는 문제는 행운의 여신에게 달려 있습니다. 당신은 노력만 한다고 입장권을 얻을 수 있다고 생각합니까?" 하고 해설자가 말했다.

나는 그곳에 계단도 없고 문도 없다는 것을 알게 되었다. 그러나 계속 멈추지 않고 돌아가고 있는 수레바퀴만이 있었다. 그 수레바퀴를 움켜잡는 사람은 위쪽에 있는 1층 마루로 올라가게 될 것이다. 그러나 아래쪽에서는 바퀴를 움켜잡을 수 없었다. 오로지 '기회'라고 불리는 행운의 여신을 보좌하는 공보관의 도움과 인도를 받는 사람만 바퀴를 움켜잡을 수 있었다. 비록 몇몇 사람들이 이 공보관의 눈에 띄려고 갖은 애를 쓰고, 손을 뻗어 애걸하고, 땀을 뻘뻘 흘리면서까지 제발 입장하게 해 달라고 노력을 하고, 온갖 힘든 일도 마다지 않고 견디며 입장을 부탁해도, '기회'라고 불리는 그 공보관은 사람들이 모여 있는 곳으로 걸어와서 자신이 마음에 드는 사람에게만 바퀴를 움켜잡고 그 위에 앉게 했다.

그러나 나는 그 행운의 여신이 온전한 청각장애자이거나 시각장애자였으면 좋겠다고 주장했다. 왜냐 하면, 그래야만 자기 마음에 들거나, 눈에 띄는 사람에게만 은총을 베풀지 않고, 다른 사람의 간절한 부탁에 그만 마음이 흔들려 공정하지 않게 입장권을 주는 일이 없을 것이기 때문이다.

행운을 추구하는 사람들의 고독한 운명

4. 그곳에는 여러 계층이 모여 있었다. 내가 이미 전에 간파했던 것처럼, 그들은 자기 업무를 처리하는 데 있어서 땀 흘려 일하지도 않았다. 그런데도 덕성의 문으로 들어가거나 옆문을 통해 입장하는 것이다. 그러나 그들은 행복에 도달할 수는 없었다. 아마도 이 사실을 생각하지 못하는 사람들은 계속 손을 뻗어 바퀴를 부여잡으려고 애쓸 것이다. 입장하기 위해 바퀴를 잡으려고 기다리는 많은 사람들은 자기 차례가 오지 않자 실망하고 풀이 죽어 있었다. 그리고 아주 극소수만이 여전히 자신의 차례가 오기만을 기다리고 있었다. 몇몇 사람은 행복에 대한 더 이상의 기대를 포기했다. 그리고 절망하여 단조로운 일상으로 돌아갔다. 몇몇 사람은 여전히 행운의 여신의 눈에 띄었고, 그 여신에게 손을

세상의 미로와 마음의 낙원

내뻗으며 성 안으로 들어가려고 다시 한 번 시도하고 있었다. 이와 같이 내 눈에는 성으로 들어가려는 사람들의 갖은 노력이 더없이 비참해 보이고, 그지없이 안타까워 보였다.

제24장
부유층의 생활 형태를 살펴보는 순례자

1. 그런 다음 나는 안내자에게 다음과 같이 말했다. "이제 나는 행운의 여신이 어떻게 손님들을 영광스럽게 하는지 위쪽에 올라가서 살펴보고 싶습니다."

그러자 안내자가 시원스럽게 대답했다. "좋습니다. 갑시다." 행운의 여신은 왕관, 왕권, 관료들, 목걸이, 지갑, 작위 칭호, 달콤한 꿀 등을 나눠 주고 있었다. 선물을 받은 사람들만이 위쪽으로 올라갈 수 있었다. 나는 성내의 설계가 어떤지 이리저리 실펴보았다. 안쪽은 3층으로 되어 있었다. 그리고 몇 사람은 1층에, 몇 사람은 2층에, 몇 사람은 3층 방으로 안내되었다. 해설자는 다음과 같이 설명해 주었다. "여기 1층에서는 행운의 여신에게서 돈을 하사받은 사람들이 있습니다. 2층에서는 행운의 여신에게서 기쁨을 선사받은 사람들이 머뭅니다. 3층에서는 다른 사람들로부터 칭찬받고 존경받기 위해 명성을 쌓은 사람들이 차지합니다. 몇 사람은 하사금을 많이 받았습니다. 이 사람들은 자신이 원하는 곳이면 어디든 갈 수 있습니다. 당신은 이곳까지 오게 된 사람들이 얼마나 행복한지를 보고 있습니다."

부유층의 속박과 짐

2. "그러면 우리 먼저 1층에 살고 있는 사람들이 있는 곳으로 가 봅시다."라고 내가 제안했다. 우리는 맨 아래층으로 가 보았다. 그곳은 너무 어둑어둑해 보여서 그 안에 있는지 무엇이 잘 보이지 않았다. 오직 어떤 소리만이 들려왔을 뿐이었다. 사방에서 뿜어 나오는 악취 때문에 우리는 더 나아가지 못하고 그 자리에 섰다. 한참 지나자, 어둠에 눈이 익숙해져 조금 보이기 시작했다. 거기 있는 모든 사람들은 걷거나 서 있거나 앉아 있거나 누워 있었다. 사람들은 발에 족쇄를 차고 있었고, 손에는 사슬로 묶여 있었다. 몇 사람은 심지어 목에도 사슬이 둘러쳐 있었으며, 몇 사람은 등에 무거운 짐을 지고 있었다. 나는 깜짝 놀라서 말했다. "이게 도대체 무엇입니까? 우리가 어떤 감옥에 온 것입니까?"

그러자 해설자가 껄껄 웃으며 다음과 같이 대답했다. "어떻게 그렇게 어리석은 생각을 할 수 있습니까? 이 사람들의 손과 발과 등에 걸려 있는 것들은 행운의 여신이 그 자녀들에게 주는 선물들입니다." 나는 이 사람, 저 사람을 하나하나 살펴보았다. 그들 몸에는 철로 만든 족쇄, 철로 된 사슬, 납으로 된 광주리 등이 있었다. 그래서 나는 다음과 같이 말했다. "참 기묘한 선물들도 다 있습니다. 나 같으면 이런 선물들을 받지 않겠습니다."

그러자 해설자가 다음과 같이 대답했다. "어리석기도 하군요. 당신에게 이 선물들은 나쁘게 보인단 말이군요. 보세요. 이 족쇄와 사슬들은 모두 순금으로 된 것들입니다." 그때 나는 그 사람들 몸에 있는 것들을 주의 깊게 살펴보았다. 그러나 내 눈에는 금속이나 철, 그리고 사람 몸뚱이 외에는 아무것도 보이지 않았다.

해설자가 또다시 다음과 같이 대답했다. "글쎄, 너무 철학적으로만 해석하지 마세요. 자신의 확신만 고집하지 말고, 다른 사람의 말도 믿어 보세요. 이 사람들이 몸에 걸치고 있는 것들이 얼마나 값나가는 것들인지 잘 살펴보세요.”

부유층이 어떻게 기만당하는가

3. 그때 나는 신기한 것 한 가지를 보게 되었다. 사람들이 실제로 자기 몸에 감겨 있는 사슬을 보고 기뻐하는 것이었다. 어떤 사람은 자기 몸에 둘려진 사슬의 숫자를 기쁜 얼굴로 세고 있었다. 어떤 사람은 사슬을 풀었다가 다시 겹쳐서 감았다. 어떤 사람은 손에 채워진 수갑의 무게와 크기를 재면서 기뻐하고 있었다. 어떤 사람은 수갑을 자기 입으로 가져가서 입 맞추었다. 어떤 사람은 서리나, 혹은 열로부터 그 사슬이 어떻게 잘못될까 봐 손수건으로 잘 감싸고 있었다. 몇몇 사람들은 둘 혹은 세 그룹으로 모여서 누구의 족쇄와 사슬이 더 무겁고 큰지를 비교하며 재어 보고 있었다. 좀 더 밝은 사슬을 차고 있는 사람은 슬퍼하며, 밝지 않은 사슬을 차고 있는 이웃을 부러워했다. 더 크고 무거운 사슬을 차고 있는 사람은 자랑스럽게 의기양양해서 뽐내며 걸어갔다, 그러나 또 한쪽에서는 조용하게 구석에 앉아서, 자기들의 족쇄와 사슬이 더 크지만 다른 사람들에게 보여 주기를 원하지 않고, 몰래 자기들끼리만 즐기면서 앉아 있는 몇몇 사람이 있었다. 나는 그들이 혹시 남에게 시기를 당해서 큰 족쇄와 사슬을 뺏기지 않을까 두려워하고 있다고 추측했다. 다른 사람들은 여기저기서 가져온 흙과 돌덩어리로 채운 궤를 가지고 있었는데, 그 궤 뚜껑을 자물쇠로 잠가 보기도 하고 열어 보기도 했다. 그들은 어디에도 가고 싶어하지 않았다. 어디로 가게 되면, 자기들이 지닌 것을 잃어버리지나 않을까 걱정하는 것 같았다. 그 가운데 몇몇 사람들은 약하게 궤를 묶은 것이 못미더워서인지, 가지고 있는 궤를 아예 자신의 몸에 단단히 묶었다. 그래서 그들은 걸을 수도

제24장 부유층의 생활 형태를 살펴보는 순례자

없었고, 일어설 수도 없게 되었다. 단지 누워서 숨을 헐떡거리며, 신음소리만 내고 있었다. 이러한 광경을 보고 내가 말했다. "이 사람들이 과연 행복하단 말입니까? 이렇게 비참하게 살아가면서 행복하다고 착각하는 사람을 나는 본 적이 없습니다."

그러자 탐구자가 답변했다. "이들이 행복해하는 것은 사실입니다. 이 사람들은 행운의 여신에게서 선물을 받았다는 것만으로 행복해합니다."

이어서 해설자가 끼어들며 말했다. "그러나 행운의 여신은 이 사람들이 받은 선물을 어떻게 사용해야 할지 잘 모르는 사람들을 나무라지 않습니다. 행운의 여신은 이 사람들에게 인색하지 않습니다. 오히려 이 구두쇠들이 받은 선물을 사용하는 방법을 잘 개발해서 자신과 이웃을 행복하게 하는 데 사용하지 않는 것이 문제일 뿐입니다. 어쨌든 당신도 재산을 많이 소유해 보세요. 부자가 되면 분명히 엄청난 행복을 얻습니다."

"나는 여기 있는 사람들처럼 부의 축적과 집착이 진정한 행복을 가져온다고 결코 생각하지 않습니다."라고 결론지어 말했다.

제25장
쾌락주의자들의 길

나약한 쾌락주의자들

1. 탐구자가 말했다. "위층으로 가 봅시다. 그곳에서 나는 당신이 기가 막힌 기쁨을 맛보게 될 것이라고 약속합니다." 그때 우리는 위층에 있는 첫째 방으로 들어가 보았다. 그곳에서 나는 소파 위에 솜털로 된 부드러운 방석이 놓여 있고, 그 위에 앞뒤로 흔들며 앉아 있을 수 있는

세상의 미로와 마음의 낙원

여러 개의 소파를 보았다. 사람들이 그 위에 앉아 빈둥거리고 있었다. 그리고 그들 주변에는 파리채와 부채, 그 외에도 주인을 즐겁게 해 줄 수 있는 여러 기구들을 들고 수종을 드는 다목적 종들이 대기하고 있었다. 빈둥거리는 사람들 가운데 한 사람이 일어서려고 하면, 주변의 종들이 즉시 다가와서 일어서는 것을 도와주었다. 만일 옷을 입으려고 하면 자기 손을 조금도 움직일 필요가 없었다. 모든 것을 종들이 도와주었기 때문이다. 만일 어딘가에 가고자 하면, 베개가 달린 의자 위에 앉아서 수종을 드는 사람들이 데려가 주었다.

해설자가 말했다. "여기를 보세요. 여기에 당신이 그토록 찾고 있었던 위로가 있습니다. 더 이상 당신은 무엇을 보기 원하십니까? 기분 좋으려면 사람은 걱정거리가 없어야 합니다. 그리고 해야 할 일이 없어야 편안합니다. 갖고 싶은 것을 모두 가져야 합니다. 어떤 나쁜 바람도 부는 것을 허용하지 않아야 합니다. 그래야 복 받은 것 아닙니까?"

내가 대답했다. "물론 아래층 고문실에서 고생하는 사람들보다야 행복하겠지요. 그렇지만 이곳도 역시 내가 바라던 모습은 아닙니다."

그러자 그가 물었다. "도대체 또 무엇이 잘못되었다는 말입니까?"

이에 내가 다음과 같이 대답했다. "내 눈에는 이 사람들의 눈이 부풀어 있고, 얼굴은 부어올라 있고, 배는 불쑥 튀어나와 있으며, 손발은 전혀 움직이지 않고 사는 게으른 사람들입니다. 만일 그들이 털거나 닦는 등 어떤 일을 조금만 한다면, 만일 누군가 그들에게 조금이라도 부딪쳐서 닿는다면, 만일 강한 바람이 그들에게로 불어오면, 그들은 곧 앓아 눕게 될 것입니다. 흐르지 않는 물은 썩어 고약한 냄새가 난다고 나는 들었습니다. 이곳에서 나는 그 실례를 보고 있습니다. 이 사람들은 또한 삶의 어떤 즐거움도 없습니다. 왜냐 하면, 이들은 잠자는 데 시간을 허비하고, 게으르게 시간을 죽이고 있기 때문입니다. 이렇게 사는 것을 나는 원하지 않습니다."

이어서 해설자가 "당신은 참으로 이상한 철학자입니다."라고 대답했다.

게임과 놀이

2. 첫번째 방에 이어 나는 두 번째 방으로 안내되었다. 그곳은 눈으로 보고 귀로 듣기에 매력적이었다. 그곳에서 나는 기분 좋은 정원과 연못과 놀이터와 들새와 고기들을 보았다. 나는 즐거운 음악소리를 들었다. 그리고 뭔가가 좋아서 깡충깡충 뛰고, 서로 좋아서 잡으려고 뛰어 다니고, 춤추며 사냥하고, 칼싸움을 하며 게임을 하고 있는 것을 물끄러미 바라보았다.

"이것은 흐르지 않는 물입니다."라고 해설자가 말했다.

내가 그에게 대답했다. "맞는 말입니다. 그런데 내가 좀 더 가까이 가서 이 광경을 자세히 살펴보도록 해 주세요." 그들에게 가까이 가서 자세히 살펴본 다음 나는 다음과 같이 말했다. "나는 이 사람들 가운데 진정으로 즐거움을 먹고 마시는 사람은 아무도 없다는 것을 보았습니다. 오히려 그들은 점점 지치고, 각각의 사람들이 또 다른 형태의 즐거움을 찾느라고 허덕이는 것을 봅니다. 이렇게 사는 것이 내 눈에는 전혀 즐거워 보이지 않습니다."

그러자 해설자가 말했다. "만일 당신이 먹고 마시는 데서 즐거움을 찾는다면 다음 장소로 가 봅시다."

대식가들

3. 두 번째 방에 이어서 우리는 세 번째 방에 들어갔다. 거기에서 나는 사람들이 음식으로 가득 찬 식탁에서 축제를 벌이고 있는 것을 보았다. 그들은 음식을 넘치게 준비했고, 즐거운 분위기를 만들고 있었다.

세상의 미로와 마음의 낙원

나는 그들 곁으로 다가가서 몇몇이 배가 너무 불러서 도저히 더 먹을 수 없을 때까지, 끊임없이 먹고 마시는 것을 관찰했다. 그들은 배가 부른 나머지 급기야 허리띠를 느슨하게 풀었다. 몇몇 사람의 경우에는 음식이 위아래로 넘쳐흘렀다. 어떤 사람은 두루미만큼 가능한한 목을 길게 빼고 입술로 우아하게 쪽 소리를 내면서 음식을 먹었다. 몇몇 사람은 먹는 데 바빠서 자기들이 10년 혹은 20년 동안 일출과 일몰을 보지 못했노라고 자랑했다. 왜냐 하면, 해가 질 때에도 그들은 맑은 정신인 때가 한 번도 없었고, 해가 뜰 때에도 그들은 여전히 술을 마시고 있었기 때문이었다고 떠벌렸다. 그들은 말없이 조용하게 앉아 있지 않았다. 그 대신 그들은 온갖 종류의 음악을 틀어 놓고 즐겼다. 그리고 노랫소리에 맞추어 따라 불렀다. 그 노랫소리는 각양각색의 새소리 같기도 했다. 짐승 소리 같기도 했다. 그들은 악을 쓰고, 고함지르고, 객쩍은 수다를 떨고, 소리를 지르며 말하고, 휘파람을 불고, 킥킥거리며 웃고, 목쉰 소리를 내고, 동시에 이상한 몸짓을 해 대고 있었다.

연회 참석자들 사이에서 순례자가 맞이한 연회의 종류

4. 그런 다음, 해설자는 내게 이 모습이 얼마나 좋아 보이는지 물었다. "나는 이 모습이 전혀 좋지 않습니다."라고 대답했다. 그러자 그가 다음과 같은 말로 받아넘겼다. "당신은 좋아하는 모습을 어떤 곳에서도 발견하지 못한단 말입니까? 당신은 나무토막과도 같은 사람입니다. 이렇게 흥겨운 모습도 당신에게 활기를 불어넣어 주지 못한단 말입니까?"

그런데 그때 식탁에 앉아 있던 사람들은 가운데 몇몇이 나를 바라보았다. 그리고 나의 건강을 위해 마셨다. 또 다른 한 사람은 나를 보고 자기들 곁에 와서 앉으라고 손짓하며 윙크했다. 세 번째 사람이 내가 누구이며, 무엇을 하러 이곳에 왔느냐고 심문하기 시작했다. 네 번째 사람이 왜, "하나님의 축복을 빕니다."라고 자신들에게 말하지 않느냐고 위협했다. 그때에 나는 이상하게 돌아가는 분위기를 감지하고 외쳤다. "하나님께서 이런 돼지 같은 축제를 축복하실 것이라고 생각한단 말입니까?" 내가 그와 같은 말을 끝마치기도 전에 접시, 큰접시, 컵, 잔 따위가 우박처럼 내게 날아 왔다. 그들이 내게 물건들을 던졌다. 그러나 정신이 맑은 내가 술이 곤드레만드레 취한 그들이 던지는 물건들을 피해 달아나는 것은 그리 어렵지 않았다.

해설자가 내게 말했다. "그것 보세요. 내가 전에도 말하지 않던가요? 당신 앞으로 조심해서 말해요. 고집 좀 그만 부려요. 다른 사람들처럼 자신의 품행을 좀 잘 간수하세요. 다른 사람들이 당신 생각을 쫓아야만 한다고 강요하지 마세요."

순례자가 연회장으로 돌아가다

5. 편재가 갑자기 웃음을 터뜨리며 내 손을 잡아끌더니 다음과 같이 말했다. "다시 한 번 그곳에 가 봅시다." 그러나 그곳에 다시 가고 싶지 않았다. 그때에 해설자가 계속하여 나를 설득했다. "그곳에 아직도 볼 것이 많이 있습니다. 당신이 관찰하고 본 것들을 누설하지 말고 비밀을 지켜야 합니다. 다시 돌아가 봅시다. 주의해서 약간의 거리를 두고 조용히 서서 지켜만 봅시다." 나는 해설자의 요청을 듣고 가 보기로 했다. 그래서 그곳에 다시 들어갔다. 왜 해설자의 요청을 뿌리치지 못했을까? 나는 대식가들 사이에 들어가 앉아 보기로 했다. 건강을 위해서 그들이 주는 구운 빵을 받으며, 내 잔에 따라 준 것을 비우기 시작했다. 마침내 이런 행동 속에 어떤 기쁨이 배어나는지 발견하기를 바라면서, 그들과 합류해서 노래도 해 보고, 소리도 질러 보고, 들떠서 장난도 쳐 보았다. 요컨대 그들이 하는 것은 무엇이든지 따라 해 보았다. 그러나 나는 다

세상의 미로와 마음의 낙원

소 소극적으로 따라 하고 있었다. 왜냐 하면, 그것은 내 취향이 아니었기 때문이었다. 내가 적극적으로 따라 하지 않는 것을 보고 몇 사람이 웃었다. 반면 다른 사람들은 잘 마시지 못하는 나를 따돌리려고도 했다. 그러는 동안 무엇인가 내 코트 아래를 갉아먹기 시작했다. 또 내 모자 아래를 찌르기 시작했다. 내 목까지 공격하려고 했다. 다리가 비틀거리기 시작했다. 말을 더듬기 시작했다. 머리가 핑 돌더니 어지럽기 시작했다. 그러는 나 자신을 보고 화가 났다. 그리고 나를 그렇게 만든 안내자에게도 화를 냈다. 솔직히 이것은 짐승 같은 행동이고, 인간으로서는 할 만한 가치가 없다고 밝혔다. 특히 내가 쾌락주의자들이 누리고 있는 기쁨이라는 것을 검증해 보았을 때, 인간으로서 누릴 만한 가치가 없었다.

쾌락주의자들의 비참한 길

6. 그때 나는 그들이 먹고 마실 만한 맛있는 것들이 없다고 불평하는 소리를 들었다. 그들은 무엇인가 맛있는 것이 아니면 목구멍으로 넘길 수 없었다. 다른 사람들이 그들의 형편을 돌아보고 불쌍히 여겼다. 그들이 먹을 만한 것, 곧 그들의 식욕을 충족시켜 줄 만한 것을 찾아보도록 상인들로 하여금 세계 방방곡곡을 돌아다니게 했다. 요리사들은 그들의 먹을 마음이 생기도록 특별히 방향제를 섞고, 색깔, 혹은 맛을 내면서 계절별로 진미를 만들어야 했다. 더 많은 여유를 만들기 위해, 의사들은 위쪽에서 배를 채우고, 아래쪽에서는 그릇을 비우기 위해 깔때기를 사용해야 했다. 이와 같이 많은 수고를 하면서 억지로 먹이자, 목구멍으로 그것이 넘어갔다. 아주 영리하고 현명하게 그들에게 전달되었다. 그들의 위(胃)에 큰 고통이 오고 경련이 일어나서, 그들은 그 고통을 참거나 혹은 토해야 했다. 더욱이 그들은 점차 식욕이 떨어져 고생

하거나, 딸꾹질, 트림, 구역질 등으로 고생을 했다. 그들은 잠도 잘 자지
못했고, 기침하고, 코를 훌쩍거리며, 침을 흘리고, 코를 줄줄 흘리느라
고생하고 있었다. 그들의 식탁 위와 홀의 모든 구석에는 그들이 토해
놓은 것과 배설해 놓은 것으로 가득 차 있었다. 그들은 썩은 것으로 가
득한 배를 움켜쥐고 뒹굴거나, 중풍 걸린 사람처럼 다리를 떨거나, 손
을 덜덜 떨거나, 눈이 곪아 고생하고 있었다. "이렇게 폭식하는 사람들
이 진정으로 기쁠 것이라고 생각하십니까?" "내가 더 심한 말을 해서
또다시 학대당하기 전에 이곳을 떠납시다."라고 내가 요청했다. 나는
눈을 돌리고, 코를 손으로 막고 그곳을 떠났다.

성교의 유행

7. 그 후에 우리는 또 다른 방으로 들어갔다. 그곳에는 손에 손을 잡
은 남녀가 걷고 있었다. 그리고 서로 껴안고 키스하고 있었는데, 포옹
과 키스 말고는 하는 일이라고는 아무것도 없었다. 그러한 광경을 보
고, 나는 나 자신에 대한 경고로 받아들였다.

호색한의 비참한 모습

8. 색욕에 빠진 모든 사람들은 행운의 여신에 의해 감금되었다. 그들
은 불타오르고, 끊임없이 가려운 피부종양 질병으로 평안한 날이 없었
다. 그들이 어디를 가든지 몸 이곳저곳에 피가 날 때까지 긁어 댔다. 아
무리 긁어도 가려움은 감소되는 것이 아니라 오히려 더 심해졌다. 그들
은 참으로 피부종양으로 인해 고생이 말이 아니었다. 그들은 한쪽 구석
에서 몰래 가려운 피부를 긁는 일 외에는 아무것도 하는 일이 없었다.

세상의 미로와 마음의 낙원

매독환자의 비참함

9. 이것은 분명히 잠행성의 불치병이었다. 이 혐오스러운 질병은 극히 적은 경우를 제외하고는 몸 밖으로 드러나기까지 했다. 그 결과 이런 질병에 걸린 이들은 서로를 증오하고, 서로 쌀쌀맞게 굴고, 몹시 싫어하게 되었다. 그들을 건강한 눈과 마음으로 그들을 바라보는 일은 참으로 견디지 못할 일이었다. 그리고 그들에게서 풍겨나는 악취를 견딘다는 것은 참으로 힘들었다.

혈안이 된 성적 충동

10. 마침내 나는 이곳이 기쁨의 궁전이라는 곳의 마지막 방이라는 것을 알게 되었다. 사람들은 앞으로 나아갈 수도 없었고, 뒤로 돌아갈 수도 없었다. 그러나 뒤쪽에 홀이 있었는데, 그곳에는 온 힘을 다해 감각적인 쾌락을 탐닉하는 사람들이 많이 있었다. 나는 그들이 세상의 어둠 속을 배회하고 있는 것을 보았다.

제26장
엘리트들의 생활

위대한 사람들의 불안

1. 그곳에서 우리는 가장 높은 궁으로 올라갔다. 그곳은 사방이 활짝 열려 있었다. 그리고 구름으로 덮여 있었다. 그곳에서 우리는 많은 좌석을 보았다. 그 좌석은 다른 좌석보다 약간 높았다. 그 좌석에 앉으면 시내를 한눈에 내려다볼 수 있었다. 행운의 여신은 사람들에게 약간 더

높거나, 혹은 약간 더 낮은 좌석들을 정해 주고 그곳에 앉게 했다. 모든 통행인은 그 좌석에 앉은 사람들에게 지나가며 머리를 숙여 인사하거나, 무릎을 구부리며 존경을 표해야 했다. 해설자가 내게 말했다. "보세요. 당신이 이렇게 영예롭게 대접받는 일이 이곳 말고 이 세상 어느 곳에 또 있겠습니까? 모두가 당신을 우러러 바라볼 만큼 좋은 대접을 받고 있잖아요?"

내가 덧붙여 말했다. "그런데 몸을 상하게 하는 비와 눈, 더위와 추위에 노출되어 있지 않습니까?"

해설자가 대답했다. "그것이 무슨 문제입니까? 모든 사람이 집중해서 당신만을 바라보는 좌석에 앉는데, 그까짓 날씨가 무슨 문제이겠습니까?"

그때 나는 다음과 같이 대답했다. "사람들이 우러러 바라보는 것은 사실입니다. 그러나 그렇게 바라보는 것 자체가 위안을 주기보다는 오히려 짐이 됩니다. 왜냐 하면, 여러 사람이 한 사람만을 쳐다보기 때문입니다. 그는 자신이 자리를 떠나는 것이 허용되지도 않고 또 가능하지도 않습니다. 그러니 그런 좌석에 앉는다는 것이 무슨 위안을 준단 말입니까?" 나는 그 점에 있어서 일관성 있게 존경받는 것이 더 좋다고 느꼈다. 그러나 그 좌석은 면전에서만 존경하는 척하고, 뒤돌아서서는 존경하지 않는 자리였다. 참으로 그 높은 좌석에 앉은 사람들을 보고, 사람들은 뒤에서 흘끔흘끔 흘겨보면서 얼굴을 찌푸리거나, 경멸하듯이 머리를 흔들면서 조롱하거나, 뒤에서 더러운 침을 뱉거나 했다. 몇 사람은 심지어 그 좌석을 뒤집어엎은 다음에 떨어뜨리는 방안을 고안하기까지 했다. 그래서 적지 않은 사람들이 사고를 일으키기 일보직전의 상태였다. 그러나 내 앞에서 실제로 그런 사고가 일어나지는 않았다.

세상의 미로와 마음의 낙원

위대한 사람들의 위험

2. 내가 말한 바와 같이, 이런 높은 좌석에 앉은 사람들은 가장자리에 서 있었다. 약간만 밀어도 그들은 즉시 뛰어내리기에 충분할 정도였다. 좀 더 일찍 의기양양해진 사람은 이제 빠르게 쓰러져 갔다. 그 좌석들은 불확실한 받침대 위에 놓여 있었는데 조금만 건드려도 뒤집힐 지경이었다. 그리고 어떤 사람은 땅에 엎어진 의자 위에 앉아 있었다. 조금 더 높은 좌석은 넘어뜨리기가 더 쉬웠다. 나는 이곳에서 좌석을 차지한 사람들 사이에 시기와 질투가 있다는 것을 발견했다. 그들은 높은 자리를 차지하려고 서로서로 쫓아내는 데 혈안이 되어 있었다. 그리고 상대방의 통치권을 빼앗는 데 열중했다. 또한 서로의 왕관을 낚아채려고 했다. 그리고 서로의 직함을 지워 버리려고 했다. 이와 같이 이곳에서는 모든 일들이 매일같이 하루가 다르게 변하고 있었다. 한 사람이 어느 지위에 오르기만 하면, 다른 사람이 그 지위에 달려들어 내동댕이치려고 했다. 이런 모습을 보면서 나는 다음과 같이 말했다. "그렇게 오랫동안 그 지위를 얻기 위해 갖는 수고와 노력을 한 후 가까스로 얻었는데, 새임 기간이 그렇게 짧다는 것은 불공병합니다. 지위를 얻자마자 얼마 가지 않아 곧 끝나게 되면, 명성을 즐기며 누리기가 거의 어렵겠습니다."

"행운의 여신은 이런 방식으로 영예를 분배해 주어야 합니다. 행운의 여신은 사람들이 선호하는 것을 나눠 주고자 합니다. 우리는 다른 사람에게 길을 터 주어야 합니다."라고 해설자가 대답했다.

제27장
유명한 사람들의 영광

1. 해설자가 계속해서 말했다. "더욱이 바르게 살아가는 사람들이나, 그렇지 않고 그 영예를 받을 만한 가치가 있다고 여겨지는 사람들에게 행운의 여신은 또 다른 방식으로 영예를 수여합니다. 그것은 곧 영생입니다."

"어떻게 그런 영생을 얻습니까? 영생을 얻는다는 것은 참으로 영광스런 일입니다. 그 길을 저에게 보여 주세요."라고 내가 말했다.

명성은 일반적으로 대중들의 의견에 의존한다

그때 탐구자가 나에게로 오더니 궁전의 서쪽 방향의 발코니에 있는 조금 높은 장소 하나를 보여 주었다. 그곳도 공중에 위치해 있었기에, 우리는 그곳보다는 좀 낮은 계단 부분에 도착했다. 계단이 시작되는 작은 문이 있었는데 그곳에는 괴물같이 보이는 한 남자가 앉아 있었다. 그 괴물 같은 남자의 몸 곳곳에 눈들과 귀들이 달려 있었다. 명성 홀이라고 불리는 곳에 들어가기 원하는 사람은 각자 그 괴물 같은 사람에게 보고해야 할 뿐 아니라, 영생의 유효한 가치를 가졌다고 볼 수 있을 만한 시험을 치렀다는 증거를 보여 주어야 했다. 그 행위가 우수하다든지 평범하다든지, 좋다든지 나쁘다든지를 보고, 그 괴물 같은 남자는 위로 올라가는 것을 허용했다. 만일 그렇지 않으면 아래쪽에 남아 머물러야 했다. 입장이 허용된 대부분의 사람들은 통치자, 군인, 학자 계층 출신들이었다. 그에 비해 종교인, 숙련공, 노동자 계층은 극히 적었다.

또한 가치 없는 사람들에게 특전을 부여함

2. 선한 사람들이 영생의 문 안으로 들어가는 그만큼이나 강도, 폭군, 간통범, 살인범, 방화범 등과 같은 악한들도 많이 들어간다는 사실이 내 마음을 크게 괴롭게 했다. 왜냐 하면, 이렇게 되면 심술궂은 사람들이 뉘우칠 생각을 하지 않고, 그들의 부도덕함을 강화하는 방편으로 삼을 것이라고 생각했기 때문이었다.

실제로 사람이 영생을 청원하는 일이 발생했다. 그리고 영생의 기억에 대한 가치를 어떻게 취급하는지 질문을 받고, 그는 17개 왕국의 보물과 수고를 통해 300년 동안 확장되어 온 한 성전을 세상에서 가장 영광스러운 일이라고 생각했는데 그것을 파괴했다고 대답했다. 그는 성전을 불태웠고, 하루 만에 파괴했다. 심지어 판사가 그러한 안하무인의 못된 행동에 의해서 공포에 떨고, 그가 들어갈 만한 자격이 없다며 입장권을 주려고 하지 않았다. 그러나 행운의 여신이 와서 그를 들어가게 하도록 했다. 이런 실례에 의해서 다른 사람들은 그들이 저지른 끔찍한 행동에 대해서 자세히 서술하려는 용기를 갖게 되었다. 끔찍한 행동이란 바로 다음과 같은 것들이었다.

한 사람은 자기가 할 수 있는 한 인간의 피를 많이 흘리게 한 일이었다. 또 다른 한 사람은 하나님을 저주하는 새로운 신성모독을 고안했다. 또 다른 사람은 하나님의 죽음을 선포했다. 또 다른 사람은 하늘에서 해를 끌어내려 바다 깊숙이 빠뜨렸다. 또 다른 사람은 인간을 죽이는 살인자나 방화범들의 무리에 가담하여 활동하기 시작했다. 예외 없이 이 사람들도 입장이 허용되었다. 이미 서술한 바와 같이 이러한 모습들을 보고 나는 마음이 크게 상했다.

명성의 허무

3. 그러나 나는 그들을 따라 안쪽으로 들어갔을 때, 그들을 영접하는 행운의 여신의 관리들이 있는 것을 보았다. 명성이라고 불리는 이 관리들은 입 이외에는 아무것도 가지고 있지 않았다. 아래쪽에 있던 관리들은 눈과 귀로 덮여 있었는데, 이쪽에 있는 관리들은 온몸에 입들과 혀들로만 뒤덮여 있었고, 귀를 지니고 있지 않아서 어떤 소리도 들을 수 없었다. 심지어, 시끄러운 소리마저도 들을 수 없었다. 때문에 영생을 구하는 후보자는 이득을 보았고, 그의 이름을 외치는 소리들로 멀리까지 퍼져 갔다. 그러나 좀 더 가까이 다가가서 살펴보고, 나는 그 외치는 소리가 영생을 구하는 후보자들 한 사람 한 사람에게 점점 이익을 주고 있다는 것을 알아차렸다. 이어서 또 다른 후보자의 이름이 앞쪽에서 들리기 시작했다. "이것은 어떤 종류의 영생입니까? 한 사람 한 사람이 단지 아주 짧은 순간에 기억되었다가 즉시 사람들의 눈과 입과 마음에서 사라집니다."라고 내가 물었다.

"모든 것이 당신에게는 하찮게 보이는군요. 자, 그러면 이 사람들을 보도록 하세요."라고 해설자가 응답했다.

역사 속에 부각되는 것이 어떤 명예가 있는가?

4. 주변을 둘러보면서, 나는 화가들이 앉아서 사람들을 바라보며 그림을 그리는 것을 보았다. 나는 왜 그들이 그림을 그리고 있느냐고 물었다. "그들의 이름은 마치 소리처럼 점차 흐릿하거나 사라져 갈 수 있습니다. 이 사람들에 대한 기억은 지속되어야 합니다."라고 해설자가 말했다.

나는 그림으로 그려지고 있는 한 사람 한 사람이 심연 속으로 내동댕이쳐지는 것을 보았다. 그들은 오로지 모든 사람이 볼 수 있도록 이미지만 남겼다. 그래서 내가 큰 소리로 말했다. "이것은 도대체 어떤 영생이란 말입니까? 이 사람들의 이미지가 종이 위에 남고, 그들의 이름이 펜으로 잘 기록된다고 할지라도, 그들 역시 다른 사람들과 같이 볼품없이 사라지고 맙니다. 오, 사랑의 하나님! 이런 것은 기만이 아닙니까? 아무것도 아닌 기만이 아닙니까? 만일 내가 죽은 후 누군가 내 이름을 종이 위에 휘갈겨 써 놓는다 해도 그것이 무슨 의미가 있다는 말입니까? 나는 이런 영생에 관심이 없습니다."

내 말을 듣고 해설자가 나를 미쳤다고 꾸짖었다. 그리고 일반 사람들이 도저히 생각할 수 없는 그런 생각을 가진 사람이 과거에 존재했었느냐고 내게 물었다.

역사 속에 또한 많은 거짓이 있다

5. 나는 침묵을 지키고 있었으나, 또 다른 거짓이 존재한다는 것을 보게 되었다. 단정하고 우아한 이미지를 가지고 있던 사람이 이제는 기괴한 모습으로 나타나기 시작했다. 반대로, 그들은 실제로 추한 모습의 사람들이었는네 가장 아름답게 그렸다. 그들 가운데 몇 사람은 둘, 셋, 혹은 네 장의 초상화를 만들었다. 그 네 장의 초상화는 각각 달랐다. 나는 어떤 면에서는 화가들의 태만한 것에 화가 났으며, 어떤 면에서는 화가들에게 신뢰가 가지 않아서 화가 났다. 나는 또한 이런 일들이 허망하다는 것을 알았다. 왜냐 하면, 이러한 그림들을 살펴보면서 그 가운데 많은 그림들이 아주 먼지로 덮여 있거나, 곰팡이가 슬어 있거나, 부패해 있거나, 오래된 탓에 어둡고 칙칙해 보였기 때문이다. 그 가운데 선명하게 보이는 그림은 거의 없었다. 다른 그림들과 비슷한 그림 파일들도 진열되어 있었으나, 그 가운데 몇 점의 그림은 한 번도 사람들이 검색한 표시가 없었다. 한 번도 사람들이 들여다본 흔적이 없는

그런 그림들을 명화라고 하다니 말이나 되는가?

위대한 사람들의 남은 기록들이 또한 사라지다

6. 한편, 행운의 여신이 나타나서 오래되고 부패하여 내버려야 할 그림들뿐 아니라, 새로 그려서 아주 신선한 그림들까지 주문을 했다. 나는 값진 영생이란 그 자체로서는 아무런 의미가 없고, 한편으로는 그림을 받아들이고, 다른 한편에서는 그림을 내다 버리는 변덕스러운 행운에 좌우된다는 것을 이해하게 되었다. 기념관은 사실상 아무것도 아니다. 기념관은 행운의 여신이 만들었고, 그것이 내가 보기에는 역겨운 그녀의 하사품이었다. 행운의 여신이 성 안을 이리저리 산책할 때, 자신의 아들들을 다루었던 방식과 똑같은 방식으로, 어떤 때는 쾌락주의자들이나 부자들의 기쁨을 더하기도 하고, 어떤 때는 빼앗아 가기도 했다. 또한 마찬가지로 갑자기 그들에게서 모든 것을 뺏기도 하고, 성밖으로 내쫓아 버리기도 하는 것이었다.

결국은 죽음이 모든 것을 파괴하다

7. 비록 행운의 여신이 모든 사람들에게 똑같은 방식을 사용하지 않는다 하더라도, 사람들을 이 세상에서 저 세상으로 이동시키는 것을 보고, 성 안의 죽음의 현상이 나에게 공포감을 가중시켰다. 행운의 여신은 일상적으로 사용하는 화살을 가지고 부자들을 향하여 쏘았다. 혹은 무릎을 구부리고 사람들 몸에 감겨 있는 사슬을 이용해서 숨이 끊어지게 하거나, 질식을 시켜서 숨지게 했다. 행운의 여신은 쾌락주의자들이 즐기고 있는 맛있는 음식 속에 독약을 쏟아 부었다. 행운의 여신은 비상한 방식으로 유명인들의 두개골을 칼이나 구식 소총이나 단도를 가지고 쪼개거나 처치함으로써 세상을 떠나게 했다.

세상의 미로와 마음의 낙원

제28장
안내자들과 다투기 시작하는 순례자

지혜의 정점이 세상의 모든 일을 절망으로 이끌다

1. 나는 속으로 참 만족할 만한 것을 세상에서 발견할 수도 없었고, 성에서도 발견할 수 없었다. 그래서 나는 두려워지기 시작했다. 나는 점점 더 이런 생각을 굳히게 되면서 괴로웠다. 해설자도 나의 이런 생각을 어떻게 해 주지 못했다.

마침내 나는 소리 높여 항의했다. "오호라, 애석하도다. 이 비참한 세상에서 나는 만족을 발견할 수 있을 것인가? 세상의 모든 것이 무익하고, 걱정거리로 가득 차 있을 뿐이구나!"

그러자 해설자가 반박하며 말했다. "누구를 비난하겠습니까? 남을 비난할 것이 아니라 자신을 비난해야 합니다. 당신은 정말 보기 싫은 사람입니다. 그런 식으로 생각하면 모든 사람이 당신을 싫어할 것입니다. 다른 사람들을 바라보세요. 자신들이 하고 있는 일 가운데에서 충분히 만족해하면서, 자신들이 소유하고 있는 것을 가지고 얼마나 즐겁고 행복하고 살아가고 있습니까?"

나는 해설자의 말을 되받아 말했다. "그 사람들은 모두가 완전히 미친 사람들이거나 거짓말쟁이들입니다. 왜냐 하면, 그들이 참 만족을 누리고 있지 않기 때문입니다."

그러자 편재가 내게 말했다. "당신은 미쳤습니다. 당신은 자신 속의 불안을 완화하려고 그런 말을 하고 있는 것입니다."

그 말을 듣고 내가 대답했다. "이 문제를 어떻게 풀어야 할지 잘 모르겠습니다. 내가 수없이 몇 차례 참 만족을 발견하려고 시도했는지 잘 알고 있지 않습니까? 그런데 가는 곳마다 폭력으로 변화를 시도하고, 비참한 종말을 고하는 것을 보지 않습니까? 그래서 내가 쫓겨났고요."

세상에서 인간의 마음이 구하는 것을 발견하지 못하다

2. 해설자가 말을 했다. "당신의 환상이 이런 문제를 일으키지 않았습니까? 만일 당신이 그런 방식으로 인간의 일을 까다롭게 구분하려고 하지 말고, 짚단 위에서 뒹구는 돼지처럼 가는 곳곳마다 그들과 어울려 잘 뒹군다면, 당신은 다른 사람들처럼 평화로운 마음과 만족함과 기쁨과 행복감을 갖게 될 것입니다."

"그러니까, 만일 내가 당신처럼 외형적인 모습에서만 감동을 받고, 변덕스럽고 품위 없는 미소로 웃고, 지혜로운 문헌을 정독하지도 않고, 우연히 마주치는 행복에 일희일비하라는 말입니까? 그러나 내가 모든 계층을 살펴보면서 알게 된 그 숫자와 정도와 목적을 셀 수도 없이 많은 땀과 눈물과 신음과 혼란과 결점과 재난의 사고와 다른 불행들은 무엇이란 말입니까? 아, 참으로 애석하고도 애석합니다. 왜 삶이 그렇게 비참하고 가련하단 말입니까? 당신은 이곳저곳 모든 곳으로 나를 안내해 주었습니다. 그런데 과연 쓸모 있는 곳이 있었습니까? 당신은 내게 부유함과 지식, 위안과 안전을 보여 주겠다고 약속했습니다. 그러나 내가 과연 그런 것들을 얻었다고 생각하십니까? 아닙니다. 나는 아무것도 얻지 못했습니다. 내가 무엇을 배웠다고 생각하십니까? 아무것도 배우지 못했습니다. 나는 지금 어디에 있습니까? 나도 잘 모르겠습니다. 나는 단지 이것만 알게 되었습니다. 그렇게 많은 혼란스러움 뒤에, 그렇게 많은 노동 후에, 그렇게 많은 위험에 처해 본 후에, 순례하는 동안 내내 지쳐서 녹초가 되고 힘이 다 소진된 후에, 내가 마침내 얻게 된 것은

세상의 미로와 마음의 낙원

아무것도 없었습니다. 오로지 고통과 혐오스러움만을 발견했습니다."

사람들을 잘못 인도하며 기만하는 수단들

3. 내가 이와 같이 소상하게 하소연하자 해설자가 반박하며 말했다. "그것은 당신을 바르게 이끌어 줍니다. 왜 당신은 순례를 시작할 때부터 내 충고를 따르지 않았습니까? 내가 몇 번 말했었지요. 의심하지 말고 모든 것을 믿으라고요. 의심하지 말고 모든 것을 받아들이라고요. 아무것도 비판하지 말고 모든 일에 대해서 기뻐하라고요. 당신이 내 말을 잘 따랐더라면 평화롭게 순례하고, 순례 장소에서 만난 사람들에게 호감을 갖게 되고, 마침내 만족함을 얻게 되었을 것입니다."

위와 같은 설명을 듣고 나는 대답했다. "당신이 나를 기만하지 않았다면 내가 의심할 여지 없이 따랐을 것입니다. 당신 말을 의심하지 않고 그대로 따르기만 했다면, 나는 다른 사람들과 같이 헛소리를 하게 되었을 것입니다. 그리고 어리석게도 참 기쁨을 누리지 못하고 방황했을 것입니다. 또한 멍에를 지고 신음하면서도 철없이 야단법석을 떨었을 것입니다. 병들고 죽어 가면서도 정신 차리지 못하고 기쁜 척 소리를 지르며 살았을 것입니다. 나는 살펴보았습니다. 그리고 관찰했습니다. 또한 깨닫게 되었습니다. 순례하는 동안 그 어느 누구도 참 진리를 얻지 못하고 있다는 것을 깨달았고요. 그 어느 누구도 참 진리를 알지 못하고 있다는 것을, 그 어느 누구도 참 진리를 얻지 못했다는 것을 깨달았습니다. 우리는 단지 우리가 하는 일을 상상할 뿐입니다. 도처에 있는 진리가 우리를 사로잡지 못하고 그림자를 붙잡았습니다. 이 얼마나 비통한 일입니까?"

세상을 꿰뚫어 관찰하는 사람마다 슬픔에 빠지지 아니할 수 없다

4. 해설자가 다시 가세하여 내게 말했다. "내가 전에 뭐라고 말했던 가요? 잘못은 당신에게 있어요. 왜냐 하면, 당신은 위대하고 특별한 것만을 찾고 있는데, 그 누구도 당신이 찾고 있는 것을 얻을 수 없어요."

그때 내가 대답을 했다. "그러기 때문에 나는 더욱 애통합니다. 왜냐 하면, 나뿐만 아니라 나와 같은 시대를 살아가는 모든 사람들이 참으로 비참한 삶을 영위합니다. 자신의 불행함을 깨닫지 못하는 사람은 맹인과 다를 바가 없습니다."

그러자 해설자는 내 말을 받아서 또다시 말했다. "어떻게 무엇으로 당신의 혼란스런 마음을 정돈해 주어야 할지 나는 잘 모르겠습니다. 왜냐 하면, 당신은 순례하는 동안 살펴본 모습들 중에 단 한 가지에 대해서도 만족하지 않았기 때문입니다. 세상에 대해서도 기뻐하지 않고, 사람들에 대해서도 즐거워하지 않으며, 일하는 모습에 대해서도 만족하지 않고, 나태에 대해서도 그렇고, 배우지 않는 것에 대해서도 불만스러워하며, 무지에 대해서도 그렇습니다. 도대체 당신에게 무엇을 어떻게 해 주어야 할지, 세상에서 어떤 것을 보도록 추천해 주어야 할지 나는 잘 모르겠습니다."

5. 그러자 편재가 나서서 말했다. "여왕이 살고 있는 성의 중심부로 그를 데려가 봅시다. 아마 그곳에서 이 사람은 마침내 그토록 찾던 진리를 발견하게 될 것입니다."

제29장
세상의 여왕인 지혜의 궁전을
살펴보는 순례자

1. 그들이 나를 앞으로 이끌었다. 바깥에서 보기에 그 성은 여러 가지 아름다운 그림들로 번쩍이고 있었다. 그 문에는 성에서 일하는 관리들이나 세상의 통치자들을 제외하고는 그 누구도 입장할 수 없도록 보초들이 지키고 서 있었다. 참으로 여왕을 떠받드는 종들과 여왕의 명령을 집행하는 관료들은 자유로이 성 안을 왕래했다. 성 안을 구경하기 원하는 다른 사람들은 다만 밖에서 멍하니 바라볼 수밖에 없었다. 사실상, 나는 눈보다 입을 가지고 더 안쪽을 들여다보려는 속셈으로, 연신 하품을 하면서 빈둥거리는 사람이 적지 않은 것을 보았다. 나는 그들이 문 쪽으로 나를 인도해 주어서 기뻤다. 왜냐 하면, 나는 세상의 지혜에 대한 비밀을 이해하고 싶은 열망이 있었기 때문이다.

2. 그러나 여기에서조차 나는 아무런 사고 없이 지나갈 수는 없었다. 내 앞을 가로막으면서 문지기가 나를 검문하기 시작했다. 그들은 나에게 무엇을 하러 들어가려느냐고 물었다. 그런 다음 그들은 나를 뒤로 밀어서 몰아내기 시작했다. 양팔을 쭉 뻗쳐 나를 위협하면서 밀어내는 것이었다. 그러나 그들과 아는 사이인 편재가 나를 안다고 말해 주고는 내 손을 잡더니 첫번째 안마당으로 안내했다.

3. 내가 성의 건물 그 자체를 바라보았을 때, 벽은 하얀 색으로 빛나고 있었다. 사람들은 내게 그 하얀 벽은 석고로 만들어졌다고 말해 주었다. 그러나 주의 깊게 그 벽들을 살펴보고 손으로 만져 보고서, 나는

그 벽들이 종잇조각으로 만들어졌다는 것을 알게 되었다. 이것을 보고 나는 그 벽들이 부분적으로 속이 비어 있고, 그 안에 채워 넣어야 할 공간이 있을 것이라고 판단했다. 나는 이와 같은 속임을 보고 놀라워서 큰소리로 웃었다. 우리는 어딘가로 오르게 되어 있는 계단에 이르렀다. 그러나 그 계단에 오르면 떨어지지 않을까 두려워서 멈칫거렸다. 그러자 해설자가 내게 말했다. "아니, 당신은 또 이상한 생각을 하고 있군요? 당신은 하늘이 당신에게로 무너져 내릴 것이라고 걱정합니까? 아니면 당신 눈에는 많은 군중들이 저 계단 위로 오르락내리락 하는 것도 보이지 않는단 말입니까?" 그 말을 듣고 다른 사람들이 어떻게 하는지 살펴보았다. 그리고 나는 나선형 모양의 계단으로 올라갔다. 올라가 보니 그곳은 아주 높고, 바람이 불어서 현기증이 날 정도였다.

제30장
지혜의 궁전에서 고발당하는 순례자

순례자가 세속적 지혜의 여왕 앞에 서다

1. 그들은 나를 큰 홀로 안내했다. 그곳에서 내가 처음 본 것은 창문뿐만 아니라, 값비싼 돌로 쌓여 있는 벽에서 엄청난 빛이 비쳐 오는 것이었다. 마루에는 금으로 번쩍이는 고가의 양탄자로 깔려 있었다. 천장에는 일종의 구름과 안개같이 보이는 것이 있었다. 나는 가까이 다가가서 그것을 관찰할 수 없었다. 왜냐 하면, 내 시야에 영광스러운 여왕이 들어와서 그쪽을 보았기 때문이다. 여왕은 차양 아래 높은 보좌 위에 앉아 있었다. 여왕이 앉아 있는 양쪽에는 고문들과 종들이 수종을 들고

세상의 미로와 마음의 낙원

있었는데, 그들은 보기에 기품이 있고 근사한 수행원들이었다. 나는 그러한 화려함에 주눅이 들었다. 특별히 그들이 나를 보고 다음과 같이 말하기 시작했을 때 그러했다. "조금도 두려워할 것 없습니다. 이리로 가까이 오십시오." 편재가 내게 말했다. "위대한 여왕께서 당신을 보기 위하여 오라고 하는 것입니다. 좋은 뜻으로 부르는 것이니 용기를 내시오. 그러나 겸손하고 공손하게 처신하는 것을 잊지 마시오." 그렇게 말해 준 다음, 그는 나를 홀 중앙으로 안내했다. 그리고 내게 엎드려 절하라고 요청했다. 어떻게 절하는지 나는 잘 몰랐지만 그 말을 따르기로 했다.

순례자가 고발당하다

2. 나의 동의도 구하지 않고 내 대변인임을 자처하는 해설자는 다음과 같이 말하기 시작했다. "세상에서 가장 훌륭한 여왕님, 가장 찬란하게 빛나는 하나님의 대들보이신 여왕님, 여왕님은 탁월한 지혜를 지니고 계십니다. 우리는 여왕님을 뵈옵게 된 것을 큰 행운으로 여기며, 존귀한 면전에서 세상에서 가장 빛나는 계층과 왕국이 어디에 있는지를 경험하며 고찰하고 있는 여기 젊은 순례자 한 명을 데리고 왔습니다. 가장 높으신 하나님께서 여왕님으로 하여금 세상 끝까지 다 다스리도록 그 모든 권한을 위임하셨습니다. 이 젊은이는 우리들의 안내를 받으며 세상의 모든 계층들을 살펴보았습니다. 여왕님의 뜻에 따라서 이 젊은 순례자는 안내자의 도움을 받으며 순례를 했습니다. 그러나 우리는 애석하게도 좋지 않은 말씀을 올리게 되었습니다. 우리의 진지하고 충실한 노력에도 불구하고, 우리는 이 순례자에게 어느 한 직업이라도 좋게 보도록 이해시킬 수가 없었습니다. 그가 조국 땅에서 이곳저곳을 살펴보면서 평온하게 되고, 충실하며, 충성할 줄 하는 거주민이 되도록

설득했지만 그는 듣지 않았습니다. 그는 오히려 끊임없이 화를 내고, 그 어느 한 가지에도 기뻐하지 않고 독특한 것만을 추구해 왔습니다. 저희가 이 젊은이의 헛된 욕구를 이해시킬 수도 없었고, 만족시켜 줄 수도 없었기 때문에 여왕님 면전에 데려왔으니, 여왕님의 뜻에 따라 이 청년을 적당히 처리해 주시기 바랍니다.”

순례자가 두려워하다(적대자, 힘, 애정)

3. 이와 같은 예기치 않은 말을 듣고, 내 마음이 어떠했을 것이라는 사실을 잘 알 수 있을 것이다. 왜냐 하면, 나는 지금 여기에서 심판을 받도록 그들이 나를 데려온 것이 분명했기 때문이었다.

그때 나는 깜짝 놀랐다. 특별히 여왕의 면전에서 두 눈 뜨고 서 있는 나를 보고 험악한 짐승과 같은 젊은이라고 거짓말하는 것을 보았기 때문이었다. 짐승 같은 젊은이라는 표현이 개와 같다고 한 것인지, 공룡과 같다고 한 것인지 나는 잘 알 수 없었다. 그러한 고발이 필요했겠지만, 나를 고발하기 위한 모함을 꾸미고 있다는 것을 알 수 있었다. 여왕을 수행하는 무장한 두 명의 남자 수행원이 거기에 서 있었다. 그들은 여성 갑옷을 입고 있었다. 그러나 그럼에도 불구하고 보기에 끔찍했고, 특별히 왼쪽에 서 있는 수행원이 그 정도가 더욱 심했다.

여왕의 수행원은 만지기가 무섭고 위험해 보이는 고슴도치 모양을 한 철로 된 갑옷으로 무장을 하고 있었다. 그 수행원은 손과 발에는 철 집게발을, 한 손에는 창과 칼을, 다른 한 손에는 화살과 화기를 들고 있었다.

다른 수행원은 끔찍하게 보이기보다 다소 바보처럼 보이는 우스꽝스러운 모습을 하고 있었다. 갑옷 대신에 그는 여우 털로 된 모피를 입고 있었다. 그리고 그가 도끼와 창 대신에, 오른손에는 여우 꼬리를 들고,

세상의 미로와 마음의 낙원

왼손에는 호두가 달린 나뭇가지를 흔들며 서 있었다.

순례자를 향한 여왕의 말

4. 해설자가 나에 대한 보고를 거짓으로 마치자, 가장 고급스러운 세마포로 얼굴을 가린 여왕이 다음과 같이 무게를 잡고 장황스럽게 연설을 했다. "나름대로 가치가 있는 젊은이여, 나는 세상에서 모든 것을 그렇게 열심히 찾으려는 청년의 의도를 어느 정도 이해한다네. 그러나 젊은이가 그렇게 너무 까다롭다는 것에는 그리 기쁘지 않네. 그리고 현세에서 많은 것을 배우고 깨달으려고 하는 과정에서, 청년은 너무 비판적이고 쓸데없는 넋두리를 하는 것이 못마땅하네. 이런 이유로 나는 자네로 하여금 모든 사람들에게 보여 주기 위해서라도 벌을 줄 수 있지만, 엄격한 벌보다는 인내와 선함의 본보기를 보여 주기를 원하기 때문에, 이 성에서 어느 정도의 기간 동안 살아 보도록 명한다네. 그러면 너 자신과 나의 규율을 보다 잘 이해할 수 있을 것이네. 이렇게 은밀한 장소로 들어가도록 허가된 사람이 지금까지 없었기 때문에, 청년은 나의 큰 은혜를 입는다고 하겠네. 그곳은 세상에 대한 명령과 징책이 결정되는 장소라네." 여왕은 자신의 말을 마쳤다는 뜻을 손짓으로 표시했다. 나는 옆으로 비켜섰다. 그리고 나는 과연 그곳이 과연 어떤 곳인지 관찰하고 싶은 마음이 생겼다.

여왕의 고문들

5. 한편, 옆으로 비켜서면서 나는 해설자에게 여왕의 고문들이 어떻게 불리고, 어느 정도의 서열에 있으며, 하는 일은 무엇이냐고 물었다. 그러자 해설자는 다음과 같이 내게 말했다. "그들은 존경하는 여왕님의 가장 가까운 측근으로서 은밀하게 보좌하는 사람들입니다. 여왕님의

제30장 지혜의 궁전에서 고발당하는 순례자

오른편에는 순수, 주의 깊음, 신중, 사려, 상냥함, 절제 등이 있습니다. 그리고 여왕님의 왼편에는 진리, 열의, 정직, 용기, 인내, 항구성 등이 있답니다." 이러한 고문들이 항상 여왕 근처에 서 있었다.

여왕의 여성 관리들

6. 고문들보다 한 단계 낮은 쪽에 서 있는 여왕의 고위직 여성 관리들이 세상을 통치하는 관료들이다. 어느 관리는 회색 치마에 베일을 쓰고 있는데, 조금 낮은 단계의 관리로서 근면이라고 불렀다. 금으로 된 머리 장식을 하고, 물결이 일어나는 색깔과 화관을 쓰고 있는 어떤 관리는 축복의 성을 관리하는데 행운의 여신이라고 불렀다. (이 행운의 여신은 이미 지난번에 우리가 언급했었다.) 이 두 관리들 옆에는 보조원들이 있고, 어떤 때는 저곳에, 어떤 때는 이곳에서 부과된 업무를 수행하도록 위치가 정해진다. 거기에서 그들은 봉사를 하고, 최후 심판의 내용과 지령을 받는다. 그들은 각자 자기 수행원을 거느린다. 공업이라는 여성 관리는 결혼한 사람들의 사랑에 관한 일을 처리하고 있다. 근면이라는 관리는 상거래와 기능에 대한 일을 맡고 있다. 정의라는 관리는 계층을 통솔하는 일을 한다. 용기라는 관리는 군인들을 다스리는 일을 한다.

세상에 있는 여성들의 규율

7. 그와 같은 고상한 이름들을 들으면서, 세상에서 모든 일이 혼란스러운 상태에서도 나는 무엇인가 언급하고 싶었다. 그러나 나는 감히 말하지 못했다. 오히려 나는 속으로 다음과 같이 생각할 뿐이었다. "내가 보고 있는 이 나라 정부의 질서란 정말이지 독특하다. 통치자가 여성이다. 고위직 관리들도 여성들이다. 공무원들도 여성들이다. 정부에서 일

세상의 미로와 마음의 낙원

하는 모든 사람이 여성들이다. 어느 누가 이 여성들만으로 구성된 정부를 두려워할 수 있는가?"

호위병들

8. 나는 자기들의 의무를 수행하고 있는 두 명의 호위병들에게 그들은 누구이며 해야 할 의무가 무엇인가를 물었다. 해설자는, 여왕에게는 적이 있고, 그 적으로부터 자신을 보호해야 하기 때문에 호위병이 필요하다고 설명해 주었다. 몸에 여우 털로 된 모피를 두르고 있는 관리는 공예라는 이름으로 불렸다. 반면 철과 화기로 된 옷을 입고 있는 관리는 권력이라 불렀다. 어느 한 관리가 직무를 잘 수행할 수 없을 때 다른 관리가 그 대신 호위를 한다. 그들은 돌아가며 교대로 직무를 수행한다. 개 또한 수상쩍은 사람이 나타나면 짖어댐으로써 경고하거나 물리침으로서 호위병 노릇을 한다. 그는 왕궁에서 신속한 전달자라고 부른다. 그러나 그의 과업을 좋아하지 않는 사람들은 그에게 대항자라는 별명을 붙여 주었다. "그러나 당신은 바보짓을 멈추고, 여기에서 어떤 일이 발생하는지 주의를 기울여서 잘 듣고 보아야 힙니다."라고 해설자가 내게 말했다.

그래서 나는, "잘 알겠습니다. 기꺼이 그렇게 하겠습니다."라고 대답했다.

제31장
수행원과 지혜의 궁전에 온 솔로몬

솔로몬이 나타나서 지혜를 그의 배우자로 얻기를 원하다

1. 이제 어떤 일이 발생할지 궁금하여 만반의 준비를 하고 있을 때, 주변이 아주 시끄러워서 왜 그런가 하고 살펴보았다. 나는 누군가 왕관을 쓰고, 황금 홀(忽)을 가지고, 빛나는 광채를 발하며 궁정 안으로 들어가는 것을 보았다. 그 왕 뒤에는 큰 무리의 수행원들이 장관을 이루면서 뒤따르고 있었다. 나뿐만 아니라 모든 사람들이 그 왕과 일행을 바라보았다. 왕은 앞으로 몇 걸음 걸어 나가더니 자신이 신들 중에 가장 높으신 하나님께로부터 영예를 입은 사람으로서, 이전이나 이후에 어느 누구도 할 수 없는 크나큰 자유가 이 세상에서 점점 신장되고 있는지 살펴보러 왔노라고 경고했다. 우선 그 왕은 지혜를 가지고 있다고 했다. 그는 세상의 통치자인, 자기 아내와 같은 지혜를 찾아야 했다. 그러므로 그는 지혜라는 여자를 찾기 위해 왔다고 했다. 그의 이름은 솔로몬이었다. 그는 이스라엘의 왕이었다. 이스라엘은 하늘 아래 가장 빛나는 나라였다(전도서 1장 17절).

2. 그는 지혜가 바로 신의 아내였다는 것과, 지혜를 다른 이에게 줄 수 없다는 사실을 세심한 여성 관리로부터 통보 받았다. 그러나 만일 지혜를 그녀에게 주어서 그녀가 기쁘다면 주지 못할 것도 없었다. 솔로몬 왕이 다음과 같이 제안을 했다. "여기에 좀 앉읍시다. 여기에서 내가 지혜와 어리석음의 차이가 무엇인지 확연히 볼 수 있을 것 같습니다. 왜냐 하면, 해 아래 나를 기쁘게 하는 것은 아무것도 없기 때문입니다."

세상의 미로와 마음의 낙원

순례자가 기뻐하다

3. 오, 하나님의 뜻에 따라 내가 지금까지 함께했던 고문과 안내자보다 다른 사람을 영접해야 한다는 이 소리를 들으니 내가 얼마나 기쁜가. 그 사람과 함께한다면 나는 더욱 안전하게 되고, 더욱 정확하게 모든 것을 검증할 수 있다. 그 사람이 가는 곳 어디든지 나는 그를 따를 것이다. 그리고 나는 내 안에 계시는 주 하나님을 찬양하기 시작했다.

솔로몬의 동반자

4. 솔로몬은 세상의 여왕인 지혜를 시험하기 위해 큰 무리의 수행원들 및 친구들과 함께 왔다. 그들 중에는 명성을 날리고 있는 사람들, 예를 들면, 군주, 예언자, 사도들, 제자들 등이 있었다. 그 무리의 뒤편으로 나는 몇 명의 철학자들을 보았다. 소크라테스, 플라톤, 에피쿠로스, 세네카 등이 그들이었다. 그 사람들은 솔로몬 왕의 주변에 포진하고 앉아 있었다. 나는 또 이 다음에는 어떤 일이 생길지 궁금해하기도 하고 기대를 하면서 앉았다.

제32장
세상의 은밀한 심판과 통치를
살펴보는 순례자

1. 나는 곧 그들이 이곳에서 모든 사람들이 가지고 있는 토지 문제를 다룬다는 것을 이해하게 되었다. 특별한 업무는 자신이 일하고 있는 그 자리에서 처리했다. 그 장소는 곧 오늘날의 시청 구실을 하는 곳, 법정,

종교 법정 등이었다. 내가 여기에서 목격한 일들을 가능한 간결하게 서술해 볼 것이다.

세상의 무질서에 대한 불평

2. 첫번째로 두 명의 관리들인 근면과 행운이 앞으로 걸어 나갔다. 그들은 모든 계층 사이에서 발생한 무질서에 대해 보고했다. 그 무질서는 바로 상호불신, 교활함, 속임수, 사기 등으로 인해 야기되었다. 그들은 이것을 바로잡아 주기를 요청했다. 나는 관리들 자신이 바로 내가 발견한 세상의 무질서를 깨닫고 있는 것을 보고 아주 기뻤다. 이것을 눈치 챈 해설자가 내게 다음과 같이 말했다. "이것 보세요. 당신은 자기만 두 눈을 가지고 있고, 다른 사람들은 맹인처럼 아무것도 보지 못한다고 착각한 적이 있었지요? 이제 당신은 이 사람들이 얼마나 치밀하게 자기들의 업무를 처리하고 있는지를 보고 있습니다."

그때 나는, "그 소리를 들으니 기쁩니다. 하나님께서 옳은 길을 발견하도록 해 주시기를 기도합니다."라고 대답했다.

세상의 무질서의 원인을 조사하다

3. 나는 관리들이 모여서 서로 논의하는 것을 보았다. 그들은 이러한 혼란을 야기한 사람들이 누구인지 확인하는 일이 가능한지 여부를 여성 행정관의 사려 깊음을 통해 물었다. 광범위한 조사를 한 후, 공모자와 반역자들이 은밀하게, 혹은 공공연하게 혼란을 증대시킨다는 것이 보고되었다. 술망나니, 탐욕스러운 자, 고리대금업자, 호색한, 오만한 자, 무자비한 자, 나태한 자, 무위도식하는 자 등이 가장 큰 비난을 받았다.

무질서의 원인이 되는 사람들에 대한 법령

4. 개개인에 대해서 어떻게 처리할 것인지 협의한 후에, 마침내 판결문이 작성되고 공포되었다. 판결문은 공판을 통해 공개적으로 알려졌다. 지혜의 여왕은 슬그머니 들어온 외국인들의 교활한 짓 때문에 이 땅에 무질서가 야기되었다는 사실을 공포하였다. 그 외국인들이 바로 범죄자들이었다. 특히 술망나니, 탐욕스러운 자, 고리대금업자, 호색한 등을 가리켰으며, 이들은 왕국으로부터 영원히 추방된다고 선고되었다. 이 시간 이후부터 그들은 죽음의 고통 아래 있게 되고 더 이상 이 왕국에서 눈에 띄지 않을 것이다. 판결문이 공개적으로 공포되었을 때, 믿기 어려울 정도의 엄청난 환호소리가 사방에서 울려 퍼졌다. 나뿐만 아니라, 모두가 이제는 이 세상에 황금기가 도래할 것이라고 소망했다.

새로운 불평과 새로운 법령

5. 그러나 그것도 잠시, 세상의 상황이 조금도 나아지지 않았을 때 많은 사람들이 불평하는 소리가 쇄도했다. 그 불만은 바로 판결문이 선고된 대로 후속 작업이 잘 이어지지 않고 있나는 불병이었다. 그래서 참사관들이 다시 모여 의견을 주고받았다. 그들에게 닥친 상황의 특수성 때문에 여왕은 참사관 중에서 아량이 넓은 사람을 위원들로 임명했다. 그들은 판결문이 포고된 이후에도 이 땅에 아직도 그 수치스러운 망나니들이 남아 있는지, 그들이 다시 뻔뻔스럽게 다시 돌아왔는지 주의 깊게 조사할 것을 주문 받았다. 위원들은 그것을 조사하기 위해 현장으로 곧 나갔다. 잠시 후 조사를 마치고 돌아온 그들은 참으로 의혹이 가는 몇몇 인물들을 발견했다고 보고했다. 그 용의자들은 자신들이 추방자들의 무리에 포함된다는 것을 생각하지 않는다고 보고했다. 그들은 여러 다양한 이름들을 지니고 있었다. 첫번째 부류는 술망나니와

제32장 세상의 은밀한 심판과 통치를 살펴보는 순례자

비슷한 이름을 가지고 있었으며, 그는 중독자 혹은 환락자라는 이름을 가지고 있었다. 두 번째 부류는 탐욕과 흡사한 자들로서 경제라고 불렸다. 세 번째 부류는 고리대금업자와 비슷한 이익이라고 불렸다. 네 번째 부류는 호색한과 유사한 은근함이라고 불렸다. 다섯 번째 부류는 오만과 흡사한 고관나리라고 불렸다. 여섯 번째 부류는 잔혹함과 유사한 엄격으로 불렸다. 일곱 번째 부류는 게으름과 비슷한, 되는 대로 사는 사람들이라고 불렀다.

법령이 설명되다

6. 이 보고서가 심의회의에 붙여지고 나서, 즐거움이 곧 술망나니가 아니며, 경제가 곧 탐욕이 아니라는 등의 설명이 제시되었다. 그러므로 방탕자들과 동명이인이었던 사람들은 오해로부터 자유롭게 되었다. 왜냐 하면, 판결문이 그들은 죄가 없다고 설명을 붙였기 때문이다. 이 판결문이 선포되었을 때, 그들과 친하게 지냈다는 이유만으로 방탕자들과 똑같은 사람으로 분류될 뻔했던 평민들의 누명이 벗겨졌다. 나는 솔로몬과 그의 일행이 어떻게 하는지 살펴보았다. 그들은 머리를 흔들고 있었다. 비록 내가 그들이 서로에게 속삭이는 소리를 들었지만, 그럼에도 불구하고 그들이 침묵을 지켰기 때문에 나도 똑같이 침묵을 지켰다. 그들은 다음과 같이 속삭였다. "그 이름들이 공개되어 왔습니다. 그러나 반역자들과 파괴자들은 자기들의 이름을 바꾸었고 자유롭게 드나들었습니다. 선한 뜻이 좋은 결과로 나타나지 않았습니다."

세상의 토지 소유자들이 더 큰 자유를 요구하다

7. 세상의 모든 재산가들로부터 파견된 사자들은 이곳에 와서 청중을 찾았다. 입장을 허락 받고, 그들은 모든 신실한 주인들의 행동에 대

세상의 미로와 마음의 낙원

해 겸손하게 청원을 한다는 이상한 몸짓을 했다. 그들은 모든 재산가들이 과연 빛나는 여왕이 내리신 법과 규율을 잘 기억하며, 여왕을 배반할 생각은 추호도 없이 그에 대해 얼마나 황송해하며, 지금까지 신실하고 충성스럽게 여왕의 통치권을 잘 받들고 따르는지를 물었다. 위대한 여왕은 이 말을 듣고 흡족하여 그들에게 특권과 자유를 더 많이 주었다. 이러한 친절한 행위로 인해 그들은 계속 여왕에게 감사한 마음으로 충성할 것을 다짐했다. 말을 마친 후 그들은 깊숙이 절하고 자리에서 물러갔다. 나는 눈을 비비며 물었다. '지금 도대체 어떤 일이 벌어지고 있단 말인가? 세상에는 이미 충분한 자유가 주어지지 않았는가? 채찍과 굴레로부터 충분히 자유가 주어지지 않았는가!' 그러나 나는 아무 말도 하지 않기로 결심했기 때문에, 속으로만 이렇게 생각했다. 왜냐 하면, 내가 보아 온 슬기로운 사람들의 면전에서 말하는 것이 적당하지 않다고 여겼기 때문이다.

새로운 특권의 배분

8. 그 후에 그들은 다시 한 번 심의회의를 하기 위해 함께 모였나. 심사숙고하여 회의를 마친 후에 여왕은 자신의 왕국을 향상시키고 잘 꾸미기 위해 항구적으로 노력해 왔다는 사실을 알리는 기구로 활용했다. 왜냐 하면, 여왕은 항상 그렇게 문제를 해결해 왔기 때문이다. 참으로 사랑하고 신실한 백성들의 탄원을 받고서, 여왕은 그들의 요청을 귀머거리처럼 못들은 체하기를 원하지 않았다. 이와 같이 백성들의 명예를 드높여 주기 위해, 여왕은 모든 재산가들의 칭호를 늘려 주기로 결심했다. 이와 같은 방식으로 어떤 재산가는 일반인과 현저하게 구분되는 면허장 같은 특권을 받게 될 것이다. 여왕은 기술공들을 저명한 사람으로 기록하라고 포고했다. 즉 학생들은 뛰어나고 가장 많이 배운 사람으로

기록하고, 예술인과 의사들은 가장 유명한 사람으로 기록하며, 성직자들은 가장 존경스럽고 훌륭하고 명예스러운 사람으로 기록하고, 주교들은 가장 거룩한 사람으로, 부자들은 고귀한 사람으로, 지주(地主)는 고귀하고 용감한 기사로, 영주들은 두 배의 공작으로, 백작들은 아주 고귀한 주인으로, 왕자들은 가장 권세 있는 사람으로, 그리고 왕들은 가장 뛰어난 무적으로 기록하라고 명령했다. "이 법령을 더욱 확고하게 확립하기 위해, 우리는 만일 적절한 칭호를 부여하는 것을 빠뜨리는 일이 있거나, 혹은 부정확하게 기록될 경우, 그 어느 누구도 칭호 수여를 받지 못한다는 것을 선언합니다." 감사의 인사를 받으면서 여왕의 사자는 떠났다. 나는 속으로 다음과 같이 생각했다. '한 장의 종이 위에 단 몇 줄의 칭호가 붙여지고 있으니, 여러 사람들에게 그렇게 큰 상을 얼마나 쉽게 하사할 수 있겠는가!'

가난한 자들의 청원

9. 그 후에 다음 모든 계층 가운데 가난한 사람들의 탄원이 올라왔다. 가난한 사람들은 세상이 많이 불평등하다고 불만을 터뜨렸다. 가난한 사람들이 비참하게 곤궁한 생활을 하는 동안, 다른 사람들은 풍성한 소유를 가지고 있다. 그들은 이런 상황이 바꾸어져야 한다고 애걸했다. 이 문제를 숙고한 후에, 비록 여왕이 한 사람 한 사람의 요구를 충분히 만족시켜 줄 수 없다고 하더라도, 어쨌든 가난한 사람들의 요구에 일정 부분 응답해야 할 명령이 떨어졌다. 그럼에도 불구하고, 왕국의 영광은 몇 명의 소수가 다른 대다수보다 더욱 귀한 대접을 받게 되는 상황이 벌어졌다. 기득권층이 이미 설립해 놓은 세상의 질서를 유지하면서, 가난한 사람들의 요구를 충족시켜 준다는 것은 불가능했다. 마치 행운의 여신이 성을 채워 주어야 하는 것처럼, 공업이 일거리를 제공해 주어야

세상의 미로와 마음의 낙원

만 한다. 그러나 가난한 사람들의 이러한 요구는 받아들여졌다. 게으르지 않은 사람들은 모두가 그들이 노력하는 만큼 가난으로부터 벗어나게 되었다.

부지런한 자들의 탄원

10. 가난한 사람들의 탄원이 응답 받았다는 사실이 알려지고 나자, 잠시 후 부지런한 사람들 몇 명이 탄원서를 가지고 다가왔다. 그들은 자기 재산과 기업을 가지고 요행도 바라지 않고, 부지런히 일한 사람들이 응분의 보답을 받아야 하지 않겠느냐고 탄원을 했다. 참사관들은 이 탄원을 듣고 어떻게 할 것인지 오랫동안 논의를 했다. 그 탄원을 보면서 나는 그 문제는 쉽게 풀리지 않을 것이라고 판단을 했다. 마침내 비록 권력자와 고위층이 이 문제를 행운의 여신에게 위임하고, 행운의 여신의 충실한 종 기회가 그 문제 처리를 완료할 수 없었다고 할지라도, 부지런한 사람들의 탄원은 기억이 될 것이다. 더욱이 가능한 한 게으른 사람들이 부지런한 사람들을 섬겨야 한다는 명령이 떨어졌다. 그러자 부지런한 사람들은 물러갔다.

학자들과 유명 인사들의 탄원

11. 부지런한 사람들이 물러가고 나자 즉시, 뛰어나게 우수한 몇몇 사람들을 대표하는 테오프라스투스와 아리스토텔레스가 두 가지 탄원을 하고자 나아왔다. 첫째는 자신들이 다른 사람들처럼 우연한 일에 종속을 받지 않아야 한다는 것과, 두 번째는 하나님의 선에 의해서 자신들은 우수한 지성과 학식과 풍부함을 지니고 있기 때문에 존경을 받아야 한다는 것이었다. 지성인들은 영생의 특권을 가지기를 원했다. 영생을 얻으면 지성인들 자신은 일반 보통 사람들과는 다른 대우를 받을 것

제32장 세상의 은밀한 심판과 통치를 살펴보는 순례자

이라고 생각했다. 지성인들의 첫번째 소망이 고려되었을 때, 그들은 이 요청이 적합하다는 말을 들었다. 그러므로 그들은 자신들이 노력하는 만큼 최고의 자리를 지킬 수 있다는 허락을 받게 되었다. 즉 학식을 쌓는 만큼 지성인으로, 신중한 만큼 신중한 사람으로, 권세를 가지는 만큼 권세 있는 자로, 재산을 가지는 만큼 부자로 자기의 자리를 지킬 수 있도록 허락 받은 것이다.

두 번째 탄원에 대해서, 지혜의 여왕은 모든 최고의 연금술사들에게 모여서 부지런히 영생을 얻을 수 있는 방법을 찾아내라고 명령했다. 여왕이 이 명령을 내리는 것을 보고 지성인들은 해산했다.

한참 동안 아무도 탄원하러 나아오는 사람이 없었을 때, 지성인 가운데 대표자 몇 명이 답변을 듣기 위해 나아왔다. 한 가지 해결책이 임시로 그들에게 주어졌다. 여왕은 그렇게 우수한 사람들이 일반 사람들의 운명처럼 잠시 있다가 사라지기를 원하지 않았다. 그러나 여왕은 현재 이러한 운명을 피할 수 없다는 것을 알고 있었다. 그러나 그들은 지성인의 특권을 얻었다. 즉 일반인들은 죽는 순간 가능한 한 빨리 묘지에 묻는 반면에, 지성인들은 죽고 난 후 가능한 한 며칠을 산 자와 함께 더 머물 수 있게 했다. 또한 일반인들이 죽으면 단지 푸른 잔디 아래 안장하는 반면에, 지성인들은 오래가는 돌 밑에 안장되게 했다. 지성인들이 받고 싶어하는 특권은 무엇이든지 하층민과 구분할 수 있도록 하기 위해 허용되었다.

지배자들의 탄원

12. 지성인들이 물러가고 나자 이제는 지배층이 앞으로 나아왔다. 그들은 자기들이 가지고 있는 부동산을 유지하는 데 따르는 고충을 말하고, 그 고충을 덜어 달라고 탄원했다. 그들은 자기들이 소유하고 있는

것을 즐길 수 있도록 허용되었고, 주지사들과 그 관료들을 통해 부동산을 잘 관리할 수 있도록 명령이 내려졌다. 그들은 이런 특혜에 동의하고 감사하다는 예를 표하며 물러났다.

하층민들의 청원

13. 지배 계층이 물러가고 난 후 얼마 가지 않아 백성들의 사자들이 앞으로 나아왔다. 그들은 농부들과 기능인들이었다. 그들은 단순히 땀 흘리며 일할 때 무엇인가 마실 만한 음료를 구하고 있었다. 그들은 자신들이 마치 동물처럼 사냥당하고 쫓기듯이 일만 하는 형편에 처해 있다고 하소연했다. 더욱이 이 사람들에게 더 많은 일을 시켜 더 많은 이익을 남기고자 한 주인들은, 이들을 감시하며 혹독하게 밀어붙이는 현장 감독자를 고용하기까지 했다. 여왕의 선처를 바라면서 그들은 그 증거로서 못이 박히도록 일한 손과 타박상과 흉터들과 방금 생긴 상처 등을 내보여 주었다. 이러한 상처들은 분명히 옳은 일이 아니기 때문에어서 중단되어야 할 일이었다. 그러나 통치자들이 자신들이 부리고 있는 관리들로 하여금 농부들과 기능공들을 그렇게 부리도록 허락했기 때문에, 그렇게 하라고 시킨 사람들이 죄과를 받아야 하는 것으로 판단되었다. 그래서 그들은 소환을 당했다. 그 소환장은 모든 왕족과, 왕자들과, 장원의 참사관들과, 평의원들과, 중간 관료들과, 중간 대리인들과, 세금 공무원들과, 관공서 사무관들과 주지사 등에게 발송되었다. 소환장은 그 누구도 예외 없이 출두하여 벌을 받아야 한다고 기록되어 있었다.

소환장이 발부되었지만, 백성들의 고발에 맞서서 기득권자들은 백성들의 열 가지 잘못을 재고발하는 사태가 벌어졌다. 농부들의 게으름, 불순종, 반항, 자기 과대평가, 고삐를 약간 풀어 주었을 때 끼친 손해,

그리고 이와 유사한 수많은 불만을 털어놓았다. 이러한 불만 사항을 들은 후, 문제가 다시 협의회의에 전달되었다. 백성들은 주인이 베푸는 사랑에 감사하기를 원하지도 않았고 할 수도 없었기 때문에, 엄정하게 다룰 수밖에 없었다고 영주들은 주장했다. 따라서 이 세상에는 다스리는 사람도 있어야 하고, 그 다스림을 따르는 백성이 있어야 한다고 주장했다. 만약 농부들과 기능공들이 자기들의 주인들에게 고분고분하게 명령을 묵묵히 따르며 진정으로 복종한다면, 더 많은 호의를 얻을 수 있을 것이라고 했다,

법학자들과 변호사들의 불만

14. 백성들이 물러나자 그 자리를, 왕과 영주들의 자문을 맡고 있는 변호사들이 차지했다. 그들은 불완전한 법 조항에 대해 불만을 터뜨렸다. 그들은 수많은 사람들 사이에 발생하는 분쟁 사건을 불완전한 법 조항으로는 다 해결해 줄 수 없다고 하소연했다. 이러한 이유 때문에 변호사들은 사람 사이의 분쟁을 완전하게 해결하고 질서를 유지할 수 없었다. 만일 변호사들이 해설과 분쟁 조정의 목적으로 자신들의 것을 첨가한다면, 비합리적인 사건을 180도 잘못 뒤집을 수도 있는 것으로 간주되었다. 그 결과, 변호사들은 냉정하게 법 조항에 묶여 융통성 없이 사건을 처리하기 때문에, 반박하면 상대가 재반박하는 상호 반박이 더욱 기승을 부리게 되었다. 그러므로 변호사들은 다른 사람들의 마지막 결심 공판 때에 맞설 수 있는 방법에 대한 권고와 보호를 원했다. 변호사들은 다시 밖으로 걸어 나갔다. 그리고 변호사들의 항의에 대한 문제를 놓고 다시 협의가 시작되었다. 여왕을 보좌하는 고문 각자가 한마디씩 하는 것을 다시 서술하기로 한다면 시간이 너무 오래 걸릴 것이다. 따라서 나는 단지 변호사들이 다시 소집되어, 어떠한 결정이 선포

세상의 미로와 마음의 낙원

되든지 그것에 관계하게 될 것이다. 변호사들은 위대하신 여왕이 모든 분쟁을 잘 조정할 수 있는 완벽한 법 조항을 지금까지 본 적이 없었다는 말을 들었다. 그러므로 과거의 법 조항과 관례에 따라 분쟁을 해결할 수밖에 없었다.

그러나 위대하신 여왕이 이 법과 모든 법률을 해석하는 열쇠를 그들에게 기쁜 마음으로 주고자 했다. 법리 해석과 법률 제정에 있어서, 법조인들은 스스로 진행하거나 혹은 일반상식을 따라 해야 했다. 이러한 원리는 현상 비율이라고 불릴 것이다. 이와 함께 변호사들은 대중들의 중상모략과 악담을 방패로 방어할 수 있었다. 왜냐 하면, 사람들은 현재 사건이 발생한 원인과 그것에 따라 처리되어야 한다고 모두가 주장할 것이기 때문이다. 변호사들은 이와 같은 원리를 받아들였다. 그리고 그 원리에 따르기로 하고 물러났다.

여성에 대한 남성, 그리고 남성에 대한 여성의 불만

15. 잠시 후, 한 무리의 여성들이 앞으로 나오더니, 자기들은 마치 남성들의 노예처럼 강압적인 권위 아래 눌려 힘들게 산다고 하소연했다. 그와 동시에 남성들 역시, 여성들이 자신들의 말에 잘 복종하지 않는다고 한탄하고 있었다. 여왕은 자신의 고문들과 함께 모여서 이 문제를 놓고 논의를 했다. 의논 후에 여성장관이 다음과 같이 결정 사항을 발표했다. "자연은 남성에게 권위를 부여했고, 그 권위는 다음과 같은 중요한 약속을 지키면서 유지되어야 합니다. 첫째로, 여성들 역시 인류의 절반을 차지하고 있으므로, 남성들은 여성들의 권고 없이 무슨 일이든 일방적으로 밀어붙여서는 안 됩니다. 둘째로, 자연은 때때로 남성보다도 여성에게 더 많은 은사를 부어 주기 때문에, 남편보다 더 많은 지성과 권세를 가진 여성들은 '아마존', 즉 '남성다움'으로 불려야 할 것입

니다. 그리고 용감한 여성의 남편은 자기 아내의 우월성을 무시할 수 없습니다."

비록 남성이나 여성 모두를 만족시키는 것 같아 보이지 않았지만, 이것이 첫번째 공포 사항이었다. 참으로 여성들은 남성들의 자신들과 더불어 통치하거나, 혹은 자신들도 똑같이 번갈아 가면서 남성이 통치한 후에는 여성들이 통치하고, 그 다음에는 다시 남성이 하고, 또다시 여성이 해 보기를 원했다. 몇몇 여성들은 심지어 남성보다 더 경쾌한 몸과 더 나은 솜씨를 소유하고 있다면서 여성을 배제시키는 조항은 고쳐져야 한다고 주장했다. 남성들이 수천 년 동안 특권과 우선권을 가져왔기 때문에, 이제는 남성들이 여성들에게 권위를 양보해야 할 때가 되었다. 그와 똑같은 완전한 실례를 우리는 수년 전 영국의 엘리자베스 통치 기간에 목격했다. 엘리자베스 여왕의 명예로 인해서, 남성들은 여성들에게 자신의 오른팔을 내어 주었다. 그리고 이러한 칭송받을 만한 관습은 계속 지속되고 있다. 또한 위대하신 지혜의 여왕과, 여왕을 보좌하는 고문들은 여성 하나님에 의해서 만들어져 세상을 통치하도록 했으며, 그 원리는 가족과 공동체들을 경영하는 데 적용되어야 한다는 것을 정착시키고 있는 중이다. 여성들은 이러한 탄원이 여왕에게로 쉽게 전달될 것으로 예측하였다. 그러나 남성들이 가만히 앉아 있지 않았다. 자기들의 기득권을 잃지 않기 위해 방어를 했다. 그들은 비록 하나님께서 지혜의 여왕에게 세상 통치를 위임하셨지만, 결국에는 하나님께서 손수 그의 손으로 충만하고 영원하게 다스리신다. 그러므로 여성들은 똑같은 권리를 찾았다.

남성과 여성과의 협약

16. 그때에 몇 가지 자문해야 할 일들이 있었기 때문에, 나는 그것들

을 통하여 그러한 난해한 문제들이 그들에게 제기되었다는 것을 판단했다. 그 다음 여러 번에 걸쳐 남성과 여성 문제에 대한 회의가 개최되었다. 그러나 우리가 마지막 결정을 모두 기다리고 있을 때 그 기다림이 헛되다는 것을 알았다. 왜냐 하면, 신중함과 상냥함이 비밀리에 협상을 주문했기 때문이다. 이 일을 중재하면서 그들은 절충안을 발견했다. 가정의 평화와 일치를 위해서, 남성들은 적어도 여성들에게 암암리에 우선권을 양보하고, 아내의 충고를 받아들여야 한다. 그러나 여성들은 이러한 남편의 양보에 대해서 감사하고, 밖에서는 남편에게 복종하는 모습을 보여야 한다. 이와 같이 가정의 일은 지금까지 내려온 관례를 따라 처리될 것이다. 그리고 가정에서 여성들의 힘이 강화될 것이다. 남성들은 공동체를 치리하고, 공동체는 여성들을 치리하며, 여성들은 남성들을 치리하면 공산 정부가 생겨날 것이다. 위대하신 여왕은 남성과 여성 양측에 이와 같은 일이 발생하지 않도록 해 달라고 부탁했다. 남성과 여성 양측은 이러한 여왕의 요청을 따르기로 했다. 이 모습을 보면서 솔로몬의 수행원이 다음과 같이 말했다.

"남편을 영화롭게 하는 여성은 현숙한 여성으로 간주됩니다." 이 말에 이어서 두 번째 말이 첨가되었다. "그리스도께서 교회의 머리가 되시는 것처럼 남성은 여성의 머리가 됩니다."(에베소서 5장 23절) 그러나 그 우호적인 협약은 지속되었고, 남성과 여성은 각자 자기들의 자리로 돌아갔다.

제33장
세상의 허무와 기만을 드러내는 솔로몬

세속적 지혜의 가면을 벗기다

1. 위에서 언급한 일이 진행되어 가고 있는 것을 조용히 앉아서 지켜보던 솔로몬 왕은 더 이상 두고 볼 수 없다고 생각하여 다음과 같이 큰 소리로 외쳤다. "헛되고 헛되며, 헛되고 헛되니, 모든 것이 헛되도다. 굽은 것을 똑바로 펼 수 없으며, 부족한 것을 헤아릴 수 없도다."(전도서 1장 2, 15절)

이렇게 말한 다음 솔로몬 왕은 일행과 함께 일어나서 장엄한 소리와 함께, 여왕이 앉아 있는 곳으로 나아갔다. 그는 손을 뻗어 여왕의 베일을 벗겼다. 비록 처음에는 뭔가 값비싸고 번쩍번쩍 빛나는 것처럼 보였지만, 아무것도 아니고 거미집이라는 것이 드러났다. 그리고 여왕의 얼굴은 창백하고 부어오른 것처럼 보였다. 비록 여왕의 뺨은 약간 붉은 기운이 감도는 것 같았으나, 마치 페인트를 칠해 놓은 것 같아 보였다. 여왕의 손은 딱지투성이처럼 보였다. 그녀의 몸 전체는 마음에 드는 구석이 없었다. 그리고 숨을 쉬면 좋지 않은 냄새가 났다. 나는 이 모습을 보고 깜짝 놀라서 마치 마비된 것처럼 그 자리에 서 있었다.

여왕의 고문들도 가면을 벗다

2. 여왕의 고문들 쪽을 향해 돌아서서 솔로몬 왕은 그들의 마스크를 벗겨내면서 말했다. "나는 정의 대신에 불의가 판치고, 거룩함 대신에 혐오스러움이 난무한 것을 보고 있습니다. 여러분의 조심스러움은 의심이며, 여러분의 신중함은 교활함이며, 여러분의 상냥함은 아첨

세상의 미로와 마음의 낙원

이며, 여러분의 진리는 단순한 외관에 지나지 않으며, 여러분의 열성은 격분이며, 여러분의 용기는 무례함이며, 여러분의 사랑은 육욕이며, 여러분의 근면은 굴종이며, 여러분의 총명은 가정(假定)에 불과하며, 여러분의 경건은 위선입니다. 전능하신 하나님 대신에 여러분이 세상을 다스리는 것이 당연하단 말입니까?(전도서 12장 14절)

하나님은 선한 일이든 악한 일이든 모든 행위와 비밀스런 일까지도 심판하실 것입니다. 그러나 나는 가서 방탕과 기만을 그냥 내버려두지 않을 것이라고 온 세상 만방에 알릴 것입니다.

솔로몬이 온 세상에 세상의 허무를 선포하다

3. 솔로몬 왕은 진노한 채 돌아서서 나갔다. 그의 수행원들도 뒤따라 나갔다. 솔로몬 왕이 거리에서 "헛되고 헛되도다. 모든 것이 헛되도다."라고 외치기 시작했을 때, 만방의 백성들과 언어들과 왕들과 여왕들이 사방에서 모여들어 집중하였다. 솔로몬 왕은 웅변조로 모여든 사람들을 가르치기 시작했다. 그의 말은 사람들의 의표를 찌르고 있었고, 단호하게 못으로 새기는 것 같았다.

솔로몬을 속이기 위하여 협의하다

4. 나는 솔로몬 왕 일행을 따라가지 못했다. 그러나 나는 나를 겁주는 안내자와 함께 왕궁에 그대로 서서 이 다음에 어떤 일이 일어날 것인지 예의주시하며 지켜보았다. 경악한 상태에서 다시 정신을 차린 여왕은 자신의 고문들과 앞으로 어떻게 할 것인지 협의하기 시작했다. 그때 열성과 정직과 용맹이 앞으로 나서더니, 모든 군사들을 동원해서 솔로몬을 대항할 수 있도록 파견해야 한다고 제안했다. 그러나 신중함이 나서면서, 솔로몬도 막강한 군대를 가지고 있으며 거의 온 세상을 다스

제33장 세상의 허무와 기만을 드러내는 솔로몬

려 왔기 때문에, 군사의 힘을 사용해서는 아무 소용도 없다고 충고했다. 상냥함과 공예가 나서더니, 그런 것보다는 오히려 그에게 '행운의 성'에서 '기쁨'을 보내게 해야 한다고 말했다. 그가 어디에 있든지, 솔로몬 왕국의 아름다움과 영광과 매력을 치하하는 아첨을 떨어 그를 함정에 빠뜨려야만 하였다. 이와 같은 방법을 사용하면, 그는 아마 잡힐지도 몰랐다. 그러나 이 방법 외에 여왕은 다른 방도를 알지 못했다. 이 방법에 대해 모두가 좋다고 했다. 그리고 세 명이 즉시 솔로몬 왕 일행을 뒤쫓도록 명령을 받았다.

제34장
기만당하며 유혹 받은 솔로몬

솔로몬이 지혜를 발산하다

1. 이 광경을 살펴보면서, 나는 안내자에게 이 다음에 일어날 일을 보게 해 달라고 부탁했다. 편재가 즉시 나의 이 부탁을 들어주었다. 그래서 우리는 해설자와 함께 솔로몬 일행을 뒤쫓는 세 명을 따라갔다. 우리는 솔로몬 왕 일행이 지성의 거리에서, 레바논의 백향목에서부터 시작하여 벽에서 자라나고 있는 이끼에 이르기까지, 갖가지 식물과 나무에 대해서 설명하고 있는 것을 보고 모두가 깜짝 놀랐다. 똑같은 방식으로 그는 짐승들과 새들과 파충류들과 고기들과 세상의 모든 생물들에 대해서, 흙, 물, 바람, 공기 등 4대 원소에 대해서, 별들의 위치에 대해서, 인간이 기본적으로 소유하고 있는 성찰의 본성 등등에 대해서 말하고 있었다. 만방의 사람들이 그의 지혜로운 말을 듣기 위해 왔다.

이와 같이 사람들이 자신의 말을 주목해서 듣자 솔로몬 왕은 아주 기분이 좋아졌다. 특히 상냥함과 공예가 조심조심 사람들 사이로 교묘히 끼어 들어가서 사람들에게 자기를 찬양하는 노래를 부르기 시작하자, 솔로몬은 그 흉계를 모른 채 지나치게 기분이 들뜨고 말았다.

솔로몬이 기능을 발휘하다

2. 솔로몬 왕이 일어나서 세상의 다른 부분들을 검증하러 갔다. 장인들의 거리로 들어가서, 솔로몬 왕은 그들이 만들어 놓은 다양한 예술품을 살펴보고 기뻐했다. 솔로몬 왕은 자신의 정교한 발명술을 한껏 발휘하여 정원 관리법, 과수원 관리법, 연못 관리법, 주택과 도시 건설법, 기쁨의 증진법 등 특별한 방법들을 고안했다.

솔로몬이 결혼 상태에 빠지게 되다

3. 그 다음, 솔로몬 왕이 마침내 결혼의 거리로 들어가자 기쁨이 교묘하게 이 세상에서 가장 예쁜 젊은 여성을 그에게 소개해 주었다. 그 젊은 여성은 화려한 옷을 입고 감미로운 음악소리와 함께 나타났다. 아주 우아한 시종들을 옆에 거느리고 있는 그녀는 솔로몬 왕을 인류의 빛이며, 이스라엘의 영화를 이룬 분이며, 이 세상의 광채를 더해 주는 분이라고 부르면서, 우아하고 장엄하게 그를 환영했다. 더욱이, 그녀와 그녀를 수행하는 미녀들은 지식인 층과 기술인 층이 솔로몬 왕의 광채로부터 중요한 지식과 깨달음을 얻은 것처럼, 자기네들도 솔로몬 왕을 뵙고 결혼함으로써 그 영광을 더욱 높일 수 있기를 희망한다고 칭송을 했다. 솔로몬 왕은 그 미녀들에게 감사하다고 정중하게 말하고 나서, 자기가 결혼하고 싶어하는 사람들에게로 가서 기쁘고 영화롭게 해줄 뜻이 있다고 알렸다. 그러고 나서 젊은 미녀들 중에서 자신에게 가

장 적당해 보이는 여성 한 명을 선택했다. 그들은 그녀를 바로의 딸이라고 불렀다. 솔로몬 왕은 뽑힌 그녀가 가까이 다가와서 자신을 이리저리 살펴보며 유혹하고 마음을 사로잡는 것을 허용했다. 솔로몬 왕은 그녀와 함께 묵으면서, 그녀의 미모에 압도당해 넋을 잃고 그녀를 응시하는 데 많은 시간을 보냈다. 그리고 지혜를 추구하는 데서 오는 기쁨보다 그녀와 시간을 함께 보내는 데서 기쁨을 더 찾게 되었다. 더욱이 솔로몬 왕은 기분이 한껏 들뜬 처녀들을 넋 놓고 바라보았다. 처녀 한 명 한 명의 미모와 매력에 사로잡힌 솔로몬 왕은 그 중에서도 가장 절세미인인 처녀들만을 불렀다. 잠시 후, 그 처녀들 가운데 700명이 솔로몬 왕 주변에 둘러섰다. 이에 더하여 솔로몬 왕은 결혼하지 않은 또 다른 300명의 처녀들에게 에워싸였다. 솔로몬 왕처럼 이렇게 성적인 영화를 과도하게 누린 사람은, 과거에도 그를 능가할 만한 사람이 없었고 앞으로도 없을 것이다. 이렇게 연애하는 일 외에 솔로몬 왕은 아무 일에도 관심이 없었다. 일이 이렇게 되자 왕의 수행원들조차도 애석해하면서 한숨을 쉬었다.

솔로몬이 종교 계층으로 완전하게 몰락하다

4. 그 이후 솔로몬 왕은 수행원들과 함께 거리를 가로질러가서 종교의 거리로 나아갔다. 왕은 자기의 몸과 마음을 속박하는 이런저런 사교 모임에 빠져 비참하게 되었다. 야수처럼, 파충류처럼, 용가리처럼, 독성 있는 벌레처럼 솔로몬 왕은 슬픈 유희에 빠져 버리기 시작한 셈이었다.

세상의 미로와 마음의 낙원

제35장

흩어지고, 체포당하고, 향락의 죽음으로 소멸되는 솔로몬의 일행

솔로몬의 동반자들이 불쾌감을 표현하다

1. 솔로몬이 그렇게 속는 것을 보면서, 그의 가장 저명하고 탁월한 친구들, 곧 모세, 엘리야, 이사야, 예레미야 등이 크게 화가 났다. 자신들은 이러한 혐오스러운 행위에 참여하지 않고 깨끗하게 살았노라고 증언했다. 그리고 그들은 그와 같은 헛되고 어리석은 행위를 그만두라고 사람들에게 호소하고 부탁했다. 솔로몬의 경우와 같은 일을 저지른 사람은 적지 않았기 때문에, 그들은 더욱더 성적 방종을 질타하며, 그런 죄를 짓지 말자고 분명한 선을 그었다. 특히 이사야, 예레미야, 바룩, 스데반, 바울 등은 더 많이 격노했다. 모세는 검을 허리에 차기 시작했다. 엘리야는 하늘로부터 불을 끌어 내렸다. 히스기야는 모든 우상들의 소멸을 주문했다.

그들이 아부하는 말에 귀를 기울이지 않다

2. 솔로몬을 꾀어내기 위해 파견된 상냥함과 공예와 기쁨이 이와 같은 사태를 보고, 맘몬과 다른 철학자들과 같이 갔다. 그리고 철학자들은 고발자들을 집합시킨 후 그들이 더욱 치밀하게 행동하게 하라고 충고했다. 모든 사람이 아는 바와 같이, 모든 사람들 가운데 가장 현명한 솔로몬이 양보하여 세상 관습에 속하게 되었는데, 왜 그들은 따로 행동하고 있으며 철학적으로 해석해야 하는가? 그러나 그들은 주목하지 않았다. 그리고 더욱 그들은 솔로몬의 행실이 많은 사람들을 꾀어서 미혹

하게 했으며, 더욱 성적 욕망을 증가시키며, 계속하여 악행에 빠져들게 하고, 소리 높여 울부짖고, 날카로운 비명을 질러 댄다는 것을 알아차렸다. 이것이 큰 소동을 불러일으켰다.

대중의 군대가 그들에 대항하여 파견되다

3. 첩자에게 보고를 받은 여왕은 대중들을 선동한 자들에게 포고문을 보냈다. 여왕은 장군 등 호위병들을 대동하고, 그러한 봉기를 일으킨 모든 사람들에게 체포하여 벌을 줌으로써 본때를 보일 것을 명령했다. 비상 신호가 울렸다. 그리고 전투를 위해 많은 병사들이 소집되었다. 병사들은 외국인 용병뿐만 아니라, 지배층에 속하는 사람들, 관리들, 지사들, 판사들, 기능인들, 철학자들, 의사들, 법학자들, 심지어 사제들까지 광범위하게 다 포함하여 소집되었다. 심지어 여성들까지 가세시켜 여러 가지 갑옷으로 무장을 시켰다. 전투병 소집을 보면서, 나는 안내자에게 이제 무슨 일이 벌어질 것인지를 물었다. "이제 당신은 폭동을 일으킨 자와 정치적 난동을 부린 자들이 어떤 벌을 받는지 보게 될 것입니다."라고 해설자가 말했다.

전투, 점령, 살해, 방화, 고문

4. 공격을 시작하면서 군대는 한 번, 두 번, 세 번, 열 번 밀어붙였다. 그들은 공격이 격화되어 감에 따라서, 때리고, 자르고, 베어 넘어뜨리고, 짓밟고, 포로로 잡고, 묶었다. 그리고 감옥에 가두기도 했다. 이런 광경을 목격하면서 나는 마음이 너무 아팠다. 이렇게 잔인한 전쟁을 보고 너무 무섭고 떨려 움직일 수가 없었다. 나는 사로잡힌 포로 몇 명을 보았다. 그들은 손이 비틀린 채 묶여 쓰러져 있었으며, 용서해 달라고 빌고 있었다. 군인들은 포로들을 더욱 험상궂고 거칠게 다루었다. 몇몇

군인들은 포로들의 눈을 불로 지졌다. 어떤 포로들은 물속에 빠뜨려졌다. 어떤 포로들은 밧줄에 묶여 죽고, 어떤 포로는 목이 베어졌다. 십자가형에 처해지는 포로도 있었고, 못을 뽑는 펜치로 고문을 당하기도 하고, 톱으로 켜지기도 하고, 창에 관통당하기도 하고, 도끼로 빠개지기도 하고, 고기처럼 석쇠에 구워지기까지 했다. 나는 모든 잔인한 여러 죽음의 형태들을 일일이 열거할 수가 없을 정도이다. 포로들이 이렇게 비인간적으로 학대받는 동안에도 군중들은 그것을 보고 기뻐 날뛰었다.

제36장
세상으로부터 도피하기를 원하는 순례자

순례자가 세상으로부터 도피하다

1. 이것을 지켜볼 수도 없었고, 또 내 마음속의 고통을 더 이상 참을 수가 없어서 나는 도망쳤다. 나는 사막으로 가기를 원했디. 또 민약 가능하다면 완전히 세상을 벗어나고 싶었다. 그러나 안내자들이 나를 뒤쫓아 출발해서 나와 합류했고 내가 어디로 가기를 원하는지를 나에게 물었다. 나는 침묵으로 그들을 돌려보내기를 희망하면서 아무 대답도 하지 않았다. 그러나 그들이 나를 혼자 내버려두기를 원치 않았다. 그래서 계속 그들이 나를 따라왔을 때 "나는 그것이 이 세상에서 조금도 나아지지 않을 것이라는 것을 이미 안다. 나의 모든 희망은 뭉개졌다. 나에겐 재앙뿐이다!"라고 나는 소리쳤다.

"당신이 목격한 그런 본보기를 보고 난 후에도 당신은 정신을 차리지 못하는 거요?"라며 그들이 반박했다.

"그런 일들이 벌어지는 이곳에 있으면서 악, 사기, 무책임한 발뺌, 속임과 잔인함을 지켜보느니 나는 차라리 골백번 죽는 것이 낫겠소. 그러므로 나는 사는 것보다 죽는 편이 더 좋아요. 나는 가서 지금 실려 나가고 있는 주검들의 운명을 볼 것이요."

기만이 사라지다

2. 이것을 관찰하고 또한 이해하는 것이 좋았다고 말하는 것에 대해 즉각적으로 동의하였다. 그러나 다른 안내자가 이것에 반대하며 이 생각에 강력히 반대하는 충고를 했다. 나는 그의 말에 관심을 보이지 않고 그를 떠나 계속 갔고 반면에 그도 뒤처져 결국 나를 떠났다.

순례자는 죽어 가는 사람과 죽은 자들을 관찰하다

3. 주변을 둘러보았을 때 나는 내 주변에 몰려든 죽어 가는 사람들의 양상을 관찰했다. 나는 슬픈 광경을 보았다. 왜냐 하면 각 사람이 앞으로 자신이 어떻게 될지 혹은 세상을 떠난 후 자신이 어디에서 종지부를 찍을지를 알지 못하기 때문에 공포, 비명, 두려움과 떨림에 사로잡혀 자신의 영혼을 포기했기 때문이다. 나는 두려웠지만 이것에 대해 좀 더 무언가를 이해하고 싶었다. 나는 세상과 빛의 끝자락에 이를 때까지 시체들이 줄지어 놓여 있는 사이사이를 걸었다. 그곳에서 사람들은 눈을 감고 멍하니 주검들을 구덩이에 던졌다. 망상에서 벗어나 정신을 차리고 나는 할 수 있는 한 멀리 전진했다.

세상 저편에 있는 밑바닥이 보이지 않는 심연

몸을 기울여 나는 인간의 이성으로 그 깊이를 측정할 수 없는 무시무시하게 어둠침침한 바닥 쪽을 내려다보았다. 그리고 그곳에는 단지 벌

세상의 미로와 마음의 낙원

레, 개구리, 뱀, 전갈, 고름과 악취, 육신과 영혼을 압도하는 구덩이의 냄새만 있을 뿐이었다. 한마디로 말해 말할 수 없는 공포였다!

순례자는 두려워서 기절하다

4. 나의 내면이 속속들이 마비되었고 나의 온몸이 떨렸다. 나는 겁을 먹었고 실신해서 땅에 쓰러져서 슬프게 탄식했다. "오! 가장 비참하고, 불쌍하고 불행한 사람들! 이것이 당신의 궁극적인 영광입니까? 이것이 당신의 수많은 화려한 행위의 결론입니까? 이것이 당신에게 넘치도록 많은 배움과 큰 지혜의 목표입니까? 이것이 그렇게 많이 일하고 수고한 후에 갈망했던 바로 그 평화와 안식입니까? 이것이 당신이 언제나 약속하신 불멸의 영생입니까? 차라리 내가 태어나지 않았으면 좋았을 걸! 세상의 모든 헛된 것들을 겪은 후 내가 또 이런 절망과 공포를 나의 몫으로 가져야 한다면 나는 생명의 문턱에도 들어서지 않았으면 좋았을 걸! 오 신이시여, 만약 당신이 하나님이시라면, 이 불쌍한 인간인 나에게 자비를 베푸소서!"

제37장
본향으로 가는 자신의 길을 발견하는 순례자

첫번째 회심은 하나님의 일이다

1. 내가 말을 멈추었으나 여전히 공포로 전신을 떨고 있었을 때, 나는 내 등 뒤에서 부드러운 목소리로 "돌아가라!"고 말하는 소리를 들었다. 나는 머리를 들었다. 나는 누가 나에게 말하는지를 보려고 또 내가

어디로 돌아가라고 명령하는지를 알려고 내 주변을 둘러보았다. 그러나 나는 아무것도 보지 못했다. 심지어 나의 안내자인 탐구자도 이미 나를 떠났기 때문에 그곳에 있지 않았다.

2. 그때 그 목소리가 다시 들렸다. "돌아가라!" 어디로 돌아가야 할지 혹은 어떻게 어둠에서 벗어나야 할지를 알지 못해 나는 울기 시작했다. 그때 그 목소리가 세 번째 들렸다. "네가 온 곳으로, 네 마음의 본향으로 돌아가라. 그리고 문을 닫아 버려라!"

두 번째 회심은 우리 자신의 노력도 요구한다

3. 나는 내가 이해하는 범주에서 이 충고를 따랐고, 나에게 길잡이가 되어 주신 하나님께 잘 복종했다. 그러나 그것조차 그분의 선물이었다. 내가 할 수 있는 최대한 나의 생각을 한데 모으고 나는 나의 눈, 귀, 입, 코 및 모든 외부로의 통로를 차단시킨 채, 나는 내 마음속으로 잠입했고 나의 마음이 어둡다는 것을 발견했다. 그러나 눈을 껌벅이며 잠시 내 주변을 살펴보았을 때 나는 희미한 한 줄기 빛이 틈새를 통해 들어오고 있음을 볼 수 있었다. 나는 이 감방 같은 이 작은 방의 위쪽 천장에 하나의 커다란 둥근 유리창을 식별하게 되었다. 그러나 그 창문은 빛을 거의 통과시키지 못할 정도로 너무나 더럽고 얼룩져 있었다.

부패한 인간 본성에 대한 묘사

4. 이 침침한 불빛에 의지해서 여기저기를 둘러보았을 때 나는 벽에 몇 점의 그림이 있음을 감지했다. 그 그림들은 한때 아름다운 그림이었던 것 같은데 지금은 색이 바랬고 인물들 중 몇 사람의 팔다리가 잘려 나가거나 부서져 있었다. 그 그림들에 좀 더 가까이 다가갔을 때 나는 '신중, 겸손, 정의, 순결, 연단' 등등의 말이 씌어 있는 것에 주목했다.

방 한가운데에서 나는 몇몇 부서지고 망가진 사다리가 흩어져 있는 것을 보았다. 또한 망가진 도르래와 밧줄 그리고 깃털이 빠진 커다란 날개도 널려 있었다. 마지막으로 부서지고 구부러진 실린더가 달려 있는 시계판, 치아, 막대도 여기저기 제멋대로 흩어져 있었다.

세속적인 지혜는 그것을 개혁할 수 없다

5. 나는 이러한 도구들의 목적이 무엇이었으며, 어떻게 그리고 누구에 의해 그것들이 손상되었는지, 그리고 어떻게 그것들이 수리될 수 있는지를 생각했다. 이것들을 보며 생각해 보았으나 나는 아무것도 생각해 낼 수 없었다. 그러나 그분이 누구이시든 간에 나를 이 방으로 부르시고 인도하신 그분이 다시 목소리를 들려주실 것이고, 내가 가야 할 방향을 나타내시리라는 희망이 내 안에서 용솟음치기 시작했다. 왜냐하면 여기서 내가 보았던 것의 시작이 나를 기쁘게 하기 시작했기 때문이다. 이 방은 내가 세상에서 걸어 통과했던 다른 장소들처럼 고약한 냄새를 풍기지 않았다. 또한 여기서는 모든 것이 고요하므로 (세상에서 넘쳐나는) 분잡함, 소란스러움, 소용돌이침, 경쟁과 폭력을 찾아볼 수 없었다.

제38장
그리스도를 자신의 손님으로
영접하는 순례자

우리의 조명은 위로부터 오다

1. 나는 나의 내면에서 이런 것들에 대해 곰곰이 생각하며 무엇이 뒤따라오는지 기다렸다. 그런데 보라. 한 줄기 밝은 빛이 위로부터 쏟아지고 있었다. 그 쪽을 바라보자 나는 빛나는 광채로 가득한 창문을 보았고, 그곳에서 한 남자가 나에게로 내려왔다. 실로 모습에 있어서 그는 우리 사람들과 비슷했으나 그의 휘황찬란함에 있어 그는 진실로 하나님이었다. 비록 그의 얼굴은 장엄하게 빛을 발했지만 인간의 눈으로 볼 수 있었다. 또한 그의 얼굴은 공포를 일으키지 않았지만 내가 이 세상 어디에서도 보지 못한 그런 아름다움을 발산했다. 그때 친절과 선의의 집약체인 그분이 이러한 가장 은혜로운 말로 나에게 말씀하셨다.

모든 빛과 모든 기쁨의 근원

2. "나의 사랑하는 아들이며 형제여! 환영한다. 환영한다." 이 말을 하면서 그분은 유쾌하게 나를 포용하고 나에게 입맞춤했다. 너무나 감미로운 향기가 그분에게서 풍겨 나와서 나는 말할 수 없이 황홀한 기쁨에 압도되었고 내 눈에서 눈물이 흘러나왔다. 또한 나는 그와 같은 예기치 못한 환영에 어떻게 반응을 해야 좋을지 알지 못해서 깊은 한숨을 내쉬며 겸허하게 그를 응시했다. 내가 기쁨으로 너무나 압도된 것을 보고 그분이 나에게 다음과 같이 말씀하셨다. "나의 아들아, 그 동안 너는 어디에 있었느냐? 너는 그렇게 오랫동안 어디서 시간을 끌고 있었느

세상의 미로와 마음의 낙원

냐? 너는 어디에서 여행을 했느냐? 너는 이 세상에서 무엇을 추구하고 있었느냐? 행복을 찾았느냐? 그리고 하나님 안에서가 아닌 어디에서 네가 행복을 찾았어야 했느냐? 또 하나님의 성전 안에서가 아닌 어디에서 하나님을 찾아야 했느냐? 그가 자신을 위하여 준비하신 살아 있는 성전인 너 자신의 심장을 제외하고 무엇이 살아 계신 하나님의 성전이 될 수 있겠는가? 나의 아들아! 나는 네가 방황하는 동안 너를 주시했단다. 그러나 나는 네가 더 이상 빗나가는 것을 원치 않았다. 나는 너를 너 자신에게로 인도함으로써 너를 나에게로 이끌었다. 왜냐 하면 나는 이곳을 내가 머무를 궁정으로 선택했기 때문이다. 만약 네가 나와 함께 이곳에 머무르기를 바란다면 너는 네가 세상에서 헛되이 찾았던 것들, 즉 안식, 행복, 영광 및 모든 것의 풍부함을 이곳에서 찾을 것이다. 나의 아들아! 나는 네가 세상에서 실망한 것처럼 네가 이곳에서는 실망하지 않을 것이라는 것을 너에게 약속한다."

그가 자기 자신을 주 예수께 온전히 맡기다

3. 이 말을 듣고 이분이 바로 나의 구원자 예수 그리스도, 네가 세상에서 그분에 대한 몇 가지 언급을 들어 왔던 그분임을 깨닫고 나는 세상에서처럼 두려움과 의심에서가 아니라 온전한 기쁨과 완전한 신뢰에 가득 차 나의 손뼉을 쳤다. 그분께 손을 뻗으며 나는 말했다. "나의 주 예수여! 제가 여기 있나이다. 저를 당신에게로 데려가 주십시오. 당신의 사람이 되어 영원히 당신의 사람으로 있기를 원합니다. 당신의 종에게 말씀하시고, 내가 복종하게 해 주시기를 바랍니다. 당신께서 원하시는 것을 말씀하시고 내가 그 안에서 기쁨을 찾을 수 있게 해 주십시오. 당신이 기뻐하시는 일을 나에게 짐 지우시고 내가 그것을 견디게 해 주십시오. 무엇이든 당신이 갈망하시는 것을 위해 나를 도구로 사용하시

고 내가 그 임무를 감당할 능력을 가지게 해 주시기 바랍니다. 당신이 원하시는 것을 내게 명하시고 당신이 명하신 것을 허락해 주십시오. 나는 아무것도 아니며 오직 당신만이 모든 것이 되기를 바랍니다."

제39장
약혼 서약

하나님의 지혜가 또한 우리의 어리석음을 인도하시다

1. "나의 아들아! 나는 너로부터 그것을 받는다."라고 그분께서 말씀하셨다. "다음과 같은 것에 흔들림이 없이 하라: 나의 것이 되어라, 너 자신을 나의 것이라고 부르며 나의 것으로 계속 있어라. 실로, 영원부터 너는 나의 것이었으며 지금도 그렇다. 그러나 너는 전에 이것을 알지 못했다. 이미 오래 전에 나는 너를 위해 지금 내가 너를 인도하는 그 행복을 준비했었지만 너는 이것을 이해하지 못했다. 나는 이상한 길을 따라, 네가 알지 못하는 굽이도는 길을 통해 너를 나에게로 인도해 왔다. 너는 모든 나의 선택된 사람들의 인도자인 내가 이런 일을 통해 무엇을 의도하는지 감지하지 못했다. 또한 너는 네 안에서 나의 역사를 인식하지도 못했다. 그러나 나는 어디에서나 너와 함께했고, 이것이 바로 그 빙 돌아가는 길로 너를 인도한 이유이며 궁극적으로 내가 너를 나에게로 가까이 부른 이유이다. 세상도 너의 안내자들도 솔로몬도 너에게 어떤 것도 가르쳐 줄 수 없었다. 그들은 어떤 면에서도 너를 풍요롭게 할 수도, 너를 충만하게도, 네 마음의 바람을 만족시킬 수도 없었다. 그들에게는 네가 추구하던 것들을 가지고 있지 않기 때문이다. 그

러나 나는 너에게 모든 것을 가르칠 것이다. 나는 너를 풍요롭게 할 것이고 너를 만족시킬 것이다.”

모든 세속적 노력은 하나님께 전달되어야 한다

2. “나는 너에게 이것만을 요구한다. 즉 네가 세상에서 무엇을 보든지, 이 세상에서의 이익을 위해 어떤 형태의 인간적 노력을 목격하더라도 그 모든 것을 나에게로 향하게 해야 한다는 것이다. 네가 살아 있는 한 이것이 너의 임무이고 책무이어야 한다. 나는 세상 사람들이 추구하지만 찾지 못하는 것, 즉 평화와 기쁨을 너에게 풍부하게 줄 것이다.”

순례자는 오직 영원한 신랑 되신 그리스도와 연합해야 한다

3. “너는 사랑에 빠진 두 사람이 서로에게 소속되기 위해 어떻게 모든 것을 포기하는지를 결혼한 상태에서 보아 왔다. 그와 같이 하라. 모든 것 심지어 너 자신조차 버려라. 그리고 너 자신을 온전히 나에게 넘겨라. 그러면 너는 나의 것이 될 것이고 모든 것이 잘될 것이다. 네가 이것을 하지 못하는 한, 너는 마음의 평화를 찾지 못할 것이다. 왜냐 하면 세상에서 모든 것이 변하고, 너의 마음과 갈망이 추구하는 모든 것이 나로부터 나가기 때문이다. 다른 모든 것은 수고와 불만을 가져올 것이다. 마침내 모두가 너를 버릴 것이고 네가 세상에서 찾은 행복은 슬픔으로 변할 것이다. 그러므로 나의 아들아! 내가 신실하게 너에게 충고하는 바는, 모든 것을 버리고 대신 나를 붙들어라. 나의 것이 되어라. 그러면 나는 너의 것이 되리라. 이 방에서 우리 한데 머물자. 그러면 너는 지상에서의 결혼에서 찾을 수 있는 것보다 더 진실된 기쁨을 경험하게 될 것이다. 오직 나만을 기쁘게 하고, 나를 모든 일에서 상담자, 안내자, 목격자, 동무 및 동반자로 삼아라. 네가 나에게 말할 때마다 ‘나는 오직

당신 나의 주님뿐입니다.' 라고 말하여라. 우리에게 제삼자를 관여시킬 필요가 없다. 오직 나에게만 의지하고, 나만 응시하고, 나와 다정하게 이야기하고, 나를 포옹하고, 입 맞추고 그 다음 나에게서 이 모든 것을 기대하여라."

그리스도 자신이 그의 유일한 소득이어야 한다

4. "너는 두 번째 집단에서 이익을 추구하는 사람들이 어떤 종류의 끝없는 일에 매달리며 어떤 종류의 술수를 쓰며 어떤 종류의 위험을 감수하는지를 보았다. 이 모든 일은 무익한 것이다. 다만 한 가지, 하나님의 은혜가 필요할 뿐이다. 내가 너를 신뢰한 한 부름만을 마음에 새겨라. 나에게 모든 일의 목적과 목표를 맡기고 너의 일을 충실히, 올바르게, 조용히 행하여라."

그는 스스로 그리스도를 아는 법을 배워야 한다

5. "너는 그들이 어떻게 모든 것을 이해하려고 노력하는지를 학자들에게서 보았다. 나의 행함에서 나를 찾는 일과 얼마나 멋지게 내가 너와 모든 일을 인도하는지를 아는 것이 너의 배움의 정점이 되게 하라. 여기서 너는 그런 학자들보다 생각할 더 많은 문제들, 그리고 표현할 수 없을 만한 기쁨으로 그것을 발견할 것이다. 독서는 끝없는 작업이며 쓸모없고, 종종 해를 끼치며, 항상 피곤하고 문제가 된다."

성경

"모든 도서관 대신 모든 교양이 포함되어 있는 이 책을 너에게 준다. 너의 문법으로도 나의 말을 명상할 수 있을 것이다. 너의 사투리, 믿음, 수사학, 기도와 한숨, 너의 침묵, 나의 일에 대한 검토, 너의 형이상학,

세상의 미로와 마음의 낙원

나와 영원한 것에 대한 기쁨, 너의 수학, 계산, 한편으로는 나의 축복에 대한 측정과 다른 한편으로는 세상의 감사하지 않음이 다 포함되어 있다. 너의 윤리가 나의 사랑이 될 것이고, 그 사랑은 나와 너의 이웃에 대한 너의 모든 행위에 대한 규율을 제공할 것이다. (다른 사람들에게) 보이기 위해서가 아니라 네가 나에게 더 가까이 다가오기 위해서 너는 이 모든 가르침을 추구할 것이다. 그리고 이 모든 것에서 네가 더욱 단순해질수록 너는 더욱 깨달음을 갖게 될 것이다. 왜냐 하면 나의 빛은 소박한 마음의 사람들에게 비추어지기 때문이다."

그리스도를 최고의 의사로 인식하다

6. "의사들 중에서 생명을 보존하고 장수하게 하기 위한 다양한 수단을 찾는 것을 너는 보았다. 그러나 너는 왜 너의 생명의 길이에 대해 걱정해야 하는가? 생명이 너의 통제 안에 있는가? 너는 네가 원하는 시점에 세상에 오지 않았고, 또한 원하는 시점에 세상을 떠나지도 못할 것이다. 나의 섭리가 이 모든 것을 결정하기 때문이다. 그러므로 잘사는 법을 생각하여라. 그러면 나는 너의 생명의 길이를 결정하리라. 나의 뜻을 따라 소박하고 올바르게 살아라. 그러면 내가 너의 의사가 되리라. 실로 나는 너의 생명이며 너의 생명의 날의 길이가 될 것이라. 진실로 나 없이는 약도 독이다. 내가 그렇게 명할 때 독조차 치료제가 된다. 그러므로 너의 삶과 건강을 나에게만 맡기고 이 모든 일에 대해 완벽히 평화하여라."

상담자, 안내자, 옹호자로서

7. "법적 직업에서 너는 이상하고 복잡한 인간의 계획을 관찰하고 또 사람들이 어떻게 그들의 다양한 일에 대해 싸우도록 가르침을 받는지

를 알게 된다. 다음과 같은 것이 너의 법적인 원칙이 되게 하여라: 다른 사람에 대해 혹은 너 자신에 대해 아무것도 부러워하지 마라. 그러나 각 사람에게 자신이 가진 것이 무엇이든 그것을 떠나라. 너 자신의 소유물을 필요로 하는 누구에게라도 거절하지 마라. 네가 빚진 것을 갚아라. 그리고 만약 빚진 것 이상으로 줄 수 있다면 그렇게 하는 것을 마땅한 것으로 생각하여라. 모두의 평화를 위하여 너 자신조차 포기하여라. 만약 누군가가 너의 코트를 필요로 한다면 너의 코트 또한 주어라. 만약 누군가가 네 뺨을 때리면 그 사람에게 다른 뺨도 내밀어라. 이것이 나의 법칙이다. 그리고 만약 네가 이 법칙을 지킨다면 너는 평화를 누릴 것이다."

그리스도의 종교는 무엇인가

8. "너는 사람들이 어떻게 종교의식을 수행하고 그 의식에 관해 논쟁을 일으키는지 세상에서 보아 왔다. 나는 너에게 종교 의식을 요구하지 않는다. 그러니 너는 고요한 가운데 나를 섬기고 의식의 굴레에서 자유롭기 바란다. 네가 내 가르침대로 영적으로 진실되게 나를 섬기면, 설령 다른 사람들이 너를 위선자, 이단 등등으로 너를 일컬을지라도 이런 문제에 대해 누구와도 더 이상 싸우지 마라. 오히려 조용히 나에게만 집중하고 나를 섬기기를 계속하여라."

그의 왕국에서 통치는 무엇인가

9. "인간 공동체의 권위자들과 통치자들 속에서 사람들이 어떻게 가장 높은 직위를 얻기 위해 열심히 경쟁하고 다른 사람들 위에 군림하기를 애쓰는지 관찰했다. 그러나 나의 아들아, 너는 네가 살아가는 한 항상 더 낮은 자리를 추구하고, 명령하기보다는 복종하기를 갈망하여라.

세상의 미로와 마음의 낙원

진실로 선두에 가는 것보다 다른 사람들 뒤에 서는 것이 더 쉽고, 안전하고, 안락하기 때문이다. 만약 네가 여전히 통치하고 명령하기를 원하면 너 자신을 통치하여라. 한 왕국 대신에 나는 너에게 육신과 영혼을 준다. 너는 육신의 구성원과 영혼의 다양한 분쟁이라는 많은 신하를 거느리게 될 것이다. 모든 것이 원만하도록 그들을 다스리도록 노력하여라. 그리고 만약 나의 섭리 안에서 그 외에 어떤 것을 더 너에게 맡기는 것이 내 마음에 기쁨이 되면, 너 자신을 위해서가 아니라 나의 부름으로 인하여 순종하는 마음으로 가서 충실하게 그것을 하여라.”

전쟁이란 무엇인가

10. “군사 교육 시간에 너는, 영웅주의란 동료 인간을 파괴하고 약탈하는 것을 토대로 한다는 것을 관찰했다. 그러나 나는 네가 너의 용기를 발휘해야 할 대상이 되는 다른 적, 즉 악마, 세상, 그리고 너 자신의 육체적 욕망에 대해 너에게 말하고자 한다. 할 수 있는 한 최대한 이들 적으로부터 너 자신을 지켜라. 악마와 세상으로부터 너를 분리시키고 육체적 욕망은 진멸시켜라. 네가 용감하게 이 일을 해낼 때 나는 네가 세상이 소유한 것보다 더 영화로운 면류관을 얻으리라는 것을 네게 약속한다.”

그리스도 안에서만 모든 것에 대한 충족이 있다

11. “너는 또한 부자인 척하는 위선적인 사람들이 추구하는 것과 그들이 탐닉하는 것, 즉 부, 쾌락 및 영광을 보아 왔다. 그러나 이런 것들에 신경 쓰지 마라. 그것들은 평화를 주지 못하고 다만 말썽을 일으킬 뿐이어서 슬픔으로 가는 통로가 된다. 왜 너는 엄청난 부를 갈망하는가? 왜 너는 이것을 갈망하는가? 삶은 많은 것을 요구하지 않는다. 그

리고 나를 섬기는 자에게 필요를 채우는 것이 나의 일이다. 그러니 내적인 부, 경건과 조명을 얻도록 노력하여라. 그리하면 내가 다른 모든 것을 주리라. 하늘과 땅이 기업을 받을 권한에 의해 너의 것임을 명심하여라. 신령한 부는 너를 억압하지도 부담을 주지도 않으며 말할 수 없는 기쁨을 줄 것이다."

가장 소중한 동반 관계

12. "세상 사람들은 동반 관계를 열심히 추구한다. 그러나 너의 경우에는 소란을 피하고 고독을 사랑하라. 어울림은 단지 죄짓는 것을 부추기고, 쓸모없음, 게으름, 시간낭비를 조장할 뿐이다. 그러나 너는 혼자가 아니다. 비록 네가 혼자이어야만 한다고 두려워하지 마라. 나는 천사들의 무리와 더불어 너와 함께하고 너는 우리와 함께 교제를 가진다. 그러나 만약 네가 때때로 눈에 보이는 교제를 원하면 너의 교제가 하나님 안에서 상호 지지할 수 있도록 비슷한 영혼의 사람들과 모이도록 하여라."

기쁨

13. "세상 사람들은 풍요로운 향연, 먹고 마시고 웃는 일에서 행복을 찾는다. 필요한 경우, 굶주림, 목마름, 울음이 너의 기쁨이 되게 하여라. 그리고 나와 함께 그리고 나를 위해서 매 맞음과 유사한 재판을 견디어라. 만약 내가 너에게 안락한 삶을 허락하면 너는 안락한 삶 그 자체 때문이 아니라 내 안에서 그리고 나를 위하여 기뻐하여라."

영광

14. "너는 이들이 영광과 영예를 어떻게 갈망하는지를 보았다. 인간

의 의견에 관심을 보이지 마라. 만약 사람들이 너를 좋게 혹은 나쁘게 말하든 내가 너에게 만족하면 사람들의 의견에 신경 쓸 필요가 없다. 네가 나에게 기쁨이 된다는 것을 알면 사람들의 인정에 의존하지 마라. 사람들의 호의는 변덕스럽고, 불완전하며, 비뚤어진 것이다. 사람들은 종종 미워해야 할 것을 사랑하고 사랑해야 할 것을 미워한다. 또한 모두를 기쁘게 하는 것은 불가능하다. 한 사람의 마음을 얻고자 하면 너는 다른 사람들에게 가증스런 사람이 된다. 그리하여 이 모든 것을 포기하고 오직 나에게만 의지하여라. 만약 우리가 서로 마음이 맞으면 사람들의 말은 너나 나에게 어떤 것도 더하거나 감하지 못할 것이다. 나의 아들아! 많은 사람들에게 알려지는 것을 추구하지 마라. 너의 영광을 낮은 곳에 두어 가능하면 세상이 너에 대해 아무것도 알지 못하게 하여라. 이것이 최상이며 가장 안전하다. 그러나 나의 천사들이 너에 대해 알 것이며 너에 대해 말할 것이며 너를 섬길 것이며, 필요하면 하늘에서뿐만 아니라 땅에서 너의 행적을 알릴 것이라는 것을 확신해라. 실로, 모든 것을 바로잡는 때가 오면 나에게 헌신한 너희 모두는 천사들과 전 세계 앞에서 말할 수 없는 영광을 받을 것이다. 이것에 비하면 이 세상의 영광은 한낱 그림자에 불과하다."

여기에 모든 것의 절정이 있다

15. "그러므로 나의 아들아! 요약해서 말하면, 만약 네가 부, 학문, 아름다움, 재치, 사람들 사이의 호의, 그리고 세상에서 성공적이라는 어떤 것을 소유하면, 그런 것으로 인하여 결코 기뻐하지 말고 그 모든 것, 그들이 너에게 속했든지 혹은 타인에게 속했든지 간에 그것들을 버리고, 여기서 나와 함께 내적으로 대화하자. 그리하여 너에게서 모든 피조물, 너를 부정하고 비난하는 것들, 심지어 너 자신마저 제거한 후

나는 네가 나를 찾을 것이고 또 내 안에서 평화의 충만을 찾을 것임을
약속한다."

그리스도께 완전히 자신을 맡기는 것은 가장 축복된 일이다.

16. 그래서 나는 다음과 같이 말했다. "주님, 나의 하나님, 당신만이
나의 전부라는 것을 나는 이해합니다. 누구든지 당신을 소유한 사람은
사람이 갈망할 수 있는 것 이상의 것이 당신을 소유함 속에 있기 때문에
세상 전부가 없어도 쉽게 살 수 있지요. 나는 이제 내가 잘못을 범했고
세상에서 방황했으며, 피조물 속에서 안식을 추구했음을 깨닫습니다.
그러나 이 시간 후로는 나는 당신과 떨어져서는 아무런 기쁨도 원치 않
습니다. 이제 이 순간에 나는 온전히 나 자신을 당신께 드립니다. 내가
다시 당신으로부터 떨어져 나가 피조물에게 집착하고 세상에 가득한 그
런 어리석음에 빠지지 않도록 나를 강하게 해 주시기 바랍니다. 나는 오
직 당신의 은혜에 의지하오니 당신의 은혜로 나를 지켜 주십시오."

제40장
변화되는 순례자

새로운 탄생에 대한 묘사

1. 내가 말하고 있는 동안, 보다 더 강력한 빛이 내 주위에서 빛나기
시작했다. 처음에 긁히고 부서졌던 그런 그림들이 이제 완전히 온전하
고, 명백하고, 아름다운 모습을 드러냈다. 그 그림들이 내 눈 앞에서 움
직이기 시작했다. 분산되고 부서진 바퀴들이 한데 맞춰져서 세상의 흐

세상의 미로와 마음의 낙원

름과 하나님의 놀라운 인도하심을 밝히는 하나의 시계와 비슷한 놀라운 도구를 만들었다. 사다리가 수선되었고 하늘의 빛을 안으로 들여보내는 창문에 걸쳐 있어서 밖을 내다보는 것이 가능하게 되었다.

처음에 깃털이 뽑혔던 날개들이 이제 새로운 커다란 깃털을 제공받았다. 나에게 말씀하셨던 나의 주님이 그 날개를 가져다 나에게 달아 주셨다. 그리고 그분께서 말씀하셨다. "아들아! 나는 두 곳에 산단다. 한 곳은 하늘에 있는 나의 영광 속에, 다른 한 곳은 지상에서 회개하는 심장 속에 산다. 그러니 이후로 나는 너 또한 두 곳의 거주지를 갖기 바란다. 하나는 내가 너와 거주하기로 약속한 이곳 본향에, 다른 하나는 하늘에서 나와 함께하는 곳이다. 네가 천국에 도달할 수 있도록 (영원한 것들과 기도에 대한 갈망인) 이 날개들을 내가 너에게 준다. 네가 소원할 때마다 우리가 서로에게서 기쁨을 경험할 수 있도록 너는 너 자신을 나에게로 가까이 날아 올 수 있게 할 수 있을 것이다."

제41장
비가시적 교회에 보내지는 순례자

1. "그 사이 너의 강건함과 너의 소명의 기쁨을 진실로 이해하도록 나는 나의 다른 종들에게 너를 보내고 있다. 나의 다른 종들은 이미 세상을 포기하였고 나에게 자신들을 헌신하였으므로, 너는 그들의 삶의 방식을 관찰할 수 있을 것이다."

"그러면 그들은 어디에 거주하고 있나요? 주님. 나는 어디에서 그들을 찾아야 하나요?" 나는 질문했다.

"그들은 세상 속에서 다른 사람들 속에 흩어져서 살고 있으나, 세상은 그들을 알지 못한다."

새로운 굴레와 안경

"그러나 네가 그들을 알아보고 또 내가 너를 세상으로부터 데려올 때까지 너는 여전히 세상에서 존재해야 하므로, 네가 세상의 속임으로부터 안전하기 위해서는 네가 이전에 받았던 안경과 굴레 대신에 이후로는 네가 나 이외의 사람은 따라가지 않도록 (나에 대한 복종을 의미하는) 나의 멍에를 너에게 씌운다. 이 멍에를 통해 만약 네가 세상의 헛된 것들을 바라보기를 원한다면, 그것들과 나의 선택된 자들의 위로를 보다 명백히 구별할 수 있을 것이다. (이 안경의 외적인 뼈대는 하나님의 말씀이고 내면의 안경은 성령이다.) 그 다음에는 가서 네가 이전에 통과했던 곳으로 돌아가라. 너는 이런 신령한 안경의 도움이 없었을 때 인지하지 못했던 것들을 이제 볼 것이다."

위선적인 그리스도인들 속에 있는 진정한 그리스도인들과
그들의 차이점

2. 내가 어느 지점에서 빗나갔는지를 기억하고서 나는 일어나 열심히 되돌아갔다. 비록 세상의 혼잡함에 둘러싸여 있을지라도 나는 그것에 관심을 기울이지 않았다. 그리스도교라는 성전에 들어가 커튼으로 가려져 있는 가장 내밀한 곳을 보았으므로, 나는 옆에서 싸우고 있는 당파들을 쳐다보지도 않고 곧바로 그곳으로 향했다. 그때서야 비로소 나는 그 구석진 곳이 무엇인지, 즉 '그리스도교의 진리' 임을 이해했다. 그 커튼은 두 부분으로 되어 있었다. 외부에서 보이는 외면은 칙칙한 색깔이었고 '세상의 경멸거리' 였다. 내면은 눈부시게 빛났고 '그리스

세상의 미로와 마음의 낙원

도의 사랑'이라 불렀다. 나는 이 내면이 이런 두 커튼에 의해 서로 밀폐되고 분리되어 있음을 알았다. 안쪽 커튼은 밖에서 보이지 않았다. 이 커튼 뒤로 들어간 사람은 누구나 다른 사람들과 즉시 다르게 되어 축복, 기쁨, 그리고 평화로 넘치게 된다.

진실한 그리스도인이 적은 그 이유

3. 여전히 밖에 서서 관찰하며 나는 이상하고 놀라운 일이 일어나는 것을 보았다. 비록 수천의 사람들이 그 밀폐된 곳 주변을 걷고 있을지라도 그들은 그 안으로 들어가지 않았다. 그들이 단지 그것을 보지 못한 것인지 아니면 그곳이 밖에서 볼 때 그들에게 매력적으로 보이지 않는 것인지 나는 알지 못한다. 나는 성경에 박식한 사람들 또 사제들, 추기경들, 그리고 많은 거룩한 체하는 사람들이 그 주위를 걷고 있는 것을 보았다. 몇 사람은 심지어 그것을 보기 위해 걸음을 멈추었으나 그 안으로 들어가지는 않았다. 이것이 나를 슬프게 했다. 누군가가 그곳에 가까이 다가갔을 때 한 줄기 빛이 틈새로 번득였고, 향기가 스며 나와 그를 매료시켜 그 근원지를 알고 싶게 만드는 것을 나는 보았다. 그러나 이들 중 몇 사람조차 입구를 찾다가 되돌아갔다. 세상의 현란함이 다시 한 번 더 그들의 눈을 부시게 했고 그들은 멀어져 갔다.

새로운 탄생의 필요성

4. 내가 밀폐된 공간의 입구에 접근했을 때 나는 그렇게 소수의 사람들이 그곳에 도착하는 진짜 이유를 알았다. 그곳에서 시행되는 매우 엄격한 시험 때문이다. 들어가고자 하는 사람들은 그들의 모든 소유물, 심지어 그들의 눈, 귀, 생각, 마음도 포기해야 했다. 왜냐 하면 하나님의 시야에서 현명하기를 원하는 자는 누구나 자신의 것에서 단순해져야

제41장 비가시적 교회에 보내지는 순례자

하기 때문이다. 하나님을 알고자 하는 자는 누구나 그 외의 모든 것을 잊어야 하기 때문이다. 하나님을 소유하고자 하는 자는 누구나 그 외의 모든 것을 버려야 한다. 그러므로 그들의 소유나 학문, 이런 것들이 하늘나라에 도구가 된다는 주장을 포기하지 않는 일부 사람들은 밖에 머물고 들어가지 않았다. 안으로 들어가도록 허락된 사람들은 세상의 헛된 것들이 숨겨져 있지 않도록 옷까지도 검사를 받았을 뿐만 아니라 (다른 곳에서는 특이한 일이지만) 하나님께 부정한 어떠한 것도 하나님의 거처를 더럽히지 않도록 그들의 내면, 머리와 심장까지도 해체되었다. 비록 이런 검사에 어느 정도의 고통이 없는 것은 아니지만, 하늘의 신령한 도움으로 매우 기술적으로 시행되었기 때문에 이 검사가 환자의 생명을 단축시키기보다는 오히려 증가시켰다. 자르고 구멍을 뚫음으로써 피를 흘리는 대신 일종의 불이 환자의 사지에 붙었다. 이렇게 변화된 사람은 너무나 완전히 달라져 지금까지 세상이 소위 지혜, 영광, 기쁨, 부라고 부르는 쓸모없는 짐들(왜냐 하면 이런 것들은 정말 부질없는 짐들이다)을 운반하는 데 수고했음에 스스로 놀랐다. 여기서 나는 절름발이가 뛰고, 말을 더듬는 자가 유창하게 말하고, 단순한 자가 철학자들을 부끄럽게 하고, 아무것도 가지지 않은 자가 모든 것을 가졌다고 주장하는 것을 보았다.

교회는 뒤집어진 세상이다

5. 입구에서 이것을 관찰하고 나는 이런 것들을 (처음에는 모두에게 공통된 것이고, 그 다음에는 특별한 소명에 관련된 것) 보기 위해 커튼 너머로 더 걸어갔다. 말할 수 없는 기쁨으로 이곳에서의 모든 것은 세상과 반대 된다는 것을 관찰했다. 세상에서 나는 도처에서 맹목적임과 어두움을 보았으나 여기에는 밝은 빛뿐이다. 세상에는 속임이 있는데

세상의 미로와 마음의 낙원

여기는 진실뿐이다. 세상은 무질서가 넘치는데 여기에는 놀라운 질서가 있다. 세상에는 경쟁인데 여기에는 평화다. 세상에는 근심과 걱정인데 여기에는 기쁨이다. 세상에는 부족인데 여기에는 풍부이다. 세상에는 노예와 구속인데 여기에는 자유이다. 세상에는 모든 것이 힘들고 여기에서는 모든 것이 쉽다. 세상에는 비극적 사고가 도처에서 일어나나 여기에는 완벽한 안전이다. 나는 이에 대해 더 상세히 언급하고자 한다.

제42장
진실한 그리스도인들의 빛

진실한 그리스도인들의 이중적인 빛

1. 세상과 그곳에서 헤매고 있는 사람들은 거의 전적으로 가정(假定)에 의해 인도되고 있다. 서로 그들의 행동을 모방하며 사람들은 장님처럼 만짐으로써 모든 것을 행하고 여기저기서 비틀거리며 서로 충돌한다. 그러나 그리스도인들에게서는 하나의 밝은 이중의 내적인 빛이 빛난다. 그 빛은 이성과 믿음의 빛이며 성령에 의해 인도된다.

이성의 빛

2. 들어가자마자 그리스도인들은 이성을 포기해야 할지라도 성령에 의해 이성은 다듬어져 그들에게 되돌려진다. 그리하여 그들은 마치 많은 눈을 가진 것처럼 된다. 그들이 이 세상에서 어디를 가든지, 그들의 위에 아래에 혹은 주변에 있는 무엇을 보든지, 듣든지, 냄새 맡든지 혹은 맛보든지 그들은 도처에서 하나님의 발자국을 보고, 모든 것이 하나

님을 경외하게 변화시키는 법을 안다. 그러므로 그들은 세상의 모든 철학자들보다도 더 현명하다. 하나님은 세상의 철학자들을 그의 의로운 심판으로 눈멀게 하셨기 때문에, 철학자들은 모든 것을 안다고 가정하지만 그들은 진정 아무것도 모른다. 그들은 자신들이 무엇을 가지고 있는지, 또는 그들이 무엇을 가지지 않았는지도, 무엇을 해야만 하는지, 또 하지 말아야 하는지, 어디에서 혹은 무슨 목표로 그들이 노력해야 하는지를 알지 못한다. 그들의 학문은 단지 외적인 껍데기에 고정되어 있어서 하나님의 영광이 모든 것을 지배하는 내적인 핵심을 꿰뚫지 못한다. 그러나 그가 보고, 듣고, 냄새 맡거나 맛보는 모든 것에서 그리스도인 하나님을 보고, 듣고, 만지며, 냄새 맡고, 맛보며, 이것이 단순한 가정이 아니라 진정한 진리임을 내적으로 확신한다.

신앙의 빛

3. 물론 신앙의 빛도 역시 그리스도인 안에서 밝게 빛난다. 그리하여 그는 보고, 듣고, 가진 것을 보고 알 뿐만 아니라 보이지 않는 모든 것도 보고 안다. 하나님은 가장 높은 하늘 위에 있는 것, 땅 밑 심연 속에 있는 것, 세상 전에 존재했던 것, 장차 올 것을 자신의 말씀 속에 나타내셨기 때문이다. 이것을 믿으므로 그리스도인은 마치 자신의 눈앞에서 이 모든 일이 벌어지듯 모든 것을 명백히 보지만 세상은 이것을 이해할 수 없다. 세상은 오직 만져서 할 수 있는 증거만을 원하고, 손에 쥐어지는 것만을 믿는다. 반면에 그리스도인은 보이지 않고, 부재하며, 미래의 것을 너무나 자신 있게 의지하기 때문에 현존하는 것들을 혐오한다. 세상은 증거를 찾지만 그리스도인들은 오직 하나님의 말씀이면 충분하다. 세상은 확신, 보증, 인질, 도장을 요구하나 그리스도인은 믿음만으로 모든 확신을 하는 데 충분하다. 세상은 의심하고, 검토하고,

세상의 미로와 마음의 낙원

시험하고, 흠을 찾지만, 그리스도인은 하나님의 진실하심에만 의지한다. 그리하여 세상은 항상 중단하고, 의심하고, 조사하고, 주저할 원인을 가지지만, 비록 이성의 빛으로 인하여 전부를 이해하지 못할지라도 그리스도인은 항상 완전히 신뢰하고, 복종하고, 맡길 이유를 가진다. 믿음의 빛이 그 안에서 빛나고 그로 하여금 이런 진리가 변함이 없으며 달라질 수가 없다는 것을 보고 알게 하기 때문이다.

하나님의 놀라운 일들이 이런 빛 속에서 보인다 - 세상의 과정

4. 이 빛 속에서 내 주위를 둘러보고 나는 내가 표현할 수 있는 것보다 더 놀랍고 훌륭한 광경을 보았다. 나는 내가 관찰했던 것의 일부를 최소한 말하고자 한다. 내 앞에서 나는 세상이 보이는 부분과 보이지 않는 부분으로 이루어진 하나의 커다란 시계 같은 기계로 보였다. 그 기계는 투명하고 부서지기 쉬운 완전히 유리로 만들어져 있었다. 그 기계는 수백만의 크고 작은 부품으로 되어 있었고 그것들이 함께 소리를 내며 움직였다. 일부는 조용히 움직였고 다른 부분은 소란스럽게 소용돌이쳤다. 이 기계의 중신부에 가장 크고 주된 바퀴가 있었는데 그것은 보이지 않는 것이었고, 이곳으로부터 모든 다른 부분의 동작이 파헤치기 어려운 방식으로 진행되었다. 그 큰 바퀴의 영이 다른 모든 부품들 속에 녹아져 있었고 모든 것을 지시했다. 비록 내가 완전하게 이해하는 것이 불가능해 보였지만, 그럼에도 불구하고 나는 그것을 명백하게 관찰했다. 비록 그런 많은 작은 바퀴들이 느슨해진 톱니나 때로는 바퀴 자체 때문에 삐걱거리기도 하지만, 전체적인 움직임은 결코 중단되지 않는 것을 보고 나는 놀랐고 또 매우 기뻤다. 그 기계는 어떤 놀랍고 신비스런 지시 방법에 의해 유지되었고 계속 대치되고, 회복되고, 새롭게 되었다.

어떻게 모든 것이 하나님의 비밀한 명령에 의해 지시를 받는가

5. 내가 좀 더 분명하게 말하고자 한다. 나는 하나님의 영광 즉 하늘, 땅, 심연, 그리고 세상 너머 심지어 영원의 무제한 범위에 이르기까지 상상될 수 있는 모든 것이 어떻게 하나님의 능력과 신성으로 채워져 있는지를 보았다. 다시 말하건대, 나는 하나님의 전능하심이 모든 것을 꿰뚫은 것을 보았다. 그것이 모든 사물의 토대이기 때문이다. 세상의 무대 위에서 일어나는 모든 것이 가장 큰 일에서 가장 하찮은 일에 이르기까지 하나님의 뜻에 의해서만 일어나는 것을 나는 알았다.

특히 사람들 사이에서

6. 특히 사람들에 대해서 말하고자 한다. 착한 사람이든 악한 사람이든 모든 인간은 오직 하나님 안에서 그리고 하나님에 의해서 살고 움직이고 그들의 존재를 지속함을 나는 알았다. 그들의 모든 동작과 행동반경은 하나님께로부터 그리고 그분의 능력에 의해 유래하기 때문이다. 나는 하나님의 일곱 눈들이 ― 그 한 눈이 태양보다 천 배는 더 밝은데 ― 전 세계를 관통하고 있음을 보았다. 그 눈들은 빛 속에서든 어둠 속에서든, 공개된 곳이든 은밀한 곳이든, 심지어 가장 깊은 곳에서든 일어나는 모든 것을 감지한다. 그리고 그 눈들은 모든 사람들의 심장을 끊임없이 들여다본다. 나는 또한 하나님의 자비가 하나님의 모든 행하심 속에, 특히 사람을 다루실 때 어떻게 부어 주시는지를 보았다. 나는 하나님께서 어떻게 그들 모두를 사랑하시고, 그들의 유익을 구하고, 죄인들에게 관용을 보이시고, 죄인을 깨끗케 하시고, 빗나간 자들을 다시 부르시고, 되돌아오는 자를 받으시고, 서성거리는 자를 기다리시고, 완고한 자에게 인내하시고, 성나게 하는 자들을 참으시고, 회개하는 자를 용서하시고, 겸손한 자를 포옹하시는지를 보았다. 그분은 소박한 자를

가르치시고, 슬퍼하는 자를 위로하시고, 실족하는 자를 경고하시고, 쓰러진 자를 일으키시고, 구하는 자에게 주시고, 요구하지 않는 자에게도 도움을 주시고, 두드리는 자에게 열어 주시고, 두드리지 않는 자에게도 입장을 허락하시고, 찾는 자에게 나타내시고 구하지 않는 자에게도 자신을 계시하신다.

악한 자들에게 두려운 분

7. 나는 또한 그분의 무섭고 두려운 분노가 반항하고 감사하지 않는 자들에게 향함을 관찰하였다. 그들이 가는 곳곳에서 그들은 하나님의 격렬한 분노에 쫓김을 당한다. 그분의 손에서 벗어나는 것은 불가능하며 그 손에 잡히는 것은 참을 수 없이 고통스럽다. 간단히 말해, 자신을 하나님께 헌신한 모든 사람들은 그분의 두려움과 웅장함이 모두를 압도하고, 가장 위대한 것부터 가장 하찮은 것에 이르는 모든 것들이 오직 그분의 뜻을 통해 일어났다는 것을 목격했다.

제43장
하나님께 헌신한 마음의 자유

진정한 그리스도인은 감동하지 않는다

1. 그러므로 그리스도인들은 세상에서 가장 현명한 사람들이 그들 자신의 노력 속에서 헛되이 추구하는 것, 즉 완전한 마음의 자유를 얻는다. 그러므로 그리스도인들은 하나님 이외의 어떤 것에도 구속되지

않으며 또한 하나님의 뜻에 어긋나는 어떤 일을 하려고 애쓰지 않는다. 나는 세상에서 강압이 이루어짐을 보았다. 각 사람의 일들이 그의 갈망과는 반대로 이루어졌고, 각 사람은 자기 자신이나 다른 사람들에게 비정상적으로 매여 있었다. 자신의 의지 혹은 타인의 의지의 힘에 이끌려 그는 지속적으로 자신과 혹은 타인과 갈등해야 했다. 그러나 여기서 모든 것이 조용하다. 전적으로 하나님께 맡긴 각 사람은 아무것도 걱정하지 않고 하나님을 제외하고 누구도 자신보다 높다고 인정하지 않는다. 그러므로 그들은 세상의 명령에 복종하지 않는다. 그들은 세상의 약속을 팽개치고 세상의 위협을 비웃는다. 그들은 그들의 내적 보물의 가치를 확신하기 때문에 외적인 모든 것을 별 가치 없는 것으로 간주한다.

굴복하지 않는다

2. 결과적으로 그리스도인은 이런 면이 없었다면 너무나 접근하기 쉽고, 우아하고, 의지적이고, 의무를 잘 지키는 사람들인데, 그의 마음의 우선순위에서 굴복하지 않는다. 그리스도인은 친구에게도, 적에게도, 주인에게도, 왕에게도, 배우자나 자녀에게도, 마지막으로 자신에게도 매이지 않는다. 그는 이들로 인하여, 즉 하나님이 두렵기 때문에 그의 의도로부터 물러서지 않을 것이다. 오히려 그는 결단력 있게 진행할 것이다. 세상이 무엇을 행하고, 말하고, 위협하고, 약속하고, 명령하고, 애걸하고, 충고하고, 강요하든 간에 그는 마음이 흔들리지 않는다.

가장 위대한 구속과 더불어 함께하는 가장 위대한 자유

3. 세상은 모든 면에서 왜곡되어 있다. 진실 대신에 세상은 그림자를 움켜쥔다. 세상에서는 자유로운 사람이 누구에게도 소속되지 않으며 다만 빈둥거림, 자긍심 혹은 열정에 사로잡힌다는 원칙을 자유의 토대

세상의 미로와 마음의 낙원

로 삼고 있다. 그러나 그리스도인은 완전히 다르게 행동한다. 자신의 자유를 오직 하나님 안에서 보존하기 위하여 자신의 마음을 면밀히 지키면서 그리스도인은 이웃의 필요에 다른 모든 것을 집중한다. 하나님께 헌신하는 사람보다 더 세상에서 더 위대한 섬김은 없고 더 노예 같은 사람도 없다는 것을 나는 보았고 인식했다. 그는 세상에 푹 빠진 사람이 수치스럽게 여기는 가장 천한 섬김을 기꺼이 그리고 자원해서 수행하기 때문이다. 그는 자신이 이웃에게 도움이 될 수 있는 일이라는 것을 알 때마다 그는 주저하거나 최소한 미루지 않으며, 자신을 동정하지도 않고, 그가 행한 섬김을 과장하지도 않고, 타인들에게 비난조로 그 일에 대해 상기시키지도 않으며 그 일을 중단하지도 않는다. 그가 감사의 표시를 받든 받지 못하든 그는 조용히 그리고 즐겁게 섬김을 계속한다.

이것이 얼마나 큰 기쁨인가

4. 하나님의 아들들의 종노릇은 얼마나 축복된 것인가! 자신을 하나님께 드림으로써 다른 모든 깃에시 자유하는 시람, 이보다 더 자유한 것은 상상할 수 없다. 세상의 자유는 얼마나 불행한가! 하나님을 무시하고 자신을 다른 것들에 노예가 되게 하는 사람, 이보다 더 노예 같은 것은 있을 수 없다. 그는 자신이 지배해야 할 피조물들을 섬기고, 자신이 복종해야 할 하나님을 거부한다. 죽어야 할 인간들이 우리보다 더 높은 분은 오직 한 분 주님, 우리의 창조주이시며 미래의 심판자이심을 언제 이해할 것인가? 비록 우리에게 명령할 권한을 가지고 계실지라도 그분만이 우리에게 노예라고 명령하지 않고 우리를 자녀로 복종하라고 부르시며 우리가 복종할 때조차 우리가 구속받지 않고 자유하기를 바라신다. 실로 그리스도를 섬기는 것은 다스리는 것이다. 하나님의 충신

제43장 하나님께 헌신한 마음의 자유

이 되는 것이 세상의 군주가 되는 것보다 더 큰 영광이다. 하물며 하나님의 친구이자 자녀가 되는 것은 무엇을 의미할까?

제44장
진실한 그리스도인의 규율

하나님의 법칙은 간단하다

1. 주 하나님은 자신의 자녀들이 자의지적이지 않고 자유롭기를 원하신다는 것은 사실이다. 그러므로 하나님은 내가 세상에서 찾을 수 있는 비슷한 어떤 것보다도 더 좋고 더 완벽하게 명백한 규율로 자녀들을 다듬으신다. 세상에서는 모든 것이 무질서로 가득 차 있는 것을 나는 보았다. 이는 부분적으로는 명백한 질서가 없기 때문이며 또 부분적으로는 그들이 소유한 질서가 지켜지지 않기 때문이다. 그러나 하나님의 규율 안에 거주하는 사람들은 매우 탁월한 질서를 소유하고 그 질서에 주의한다. 실로, 하나님 스스로 그들에게 정의가 충만한 법칙을 주셨다. 그들은 각 사람이 하나님께 맡기라는 명령을 받았다. 첫째, 그분을 유일한 하나님으로 섬기고 인식해야 한다. 둘째, 어떤 물리적 비슷함을 상상하거나 형상을 만들지 않고 진실로 영으로 그를 섬겨야 한다. 셋째, 죄를 짓는 데가 아니라 그분의 거룩한 이름을 찬양하는 데 그의 입을 사용해야 한다. 넷째, 하나님을 내적 및 외적으로 예배하는 것에만 섬김의 지정된 시간을 보내야 한다. 다섯째, 부모님과, 하나님에 의해 자기보다 높다고 인정되는 사람들에게 복종해야 한다. 여섯째, 이웃의 삶에 해를 끼쳐서는 안 된다. 일곱째, 자신의 몸의 순결을 지켜야 한다.

여덟째, 다른 사람의 소유물을 탐내서는 안 된다. 아홉째, 거짓과 속임을 금해야 한다. 열째, 마지막으로 정해진 범위 내에서 자신의 마음도 억제해야 한다.

두 단어로 하나님 규율을 요약

2. 전체 법칙의 진수는 그가 그 무엇보다도 하나님을 사랑하고 진지하게 자신에게 하듯 이웃에게 유익을 끼쳐야 한다는 것이다. 나는 하나님의 법칙의 요약이 이 두 가지 계명으로 압축되는 것을 들었다. 그리고 나 자신이 이 두 가지 계명이 세상의 모든 수많은 법칙, 규율, 포고령보다도 더 가치가 있음을 보았고 시험했다. 실제로 그들은 천 배는 더 완벽하다.

진실한 그리스도인은 많은 법칙을 필요로 하지 않는다

3. 진지하게 그리고 온 마음을 다해서 하나님을 사랑하는 사람에게는 언제, 어디서, 어떻게, 그리고 몇 번 하나님을 섬기고, 예배하고, 높여야 하는지를 정하는 것이 필요하지 않다. 하나님과 진실로 연합하는 것과 복종하고자 하는 마음 자체가 하나님을 높이는 최고의 방법이다. 이 방법은 사람들이 항상 그리고 어디에서나 그들의 존재 그 자체로 하나님을 찬양하게 하고 그들의 모든 행동을 통해 하나님께 영광을 돌리게 한다. 마찬가지로 이웃을 자기 자신처럼 사랑하는 사람은 누구나 어디서, 언제, 어떤 상황에서 그가 이웃을 돌보아야 하는지, 어떤 경우에 해를 끼치지 않아야 하는지, 어떻게 갚아야 할 빚을 돌려주어야 하는지에 대해 세부적인 명령을 필요로 하지 않는다. 사랑이 이웃에게 어떻게 행동해야 하는지를 그에게 말해 주고 충분히 보여 주기 때문이다. 무엇을 해야 하는지 지시하는 규율이나 성문법을 항상 추구하는 것은 악한

제44장 진실한 그리스도인의 규율

사람의 표징이다. 하나님의 손가락이 우리가 우리 자신에게 갈망하는 것을 우리 마음에서 보여 주시듯이, 우리는 똑같이 우리 이웃에게 행할 빚을 지고 있다. 그러나 세상은 양심의 내적 증거에 주의를 기울이지 않고 다만 외적인 규칙에만 복종하기 때문에, 세상에는 진정한 질서가 없고 대신 의심, 불신, 오해, 악의, 싸움, 부러움, 미움, 절도, 살인 등이 있을 뿐이다. 그러나 진실로 하나님께 헌신하는 사람들은 자신의 양심에 귀 기울이고, 양심이 금하는 것을 하지 않는다. 그들은 양심이 해야 한다고 보여 주는 것을 하되, 증거, 호의 그 밖의 다른 것을 구하지 않는다.

진실한 그리스도인들 사이에는 만장일치의 닮은 면이 있다

4. 그들에게는 마치 하나의 틀에서 찍어 낸 것 같은 어떤 닮은 면이 있다. 그들은 하나의 동일한 성령에 의해 가르침을 받았기 때문에 모두가 같은 것을 생각하고, 믿고, 좋아하고, 싫어한다. 내가 여기서, 그것도 기쁘게 목격한 것은 놀라운 일이었다. 서로 한 번도 본 적도, 이야기를 들어 본 적도 없는 사람들, 그리고 지리적으로 서로 멀리 떨어져 있는 사람들이 그럼에도 불구하고 서로 매우 흡사하다. 마치 그들이 같은 몸을 공유하는 양 그들은 똑같이 말하고, 보고, 느꼈다. 그들의 재능은 다양할지라도, 다양한 악기가 그 소리와 음감(音感)은 달라도 더 부드러우면서도 더 큰 소리의 화음을 내듯이 조화를 이루었다. 모든 일이 하나의 성령을 통해 성취될 때 그리스도 안에서 통일체를 이루고 앞으로 주어질 영원을 암시하는 이유이다.

진실한 공감

5. 이런 닮음은 진실한 공감을 형성한다. 그들은 기뻐하는 자와 함께 기뻐하고 슬퍼하는 자와 함께 슬퍼한다. 나는 여러 번 나를 슬프게 하

세상의 미로와 마음의 낙원

는 매우 악한 일을 세상에서 보았다. 어떤 사람에게 불행이 닥치면 그로 인해 다른 사람들이 기뻐하는 것이다. 한 사람이 잘못을 하면 다른 사람들이 조롱한다. 한 사람이 손실을 보면 다른 사람들이 거기에서 이익을 본다. 그들 자신의 이익, 기쁨, 오락을 위해 그들은 이웃의 손실과 몰락을 야기하기 위해 애쓴다. 그러나 그리스도인 사이에서는 나는 상황이 상당히 다르다는 것을 발견했다. 각 사람이 자신의 일처럼 진지하게 그리고 열심히 불행과 재난으로부터 이웃에게 방패가 되어 준다. 만약 그가 불행을 막아 줄 수 없다면 그는 마치 그 불행이 자신의 개인적 문제인 양 슬퍼했다. 이것이 사실 그에게 큰 영향을 미쳤다. 그들은 마음과 영혼이 하나가 되었기 때문이다. 마치 자극을 가진 컴퍼스의 쇠바늘들이 세상의 똑같은 한 방향을 가리키듯이, 사랑의 영에 사로잡힌 이 모든 사람들의 심장은 똑같은 한 방향을 가리킨다. 행복에서 기쁨으로, 불행에서 슬픔의 한 방향으로 모아진다. 이웃의 일은 무시한 채 자신의 일에만 전심전력하는 사람들은 거짓된 그리스도인임을 나는 깨달았다. 하나님의 손이 칠 때마다 그들은 교묘히 그것을 피했다. 오직 자신들의 둥지만을 지키며 그들은 바깥쪽에 있는 다른 사람들을 바람과 비에 젖도록 내버려 두었다. 그러나 여기서 나는 상황이 완전히 다르다는 것을 발견했다. 한 사람이 고통 받을 때 다른 사람들이 기뻐하지 않았다. 한 사람이 배고플 때 다른 사람들이 향연으로 배불리지 않았다. 한 사람이 몸부림칠 때 다른 사람들이 잠을 이루지 못했다. 모든 일이 공동으로 행해졌고, 그것은 지켜보기에 하나의 기쁨이었다.

모든 좋은 일에는 공동체가 있다

6. 소유물에 관하여, 나는 대부분 사람들이 가난해서 가진 것이 별로 없고 소위 세상에서 부(富)라 일컬어지는 것에 대해 별 신경을 쓰지 않

지만, 거의 모든 사람들이 그 나름대로 무언가를 가졌음을 나는 보았다. 그러나 그는 (세상에서 하듯이) 다른 사람들로부터 이것을 감추거나 숨기지 않았다. 오히려 마치 모든 것이 공동의 소유인 양 필요로 하는 누구에게나 기꺼이 자원해서 주거나 빌려 주었다. 그리하여 그들 사이에서 그들은 모두 자신의 소유물을 마치 공동 식탁에 앉은 사람들이 동등한 권리로 음식물을 먹듯이 다루었다. 그들의 상호 교통을 지켜보고 나는 부끄러웠다. 우리들에게는 그 반대의 일이 더 빈번했기 때문이다. 어떤 사람들은 자신의 집에 가구, 옷, 음식, 금과 은을 최대한 많이 꽉꽉 채운다. 반면에 하나님의 종인 다른 사람들은 자신들이 먹고 입을 것조차 충분하지 않다. 이것은 하나님의 뜻이 아니라는 것을 나는 이해했고 또 나는 말해야만 한다. 어떤 이는 멋지게 빼입고 다니는 반면 다른 사람들은 벌거벗고, 어떤 이는 너무 많이 먹어 살찌는 반면에 다른 사람들은 굶주리고, 어떤 이는 힘들여 일하고 다른 사람들은 빈둥거리고, 어떤 이는 재미있어하는데 다른 사람들은 울부짖는 것은 비뚤어진 세상의 방식이었다. 그런 행동에서 전자의 입장에서 다른 사람들에 대한 자긍심과 경멸이 생기고, 후자의 입장에서는 자기 연민, 부러움과 다른 열정이 생겨난다. 그러나 여기에는 이런 것이 조금도 없었다. 모든 것이, 심지어 그들의 영혼조차 모두에게 공통의 것이었다.

상호간의 우정

7. 그 결과 그들 사이에는 상호간의 친밀함, 개방됨, 그리고 거룩한 교제가 있었다. 그들의 은사와 소명이 아무리 다를지라도, 그들 모두는 서로를 형제로 생각했다. 그들은 말하기를 자신들은 모두 같은 피에서 태어났고, 하나의 피에 의해 구원되고 깨끗하게 되었으며, 한 아버지의 자녀이며, 하나의 공통의 식탁에서 떡을 떼며, 하늘나라에서 같은 기업

을 기다리기 때문이다. 부수적인 문제에 대한 것 이외에 다른 사람보다 더 어떤 것을 가진 사람은 없었다. 나는 그들이 어떻게 친절과 영예로 서로에게 더 잘하려고 하며, 서로를 자원하는 마음으로 섬기고, 각 사람이 다른 사람이 발전하도록 자신의 지위를 활용하는지를 보았다. 충고를 할 수 있는 사람은 누구나 상담을 했다. 배움이 있는 사람은 누구나 가르쳤다. 힘이 있는 사람은 누구나 다른 사람들을 옹호했다. 권한이 있는 사람은 누구나 그들 사이에서 질서를 유지했다. 만약 누군가가 어떤 방식으로 잘못을 하면 다른 사람들이 그를 권면했다. 만약 그가 죄를 지으면 그들이 그를 벌하였다. 더욱이, 각 사람은 기꺼이 충고와 처벌을 받아들였고, 그에게 제시된 대로 어떤 것이라도 고칠 자세가 되어 있으며, 만약 자신의 몸이 자신의 것이 아니라고 가르침을 받게 되면 자신의 몸이라도 포기할 준비가 되어 있었다.

제45장
하나님께 헌신하는 사람들에게
쉽고 가벼운 모든 일

하나님께 복종하는 것은 쉽다

1. 진실한 그리스도인들은 그러한 통치에 굴복하는 것에 반대하지 않는다. 오히려 그것은 그들의 기쁨이요 즐거움이다. 세상에서 나는 각 사람이 그렇게 하도록 강요받는 만큼 마지못해서 굴복하는 것을 보았다. 이런 사람들에 대해 하나님은 그들의 돌 같은 마음을 제거하시고 부드러운 마음을 주셔서 하나님의 뜻에 고분고분 완벽하게 순종하게

하신다. 비록 사탄이 그의 솜씨 좋은 제안으로, 세상은 그 스캔들을 일으키는 힘으로, 육신은 선을 거부하는 그 자연적인 저항으로 그들에게 많은 어려움을 일으키지만, 그들은 이런 일에 전혀 신경을 쓰지 않는다. 그들은 공격적인 기도로 사탄을 물리치고, 단호한 결단으로 세상에 대항하여 자신을 지키고, 가혹한 훈련으로 그들의 육신이 복종하게 만든다. 이런 방식으로 그들은 기쁨으로 그들의 의무를 수행하고, 그들 안에 그리스도의 영이 머물게 하여 기꺼이 일하는 것이나 (지상에서의 완벽함의 한계를 계속 유지하면서) 자신들의 일을 실제로 수행하는 데서 결핍되는 그러한 힘을 얻는다. 그리하여 나는 자신의 온 마음을 다하여 하나님을 섬기는 것이 노동이 아니라 기쁨이라는 것을 발견했다. 또 나는 자신들이 단지 인간이라는 핑계로 종종 스스로를 변명하는 사람들은 중생의 힘과 영향을 깨닫지 못하며 아마 그것을 제대로 경험하지 못한 것임을 이해하였다. 그러므로 그들이 주의하게 만들자! 나는 진실한 그리스도인들 중 누구도 육신의 연약함을 이유로 그들의 죄를 정당화시키거나 혹은 인간 본성의 나약함 때문에 빚어진 불미스런 행동을 변명하는 것을 보지 못했다. 오히려 한 사람이 자신을 창조하고, 구원하고, 성전으로 삼아 주신 분에게 자신의 온 마음을 바친다면 그의 다른 수족은 그의 마음을 따를 것이고, 어느 방향이든 하나님께서 지시하는 방향으로 기쁘게 그리고 서서히 따라가게 될 것이다. 그리스도인은, 당신이 누구이든 육신의 속박으로부터 자신을 해방시켜야 한다. 네가 마음속에서 상상하는 장애물들은 너무나 작아서 진정 간절하다면 당신의 의지를 막을 수 없다는 것을 보고 경험하고 알아야 한다.

그리스도를 위해서 고난을 받는 것은 기쁨이다

2. 하나님께서 갈망하시는 것을 행하는 것뿐만 아니라 하나님께서 주시는 고난을 겪는 것도 쉽다는 것을 나는 보았다. 왜냐 하면 여기 있

는 사람들 중 상당수가 세상에서 매 맞고 모욕을 당했으나 그들은 기뻐서 울었고 하늘을 향하여 그들의 손을 들고, 자신들이 하나님의 이름을 위해 고난 받을 가치가 있는 사람으로 높여 주셨음에 대해 하나님을 찬양했다. 그래서 그들은 십자가에서 돌아가신 예수님을 믿을 뿐만 아니라 그들 자신도 그분의 영광 속에 함께 십자가에 못 박혔다. 그러한 것들을 인내하지 못한 다른 사람들은 거룩한 부러움으로 그들을 부러워했고, 가혹한 벌을 받지 않은 데 대해 하나님의 분노와, 십자가를 견디지 못했기 때문에 그리스도로부터 단절될 것을 두려워했다. 그러므로 그들은 고통스러울 때마다 하나님의 응징과 벌하심을 즐겨 받았고 모든 종류의 십자가를 받아들였다.

그들이 기꺼이 받아들이는 근원

3. 이 모두는 하나님께 그들의 뜻을 완전히 헌신하는 데서 기인한다. 그리하여 그들은 그 외의 어떤 것도 하기를 원하지 않으며, 하나님께서 뜻하시는 것 이외의 어떤 것도 되고자 하지 않는다. 그들은 무슨 일이 자신들에게 일어나도 그것은 모두 하나님의 섭리하심에서 기인한다고 확신한다. 이런 사람들에게는 예기치 못한 일이란 있을 수 없다. 그들은 부상당함, 투옥됨, 고문, 죽음도 하나님의 선하신 선물에 속하기 때문이다. 그들이 좋은 일에 처하든 악한 고통을 받든지, 하나는 보다 의심스럽고 다른 하나는 보다 안전하다는 차이점 이외에는 이 일들은 모두 그들에게 마찬가지이다. 그리하여 그들은 그들의 불편함, 상처, 고통의 흔적에 대해 기뻐하고 자랑한다. 총체적으로 그들은 하나님에 대해 변함이 없으므로, 만약 그들이 고통 받지 않으면 자신들이 게으름을 피우고 시간을 낭비한다고 생각한다. 그러나 그들에게 간섭하지 마라! 그들이 보다 기꺼이 자신들의 등을 내보일수록 그들의 등을 때리기는

제45장 하나님께 헌신하는 사람들에게 쉽고 가벼운 모든 일

더욱 어려울 것이다. 그들이 바보처럼 보일수록 그들을 조롱하는 것은 더욱 위험할 것이다. 진실로 그들은 그들 자신의 몸이 아니라 바로 하나님의 소유이기 때문이고, 그들에게 무엇이 일어나든 하나님은 그것을 하나님 자신에게 일어난 일로 간주하시기 때문이다.

제46장
모든 것을 풍부하게 소유한 성자들

자신이 가진 것으로 만족하는 것이 진정한 부이다

1. 세상은 마르다처럼 분주함으로 가득 차 있고, 사방으로부터 여러 가지를 끌어 모으려고 노력하나 결코 충분함을 누리지 못한다. 그러나 이들 그리스도인들은 다른 성격을 가지고 있다. 각 사람은 주님의 발치에 조용히 앉아 있는 것에 만족하며 그곳에서 자신에 주어진 것으로 만족한다. 그들은 자신의 내면에 거하시는 하나님의 은혜가 그들의 가장 진정한 보물이라고 생각하며, 이것으로만 그들의 위로를 삼는다. 세상이 부라고 말하는 외적인 것들을 그들은 이익이라고 생각하기보다는 짐으로 간주하지만, 그들은 세상의 부를 삶의 필수적인 것을 위해 사용한다. 내가 다시 한 번 말하건대 필수적인 것들을 위해 사용할 뿐이다. 그리하여 하나님께서 그들에게 할당해 주신 것이 무엇이든 간에, 그것이 적든 많든 각 사람은 그것을 충분하다고 간주한다. 실로 그들은 하나님의 돌보심을 믿고 온전히 의지하며, 하나님께서 주신 것보다 더 많은 어떤 것을 갈망하는 것을 옳지 못하다고 판단한다.

2. 나는 여기서 놀라운 하나의 현상을 보았다. 어떤 사람은 은, 금,

세상의 미로와 마음의 낙원

왕권, 권한 같은 (하나님께서 소유하신 것처럼 풍부한) 부를 충분히 소유한 반면, 다른 사람들은 반은 벌거벗은 듯이 옷 입고, 굶주림으로 나약해지고, 갈증으로 지친 상태를 벗어나지 못한 채 아무것도 가진 것이 없었다. 그렇지만 전자는 가진 것이 아무것도 없다고 주장하는 반면에, 후자는 그들이 모든 것을 가졌다고 주장했다. 그리고 양자 모두 동일하게 즐거워했다. 여기서 나는 자신이 현재 가진 것만으로 만족해하는 법을 아는 그 사람이 진정한 부자이며 아무것도 부족함이 없다는 것을 이해했다. 그가 돈을 많이 갖고 있든 약간 갖고 있든 혹은 전혀 갖고 있지 아니하든 간에, 처소가 크든 작든 간에, 옷이 비싸든 초라하든 아니면 없든지 간에, 친구가 많든 적든 아니면 전혀 없든지 간에, 직위, 사무실, 영예 혹은 명성이 있든 없든 간에, 간단히 말해서 괜찮은 사람이든 아무것도 아닌 사람이든지 간에, 모두 오십보백보 차이가 없고 똑같다는 것이다. 하나님께서 원하시고 이끄시는 곳으로 그들을 머물게 하시고, 그들은 그곳으로 가서, 서거나 앉아야 하며, 하나님의 모든 인도하심은 선하시며 자신들이 이해하는 것보다 훨씬 더 좋은 것이라는 것을 믿기 때문이다.

하나님을 믿는 자들에게는 아무것도 부족함이 없다

3. 축복되며 가장 바람직한 풍요로움이여! 이런 양상으로 부유한 사람들은 얼마나 행복한가! 세상 사람들의 눈에 비참하고 초라해 보이는 몇몇 사람들이 세상의 부유한 사람들보다 날마다의 필요의 관점에서 보아도 진실로 천 배는 더 잘 보살핌을 받는다. 실로 후자는 다만 자기 자신만 지킬 뿐이다. 그들은 그 소유물로 인해 화재, 홍수, 녹 그리고 도둑과 같은 수많은 재난에 노출되어 있어서 그들이 이에 대해 항상 경계를 해야만 한다. 반면에 전자는 하나님께서 그들의 보호자가 되시며,

항상 하나님 안에서 그들의 필요에 대해 살아 있는 공급을 받는다. 하나님은 그들에게 일용할 양식을 먹이시고 입히시며, 하나님의 보물창고에서 그들이 필요한 비용을 주신다. 비록 극단적으로 풍부하지는 않아도 항상 그들의 필요에 적절하게 공급하시며, 그들이 생각하는 것과 항상 일치되지는 않아도 하나님의 섭리에 따라 주어지며, 또 그들은 자신들의 생각보다는 천 배나 더 기꺼이 하나님의 섭리에 의존한다.

제47장
하나님께 맡기는 사람들의 안전성

수호자로서의 천사들

1. 사탄과 세상이 위협하고 괴롭히는 하나님을 믿는 사람들의 공동체보다 온갖 위험에 더 취약하고 노출된 사람들이 없는 것처럼 보이지만, 그럼에도 불구하고 나는 그들이 안전하게 보호되고 있음을 보았다. 그들의 공동체는 불로 된 담으로 확실히 방어되고 있었다. 나는 그들의 공동체에 접근할 때 그 불로 된 담이 움직이는 것을 보았다. 어떤 적이 심지어 그들에게 접근하는 것조차 불가능하게 하는 것은 바로 수백만의 천사들이 그들을 빙 둘러 서 있기 때문이다. 이에 덧붙여 이들 그리스도인들 각각은 그의 수호자로 하나님에 의해 임명된 한 명의 천사가 있다. 이 천사는 그를 지켜 주며 모든 종류의 위험과 냉소, 함정과 복병, 음모로부터 그를 방어하고 보호하기로 되어 있다. 천사들은 그리스도인들이 하나님에 의해 창조된 본래의 의무를 충실히 수행하는 것을 볼 때 천사들은 (내가 배우고 목격한 바와 같이) 실로 사람들을 사랑하며

그들의 친구가 되어 주며 종노릇도 마다하지 않는다. 천사들은 그들을 기쁨으로 섬기고, 사탄, 악한 사람들 및 불행한 사고로부터 그들을 지켜 주며, 필요한 경우 그들이 해를 받지 않도록 심지어 직접 그들의 팔로 안아 옮겨 주기도 한다. 이 아름답고 깨끗한 영혼들은 오직 미덕의 향기가 뿜어져 나오는 곳에만 머물고 죄와 정결하지 못한 것의 악취가 나는 곳에서는 멀리 떠나가기 때문이다.

천사들은 우리의 스승이다

2. (이 사실을 감추기 부적합한 것인데) 나는 이 거룩하고 눈에 보이지 않는 동반자인 천사의 또 다른 이점을 관찰했다. 그들은 선택된 자들의 수호자일 뿐만 아니라 스승이기도 하다. 천사들은 그들에게 모든 종류의 문제에 대한 비밀한 지식을 주며 하나님의 숨겨진 심오한 신비에 대해서 그들에게 가르쳐 준다. 천사들은 끊임없이 전지전능하신 하나님의 얼굴을 응시하고 있는 까닭에 경건한 사람들이 알고자 하는 모든 것들이 그들에게는 감추어질 수가 없다. 그리하여 천사들은 하나님의 허락하심에 따라 선택된 자들이 필요로 하는 것에 대해 천사들이 알고 있는 바를 그리스도인들에게 알려 준다. 그래서 하나님을 믿는 사람들이 종종 다른 곳에 일어나는 것을 마음으로 느끼며, 슬픈 상황에서의 슬픔과 행복한 경우의 기쁨을 경험하게 된다. 꿈, 비전 혹은 비밀한 영감을 통해 그리스도인들은 과거에 일어난 일, 현재에 발생하는 일, 혹은 미래에 일어날 일을 그들의 마음속에 분명히 그리게 된다. 이런 근원에서 또한 우리 안에 하나님께로부터 오는 다른 은사, 깊고 유익한 명상, 그리고 그 힘의 근원을 알지 못한 채 자신의 능력을 종종 능가하는 다양하고 놀라운 통찰력이 증가하게 된다. 하나님의 자녀들에게 주어진 축복의 학교가 아닌가! 소박하고 별달리 특별한 것이 없는 사람이

놀랍고 신비스러운 것을 말하고, 마치 자신의 눈앞에서 보듯이 세상과 교회에서 일어나는 미래의 변화를 예언하고, 아직 태어나지도 않은 세상의 왕들과 통치자들의 이름을 언급하고, 별을 참조하거나 인간적인 다른 수완을 이용해서는 얻어질 수 없는 다른 문제에 대해 예언하고 선포하는 것을 바라볼 때 모든 세상적 지혜를 놀라게 하는 것이 바로 이 학교이다. 이 모든 문제들은 너무나 놀라워서 이런 것들에 대해 우리의 수호자인 하나님께 감사를 충분히 표현할 수 없고, 또 하늘의 스승들인 천사들에게 우리의 사랑을 충분히 표현할 수가 없다. 그러나 하나님을 믿는 자들의 안전에 대해 살펴보자.

하나님은 그의 백성들에게 방패가 되신다

3. 각각의 그리스도인은 한 명의 천사 수호자에 의해 지켜질 뿐만 아니라 하나님의 경이로운 임재 아래 놓여 있다. 이런 모습은 하나님의 뜻에 거슬러 그들과 접촉하려고 하는 사람들에게 두려움을 일으킨다. 나는 물속이나 불 속에 혹은 사자나 야생동물에게 던져졌으나 아무런 해도 입지 않은 기적이 행해지는 것을 보았다. 어떤 사람들은 인간의 분노에 부끄러움을 당하기도 하였다. 많은 무리의 폭군들과 사형수들이 그들을 엄습했다. 때때로 강력한 왕들과 왕국 전체가 그리스도인들을 멸망시키고자 온갖 노력을 다 기울였다. 그렇지만 그들에게 아무 일도 일어나지 않았다. 그들은 그 공격을 견디었고 자신들의 소명을 즐겁게 계속 이루어 갔다. 그때 나는 하나님을 자신의 방패로 갖는다는 것이 무엇을 의미하는지 이해했다. 하나님께서 세상에서 어떤 임무를 수행하도록 자신의 일꾼을 부르시고 그들이 용감하게 그 임무를 수행할 때, 그들 안에 그리고 주변에 함께하시는 하나님은 그들을 눈동자와 같이 보호하신다. 그 결과, 그들은 자신들이 세상에 보내진 임무를 수행

하기 전에는 결코 쓰러지지 않는다.

하나님을 믿는 자들의 경건한 자랑

4. 하나님을 믿는 자들은 하나님의 보호를 알고 즐겁게 의지한다. 그들 중 일부는 심지어 죽음의 그림자가 자신들 앞에 서 있다 해도 혹은 수백만의 사람들이 그들 옆에서 쓰러진다 해도, 혹은 전 세계가 일어나고 땅이 바다 속으로 가라앉아도, 혹은 세상이 악마로 뒤덮인다 해도 두렵지 않다고 자랑하는 것을 나는 들었다. 한 사람이 하나님의 손에 의해 너무나 안전하게 지켜져서 다른 모든 권력으로부터 안전할 때 세상에서 들어 보지 못한 가장 행복한 안전을 얻는 것이다. 모든 진정한 그리스도의 일꾼들은 가장 주의 깊은 인도자이며 보호자이며 방어자인 전능한 하나님 자신을 갖고 있음을 인식하자. 우리는 얼마나 축복된 사람들인가!

제48장
완전한 평화를 소유한 하나님의 사람들

1. 나는 이전에 도처에서 모든 계층에서 많은 혼란과 수고, 걱정과 불안, 공포와 두려움을 세상에서 목격한 반면, 이곳에서는 하나님께 헌신한 모든 사람에게서 많은 평화와 격려를 발견했다. 그들은 자신들에게 하나님의 친절한 기질을 알기 때문에 하나님을 두려워하지 않았고, (이미 보인 바와 같이) 좋은 것이 아무것도 부족함이 없기 때문에 그들에게 슬픔을 가져다줄 어떤 것도 자신들 내면에서 찾지 못했다. 그들은

또한 환경을 주목하지 않기 때문에 자신의 주변에서 불만을 경험하지 않았다.

세상의 조롱을 무시함

2. 악한 세상이 그들에게 평화를 주지 않고 그들을 모욕하고 조롱하기 위해 할 수 있는 것을 한다는 것은 진정 사실이다. 세상은 그들에게 인상을 쓰고, 눈물을 흘리게 하고, 아픔과 모욕을 주며, 그들에게 발을 걸어 쓰러지게 하며, 상상할 수 있는 보다 악한 것으로 괴롭힌다. 나는 그와 같은 학대의 많은 예를 보았으나, 이런 일은 가장 높으신 주님의 명령에 의해 발생한다는 것을 터득했다. 왜냐 하면 의롭기를 원하는 사람들은 세상 사람들 앞에서 모자를 쓰고 방울을 달아야만 하기 때문이다. 세상의 방식에 따르면, 하나님 앞에서 지혜인 것이 세상의 보기에는 완전한 어리석음이기 때문이다. 하나님의 가장 탁월한 은사를 부여받은 많은 사람들이 다만 경멸과 조롱을 받으며, 종종 같은 그리스도인들에게서도 인정받지 못하는 것을 나는 관찰했다. 비록 이런 일이 종종 일어나지만, 그들은 이런 경멸에 전혀 신경을 쓰지 않는다는 것을 나는 보았다. 그 대신 그들은 세상이 마치 악취 나는 것에 코를 막고, 혐오스러운 것에서 눈을 돌리고, 그들을 바보라고 비웃고, 그들을 범죄자로 처벌한다는 사실에 기뻐한다. 그들은 "세상을 기쁘게 하지 않는다"를 모토로 삼으며, 이것으로 서로가 그리스도에게 속한 사람임을 인식하기 때문이다. 그들은 또한 기쁘게 억울하게 고통을 감내하는 법을 알지 못하는 사람은 누구나 아직 그리스도의 영을 온전히 소유하지 못한다고 주장한다. 문제에 대해 이런 방식으로 말함으로써 그들은 서로서로를 강하게 만든다. 그들은 세상이 그 자체에 대해서도 똑같이 무자비하고, 상처를 주며, 속이고, 훔치고, 화나게 만든다고 말했다. 그러니 우

세상의 미로와 마음의 낙원

리에게도 그 일이 행해지도록 내버려 두어라! 우리가 무엇을 걱정하랴? 우리가 이 고통을 피할 수 없다면 세상에 의해 우리에게 가해진, 불필요하게 해를 받은 것이 하나님의 풍부한 선하심에 의해 보상될 수 있도록 우리는 그것을 견디어 내기를 소원한다. 이런 식으로 세상의 조롱, 미움, 부당함과 해로움이 모두 우리의 유익으로 바뀐다.

진실한 그리스도인에게 모두가 하나이다

3. 이들 진정한 그리스도인들은 세상이 말하는 행운과 불운, 부와 가난, 명예와 불명예를 구분하는 것을 듣고 싶어하지도 않는다는 것을 나는 또한 이해했다. 그들은 말하기를 하나님의 손에서 나온 모든 것은 선하고, 적합하고 유익하다고 한다. 그러므로 그들은 어떤 것에 대해 슬퍼하지 않으며, 주저하지도 않으며 피하지도 않는다. 다스리든 섬기든, 명령하든 복종하든, 다른 사람들을 가르치든 다른 사람들에 의해 가르침을 받든, 풍부히 소유하든 부족해서 고통을 받든, 그 모두가 진정한 그리스도인에게는 동일하다. 그는 동일한 원칙을 가지고 살아갈 것이며 오직 하나님께 기쁨이 되고자 애쓸 뿐이다. 그들은 세상이 견딜 수 없을 만큼 힘들지 않고, 혹은 세상이 없으면 안 될 만큼 귀중한 것도 아니라고 말한다. 그러므로 그들은 어떤 것을 간절히 원하기 때문에 혹은 어떤 것을 상실해서 슬퍼하지 않는다. 만약 누군가가 그의 오른 뺨을 때리면 그는 즐거이 왼 뺨도 내민다. 만약 누군가가 그의 옷에 대해 그와 논쟁하기를 원하면 그는 자신의 옷을 그에게 가지라고 한다. 그는 때가 되면 이런 문제들이 합당하게 바르게 되고 해결되리라 확신하므로 자신의 증인인 동시에 심판자이신 하나님께 모든 것을 맡긴다.

그리스도인이 외적으로 보는 것

4. 하나님을 믿는 사람은 세상의 민족들에 의해 자신의 마음의 평화가 방해받지 않게 한다. 실로 많은 일들이 그를 기분 나쁘게 하지만, 그것들은 내면적으로 그를 걱정시키거나 화나게 만들지 못한다. 앞으로 나가지 못하는 것은 뒤로 물러가게 하라. 서 있지 못하는 것은 쓰러지게 내버려 두어라. 견딜 수 없거나 견디지 못할 것은 망하게 버려 두어라. 만약 그의 양심이 깨끗하고 마음속에 하나님의 은혜를 가지고 있다면 그리스도인이 이런 것에 의해 왜 고통을 받아야 하는가? 만약 사람들이 우리의 관습을 따르지 않으면 최소한 양심이 허락하는 한 우리가 그들의 관습을 따르면 된다. 세상은 점점 나빠지고 있다는 것이 사실이지만 우리의 노력으로 그것을 좋아지게 할 것인가?

그리스도인은 세상의 싸움을 무시한다

5. 만약 세상의 강자들이 최고의 권력을 위해 싸우고 이것이 나라 사이에 피 흘림과 파괴로 이어진다면, 밝아진 그리스도인들은 이런 것에 대해 흔들리지 않는다. 그는 누가 세상을 다스리는가 하는 것은 거의 중요하지 않거나 전혀 중요하지 않은 것으로 간주한다. 설령 사탄이 직접 세상을 장악한다 할지라도 세상이 교회를 파괴할 수 없는 것과 마찬가지로, 최고의 천사가 세상을 다스린다 해도 세상이 달라질 수는 없고, 진실로 경건하고자 하는 사람들은 여전히 고난을 겪어야 하기 때문이다. (경험에 의해 증명된 바와 같이) 하나님의 사람들 중 한 사람이 통치자가 되는 경우를 제외하고 누가 세상의 권좌에 앉든지 간에 그것은 그들에게 아무런 차이가 없다. 많은 아첨꾼들과 위선자들이 경건한 집단에 뒤섞이고 이런 혼합에 의해 그들의 경건이 식어지게 만든다. 공개적인 박해 시기에는 반면에 경건한 자들이 열성적인 헌신으로 하나님

을 섬긴다. 하나님을 섬기는 자들이 통치할 때 많은 사람들이 공동의 복지, 종교, 정직과 자유라는 구실 아래 숨어 버린다는 것이 또한 고려되어야 한다. 그러나 그런 구실을 꿰뚫고 통찰할 수 있다면, 그들이 그리스도를 추구하는 것이 아니라 오히려 자기 자신의 왕국, 자유와 영광을 추구하는 것이 드러날 것이다. 그리스도인은 모든 그런 문제의 결과에 신경 쓰지 않는다. 그는 그의 마음속에 홀로 머무는 것에 만족하며 하나님과 그의 은혜로 충만함을 느낀다.

교회에 임하는 고난

6. 교회를 둘러싼 유혹들이 각성한 영혼들을 조용히 내버려 두지 않는다. 그들은 궁극적으로 승리는 그들의 것임을 안다. 그러나 그들은 승리함이 없이 그것을 얻을 수 없고, 전투 없이는 승리도 없고 적들 및 시험하는 갈등이 없이는 전투도 없다. 그러므로 그들은, 승리는 하나님의 것이며 하나님은 문제를 그의 뜻하신 바대로 이끌어 가실 것이라는 확신 속에서 자신들이나 다른 사람들에게 벌어지는 모든 것과 용감히 싸운다. 실령 바위, 산, 사막, 바다 혹은 심연이 그 길을 막을지라도 그것들은 결국 물러서야만 한다. 적들이 하나님께 대항해서 날뛰면 그것은 다만 하나님의 영광을 높이는 데 도움을 줄 뿐임을 그들은 안다. 만약 하나님의 영광을 위해 취해진 일이 어떠한 저항도 받지 않으면 그것은 사람에 의해 착수되고 인간의 힘으로 성취되었다고 간주될지 모른다. 그러나 반대로 모든 마귀들과 합세하여 세상이 강력하게 저항할수록 하나님의 힘은 더욱더 분명해진다.

하나님의 사람들의 슬픔은 이중적인 방식으로 쉽게 물리쳐진다

7. 마지막으로, (내가 몇몇 예를 보아 왔듯이) 그들의 마음을 슬프게

하는 그런 사고가 일어나도 그 슬픔은 그들에게 오래 지속되지 않고 태양 앞에 작은 구름처럼 빨리 해체된다. 이것은 두 가지 방식으로 일어난다. 첫째, 그들은 현재의 고통 후에 올 행복한 영원을 갈망한다. 여기서 일어나는 일은 임시적이다. 그것은 발생하고, 다시 지나가며 작아져서 사라진다. 그러므로 이런 것들 중의 하나를 갈망하거나 그로 인해 슬퍼하는 것은 무가치하다. 이는 단지 순간적인 문제일 뿐이다. 둘째, 그들은 항상 집에 손님을 모시고 있다. 그와 대화함으로써 아무리 큰 슬픔일지라도 그들은 모든 슬픔을 쫓아낼 수 있다. 이 손님은 그들이 마음으로 매달리며, 그 앞에 모든 문제를 친밀하고 솔직히 쏟아놓을 수 있는 위로자 되시는 하나님이시다. 그들의 확신은 너무나 과감해서 그들은 주 하나님께 모든 걱정거리를 가지고 가서 아버지의 무릎에 모든 범죄함, 단점, 결함, 약함, 고통과 갈망을 쏟아 붓고, 모든 것에서 자신을 그에게 맡긴다. 주 하나님은 그들이 지니고 있는 충성되고 가슴을 따뜻하게 하는 확신에 기뻐하시지 않을 수 없기 때문에, 그는 또한 그들에게 위로를 주시고 그들의 고난을 견딜 수 있는 힘을 주실 수밖에 없다. 그리하여 그들의 고통이 재발되고 강화될수록 하나님의 평화는 모든 이해를 초월해서 그들의 마음속에서 더 커진다.

세상의 미로와 마음의 낙원

제49장
마음에 끊임없는 기쁨을 가지는 하나님의 사람들

선한 양심은 지속적인 향연이다

1. 진정한 그리스도인들 안에는 순수한 평화가 있을 뿐 아니라 지속적인 기쁨과 즐거움이 있다. 이런 기쁨과 즐거움은 하나님의 사랑이 임하고 그 사랑을 경험함으로써 그들의 마음속에 융합된다. 하나님께서 계신 곳에 하늘나라가 있고, 하늘나라가 있는 곳에 영원한 기쁨이 있고, 영원한 기쁨이 있는 곳에 더 이상 갈망할 것을 알지 못하는 사람이 있다. 모든 세상적 기쁨은 신령한 기쁨에 비교해서 단지 그림자이며 농담거리이며 조롱거리이다. 나는 어떤 말로 그것을 묘사하거나 표현할지조차 알지 못했다. 하나님을 그의 하늘나라의 보물과 함께 소유하는 것은 너무나 영광스러워서 전 세계의 영광, 화려함과 빛남도 그것과 비교될 수 없음을 나는 보았고 인지했고 이해했다. 그것은 너무나 즐거워서 전 세계가 그것을 더할 수도 감할 수도 없다. 그것은 너무 위대하고 숭고해서 전 세계가 그것을 이해할 수도 없다.

주목

2. 자신의 내면에서 그와 같이 신성한 빛, 하나님의 영으로부터 흘러나오는 그와 같이 숭고한 내적인 조화, 세상과 또 세상의 속박으로부터의 자유, 하나님께로부터의 확실하고도 풍부한 돌봄, 적들과 사고로부터의 안전함, 그리고 최종적으로 이미 보인 바와 같이 그처럼 완벽한 평화를 인지하고 느끼는 사람에게 어떻게 다른 것이 가능하겠는가? 그

것이 바로 세상이 이해하지 못하는 달콤함이며, 어떤 사람이 단지 맛을 보게 되면 그것을 위해 과감하게 모든 것을 시도할 그런 달콤함이며, 다른 달콤함이 결코 필적할 수 없고 어떤 쓰라림도 쫓아낼 수 없으며 어떤 기쁨도 유혹할 수 없고, 어떤 재난이나 죽음 그 자체도 우리의 주의를 전환시킬 수 없는 달콤함이다.

3. 많은 하나님의 성자들이 그렇게 열심히 영예, 인간적인 호의와 그들의 재산과 소유물을 내팽개치고 또 만약 세상이 그들의 것이라면 마찬가지로 세상을 기꺼이 포기하게 만드는 것이 무엇인지를 그때 나는 이해했다. 다른 사람들은 자신들의 몸을 기쁨으로 감옥, 응징 및 죽음에 내맡길 준비가 되어 있었다. 만약 세상이 반복해서 고통을 가해도 노래하면서 물속이든, 불 속이든, 칼에 베이든 그들은 1천 번의 죽음을 죽을 각오가 되어 있었다. 주 예수여! 당신을 체험한 사람들에게 당신은 얼마나 좋으신 분인가! 이 기쁨을 이해하는 사람은 복된 사람이다.

제50장
계층에 따라 그리스도인들을
살펴보는 순례자

1. 지금까지 나는 모든 진정한 그리스도인들에게 공통된 것을 묘사하였다. 그러나 그들 가운데 세상에서처럼 다양한 소명을 주목할 때 그들이 어떻게 자신들의 기능을 수행하는지를 나는 열심히 관찰했다. 다시 나는 모든 것에 있어 탁월한 질서를 발견했고 그것은 보기에 훌륭했다. 나는 그것을 상세히 묘사하기를 원하지 않으나 다만 간략히 다루고

자 한다.

그리스도인들의 결혼은 어떠한가

2. 그들의 결혼은 순결과 별 차이가 없음을 나는 보았다. 그들에게 결속에서처럼 갈망에서 중용이 지켜졌다. 쇠로 만든 족쇄 대신에 나는 여기서 황금의 구속을 보았고, 서로에게서 떨어져 나가는 대신에 몸과 마음의 즐거운 연합이 있었다. 그러나 만약 자유의 결여가 여전히 장애가 되면 하나님의 왕국을 확대시킴으로써 더 보충되었다.

그들은 어떤 유형의 통치자들을 가지는가

3. 그들 사이에서 통치자로서 다른 사람들을 지배하도록 부름을 받은 사람들은, 부모와 자녀의 사이에서처럼 자신들에게 맡겨진 피지배자들에게 사랑과 보살핌으로 대한다. 이것은 보기에 매우 흐뭇한 일이며, 나는 이런 통치자들의 다수가 어떻게 그들의 손을 들어서 하나님을 찬양하는지를 보았다. 반면에 다른 사람의 지배 아래 놓여 있는 사람은, 누구나 자신이 말뿐 아니라 행동에 있어서도 피지배자임을 인정하고자 한다. 그는 하나님께서 자기 위에 세운 사람이 누구이든지, 그 지배자의 기질이 어떠하든지, 생각, 말과 행동에서 모든 영예와 존경을 나타냄으로써 하나님을 높이고자 한다.

학식이 있는 자들은 어떠한가

4. 내가 그들을 좀 더 깊이 조사해 보니, 상당히 많은 학식 있는 자들이 세상의 관습과는 반대로 학문에서도 마찬가지이지만 겸손에서 다른 사람들을 월등히 앞서며, 친절과 호의의 진수를 보여 주었다. 나는 너무나 학식이 풍부해서 인간의 지식의 모든 단면을 꿰뚫고 있는 듯 보이

는 그들 중의 한 사람과 가까스로 이야기를 하게 되었다. 그렇지만 그는 가장 단순한 사람처럼 행동했고, 종종 자신의 우둔함과 무지에 대해 한숨을 지었다. 그들에게 언어에 대한 지식은 거기에 지혜가 동반되지 않으면 아무런 가치도 없는 것이다. 왜냐 하면, 언어란 살아 있는 사람이든 죽은 사람이든 지구상의 다양한 무리의 거주자들과 의사소통을 하는 수단에 불과할 뿐이지 언어가 지혜를 주지 않는다고 그들은 말한다. 그러므로 학식이 있는 자란, 여러 언어를 말하는 사람이 아니라 오히려 유용한 정보를 줄 수 있는 사람을 가리킨다. 그들은 하나님의 모든 역사하심이 유용한 지식이라고 생각한다. 그리고 인문학에 대한 이해는 다소 도움이 된다고 그들은 말한다.

주목

그러나 지식의 진정한 근원은 거룩한 성경이다. 그 스승은 성령이고 모든 것의 목표는 십자가에 못 박히신 그리스도이다. 그러므로 이들 학식 있는 자들이 그들의 배움의 중심을 그리스도께 방향을 맞추고 있음을 나는 보았다. 그들이 그에게 가까이 나아가는 데 어떠한 장애물이 나타나든지 그들은 비록 그것이 매우 창의적인 것일지라도 그것을 거부했다. 그들은 필요에 따라 책을 읽었으나 최고로 선택된 것만을 추구했고, 항상 인간의 유창함은 어디까지나 인간적임을 유념했다. 그들은 또한 책을 썼지만 자기 자신들의 이름을 퍼뜨리지 않았다. 오히려 그들은 이웃들과 유용한 어떤 것을 나눌 수 있기를 희망하며 공동의 선을 지지하고 사악한 자들에 맞서 방어하고자 한다.

그들의 사제들과 신학자들은 어떠한가

5. 나는 여기서 일정한 수의 사제와 설교자들이 교회의 필요를 따르

는 것을 보았다. 그들 모두는 옷을 소박하게 입었고 그들의 태도는 다른 사람에게는 물론이고 자신들끼리 있을 때도 온유하고 친절했다. 기도, 독서 및 묵상을 하면서 그들은 사람들과 함께하기보다는 하나님과 더 많은 시간을 보냈다. 시간이 있을 때마다 그들은 다른 사람을 집단이든 개인이든 가르치기에 힘쓴다.

주목

그들의 청중들이 나에게 확신시켜 준 바와 같이 그리고 나 자신이 경험한 바에 의하면, 그들의 설교는 마음과 양심의 내적인 감동이 없이는 들을 수 없는 것이다. 유창하면서도 신령한 힘이 그들의 입에서 흘러나오기 때문이다. 그 설교를 들을 때 하나님의 자비하심이 묘사되면 나는 기쁨을 보았고, 인간의 감사할 줄 모름이 논의될 때 눈물을 보았다. 그들의 설교는 진리, 생명과 열정으로 넘쳤다. 설교자들은 자신들이 모범이 되지 않는 어떤 것에 대해 가르치는 것을 수치스럽게 여겼다. 그들과 대화하기를 바라면서 나는 머리가 희끗희끗한 그들 중 한 사람에게 다가갔고, 그의 얼굴은 신성한 무언가로 빛을 발했다.

주목

그가 나에게 말할 때 그의 말은 친절하면서도 근엄함으로 넘쳤고, 그는 세상의 냄새를 조금도 풍기지 않는다는 점에서 하나님의 대사라는 사실이 모든 면에서 분명했다. 내가 우리의 관습에 따라 그의 직함으로 그의 호칭을 부르자, 그는 그것을 허락하지 않으며 그것은 다만 세상의 어리석음이라고 말했다. 내가 그를 하나님의 종 혹은 내가 원하는 경우 "아버지"라고 부르는 것으로 그에게는 충분한 직함이며 영예라고 그는 말했다. 그가 나에게 축복을 해 주었을 때 내 마음에 어떤 즐거움과 기

제50장 계층에 따라 그리스도인들을 살펴보는 순례자

쁨이 넘쳐났는지 나도 알지 못했음을 느꼈다.

주목

순수한 신학이란 일반적으로 경험되는 것보다 더 강력하고 더 감동시키는 힘이 있는 것이라는 것을 나는 진실로 이해했다. 그리고 나는 일부 사제들의 오만함, 자존심, 탐욕, 상호 다툼, 시기와 미움, 술 취함, 요약해서 육신적인 모습에 얼굴이 붉어졌다. 그들의 말과 행동은 너무나 동떨어져 있어서 그들은 기독교적인 삶의 미덕이 마치 장난에 불과한 듯이 말해 주는 것 같았다. 내가 진실을 고백한다면, 나는 이 세속적인 것을 무시하는 반면에 하늘의 것을 사랑하며 갈급한 영과 훈련된 육신을 가지고 있고, 자신을 잊고 있으나 양 무리를 염두에 두고, 술 취하지 않으나 성령 충만하고, 말은 겸손하나 행동으로 보여 주는 그런 목자들에 대해 기뻐했다. 이들은 각각 먼저 일하고자 하며 자랑은 맨 나중이다. 간략히 말해, 모든 그들의 행동, 말 및 생각에 있어 그들은 모두의 영적인 교화를 마음에 두고 있었다.

제51장
신실한 그리스도인들의 죽음

그리스도인에게 죽음은 기쁜 것이다

1. 내가 이들 그리스도인들 가운데 충분히 함께하며 그들의 행동을 관찰했을 때 죽음이 늘 그들과 함께함을 나는 보았다. 그러나 죽음은 세상에서처럼 무시무시하고 노골적이며 불쾌한 모습이 아니라, 오히려

세상의 미로와 마음의 낙원

그리스도께서 그의 무덤에 남기신 수건 속에 아름답게 싸여 있었다. 때에 따라 이 사람 또는 저 사람에게 다가가 죽음은 그들이 세상과 작별할 시간임을 알려 주었다. 이 소식을 받은 사람들은 얼마나 기뻐하고 즐거워하는가! 그들은 이 과정이 더 빨리 이루어지기를 바라며 칼, 불, 고문 등 어떤 종류의 고통도 받아들였다. 각 사람은 평화롭게, 조용히 그리고 기쁘게 잠들었다.

죽음 후 그들에게 무슨 일이 일어나는가

2. 죽음 후 그들에게 일어나는 일을 지켜보았을 때 하나님의 명령에 따라 천사들이 그의 주검이 가질 조그마한 휴식 공간을 찾아 주는 것을 나는 보았다. 주검이 친구들, 적들 혹은 천사들 자신에 의해 그 공간에 놓여졌을 때, 성자들의 주검이 조금이라도 손상되지 않도록 또 사탄의 공격으로부터 평온히 지켜질 수 있도록 천사들이 무덤을 지켰다. 그 사이 영혼을 데려가는 다른 천사들은 화려하고 놀라운 기쁨 가운데 그 영혼을 위로 데려갔다. 내가 믿음의 눈으로 그들을 응시했을 때 나는 묘사하기 힘들 만큼 큰 영광을 인지했다.

제52장
하나님의 영광을 바라보는 순례자

1. 보라! 만군의 주께서 가장 높은 곳에 있는 보좌에 앉아 계신다. 그 주변에는 하늘나라의 이쪽 끝에서 저쪽 끝까지 비추는 광채가 있었다. 그의 발밑에는 크리스털, 에메랄드, 사파이어 같은 화려한 광채가 있었

다. 그의 보좌는 옥으로 되어 있었고 그의 주변에는 아름다운 무지개가 있었다. 셀 수 없이 많은 천사들이 그 앞에 서서 서로서로 "거룩, 거룩, 주는 거룩하시다. 하늘과 땅이 그의 영광으로 충만하다."라고 찬양하고 있었다.

2. 마찬가지로 스물네 장로들이 보좌 앞에 무릎을 꿇고 영원히 존재하시는 그분의 발치에 그들의 왕관을 바치며 "영광과 영예와 권능을 받기에 합당하신 주여! 주께서 모든 만물을 창조하셨고, 당신의 뜻에 의해 만물이 존재하고 창조되었기 때문입니다."라고 큰 목소리로 찬양하였다.

3. 보좌 앞에는 모든 민족과 종족, 백성과 방언의 또 다른 큰 무리가 있음을 나는 또한 보았다. 이 무리는 천사들이 세상에서 죽은 하나님의 종들을 데려오기 때문에 그 수가 항상 불어나고 그 소리는 더욱 커졌다. 그리고 그들은 "아멘! 축복, 영광, 지혜, 감사, 영예, 권력, 힘이 모두 영원히 하나님께 있음이여! 아멘!"이라고 소리쳤다.

4. 간략히 말해, 나는 번쩍이는 광채, 빛남, 화려함 및 묘사하기 힘든 영광을 보았고, 표현하기 어려운 소리를 들었고, 우리의 눈, 귀, 그리고 마음이 이해할 수 있는 그 이상의 기쁨과 놀라움을 경험했다.

5. 이 영광스런 하늘나라의 존재들의 모습에 압도되어 나는 나의 죄성에 수치심을 느끼고 왕의 보좌 앞에 쓰러졌다. 나는 입술이 깨끗하지 않은 인간이기 때문이다. 그리고 나는 "주여, 주여, 주 하나님은 강하시고, 자비로우시며, 은혜로우시며, 오래 동안 고난을 참으시며, 자비와 진리가 풍성하시며, 수많은 자들에게 자비를 베푸시며, 부정과 죄와 범죄를 용서하십니다. 주여! 그리스도를 위하여 이 죄인을 용서하소서!"라고 소리쳤다.

제53장
하나님의 집으로 영접 받는 순례자

1. 내가 말을 마치자 나의 구원자 주 예수께서 보좌 가운데서 나에게 이런 기쁨의 말을 하셨다. "나의 사랑하는 자여, 두려워 마라. 너의 구원자인 내가 너와 함께한다. 나는 너의 위로자이니라. 겁내지 마라. 보라! 너의 의롭지 못함은 너에게서 벗겨졌으며 너의 죄도 씻기었다. 기뻐하고 즐거워하라. 너의 이름이 이들 가운데 기록되어 있으며, 만약 네가 믿음으로 나를 섬기면 너는 이들 중 한 사람과 같이 될 것이라. 네가 무엇을 보았든지, 나를 두려움 가운데 그것을 사용하여라. 때가 되면 너는 이보다 더 큰 일들을 볼 것이다. 오직 내가 너를 부른 그 일에만 전념하고, 내가 너를 지명한 그 길에서 영광을 얻도록 하여라. 내가 너를 세상에 머물게 하는 동안 순례자, 소작인, 이방인 및 나그네로 세상에서 살아가거라. 그러나 나와 함께 내 집에서 너는 하늘나라의 시민권을 부여받았다. 그러므로 여기서 너의 교제를 얻도록 애써라. 가능한 한 너의 마음을 나에게 높이 두도록 노력하여라. 그러나 너의 이웃에게는 가능한 한 겸손하여라. 지상에 사는 동안 세속적인 것들을 사용하되 하늘의 것들을 기뻐하여라. 나에게 복종하고 세상과 육신에 대해 저항하여라. 내가 너에게 준 지혜로 자신을 지키고, 내가 너에게 요구한 소박함을 외적으로 유지해라. 마음으로 말하고 입은 조용해라. 이웃의 불행에 대해 민감하나, 너 자신에게 주어진 부당함에 대해 대범하라. 영혼으로 나만을 섬기고, 몸으로는 네가 섬길 수 있거나 섬겨야만 하는 사람을 섬겨라. 내가 명하는 것을 행하고, 내가 짐 지우는 것을 견뎌라.

세상에 대해 양보하지 말고 늘 나를 따라라. 몸은 세상에 있으나 마음은 나와 함께하여라. 만약 네가 이 모든 것을 행하면 너는 복되며 모든 것이 잘될 것이다. 나의 사랑하는 자여! 지금 떠나서 끝까지 너의 부름에 충실하며, 내가 너에게 준 위로를 충분히 기뻐하여라."

제54장
모든 것의 결론

1. 그리고 그 비전이 내 눈에서 사라졌다. 나는 무릎을 꿇고 눈을 위로 바라보며 나의 구세주에게 내가 알고 있는 만큼 다음과 같은 말로 감사를 표했다.

2. "복의 근원 되시는 주, 저의 하나님이여! 영원한 찬양과 환희를 받으시기에 합당하시며, 당신의 영화로운 이름은 세세토록 값지고 가장 영광스런 축복입니다. 당신의 천사들이 당신을 영화롭게 하며, 모든 성자들이 당신을 찬양합니다. 당신은 강하시며, 지혜가 깊이를 알 수 없이 크며, 당신의 자비는 당신의 모든 행함을 초월합니다. 주님! 제가 살아 있는 한 저는 당신을 영화롭게 할 것이고, 제가 존재하는 한 당신의 거룩한 이름을 찬양할 것입니다. 당신이 자비로 저를 기쁘게 만들어 주셨고 제 입술에 기쁨을 충만케 채워 주셨기 때문입니다. 당신은 사나운 격류에서 저를 건져 주셨고, 깊은 회오리 늪에서 저를 구해 주셨고, 저의 발을 안전한 곳에 옮겨 주셨습니다. 영원히 사랑 많으신 하나님, 당신으로부터 저는 먼 곳에 있었지만 당신이 자비로 저를 당신 가까이 불러 주셨습니다. 저는 곁길로 갔지만 당신께서 저를 다시 불러 주셨습니

세상의 미로와 마음의 낙원

다. 저는 어디로 가는지 알지 못한 채 방황했으나, 당신이 저를 바른 길로 인도하셨습니다. 저는 당신으로부터 떨어져 길을 잃고 당신과 저 자신을 잃었으나, 당신은 저를 찾아내셨고 저를 저 자신과 당신께로 돌이켰습니다. 저는 심지어 지옥의 혹독함에까지 접근하였으나, 당신이 저를 다시 끄집어내셨고 저를 천국의 행복으로 인도하셨습니다. 그러므로 주님, 저의 영혼을 축복하시고, 제 안에 있는 모든 것이 그분의 거룩한 이름을 축원합니다. 저의 마음은 이제 한결같습니다, 하나님이여! 저는 당신께 노래하며 찬양합니다. 당신은 모든 곳보다 더 높으시고, 모든 곳보다 더 깊고, 놀라우며, 영화롭고, 자비로 충만하십니다. 스스로 평화를 찾을 수 있다고 생각하고 당신을 떠난 어리석은 영혼들에게 화가 있으리라. 당신을 떠나서는 하늘에도 땅에도, 심연에도 평화란 있을 수 없습니다. 당신만이 영원한 안식입니다. 하늘과 땅은 당신에 의해 만들어졌기 때문에 선하고 아름답고 바람직합니다. 그러나 그것들은 창조주이신 당신만큼 선하거나 아름답거나 바람직하지 않습니다. 그러므로 그것들은 위로를 찾는 영혼들을 만족시킬 수 없습니다. 주님! 당신은 충만 중의 충민이며, 지희의 심장은 당신 안에서 휴식할 때까지는 쉼을 얻지 못합니다. 저는 늦게 당신을 알게 되어 영원한 아름다움이신 당신께 늦게 나왔습니다. 그러나 당신께서 저에게 하늘의 광채를 보여 주셨을 때 당신을 깨달았습니다. 당신의 자비를 알지 못하는 사람은 당신을 찬양하지 못하게 하소서. 저의 가장 내면에 있는 존재가 당신을 고백합니다. 제가 하나님께 속하지 않는 모든 것을 잊어버리도록 영원한 향기이신 당신에게 저의 마음이 매료되게 할 자가 누구랴! 제 마음에서 아름다움 중 가장 아름다운 당신을 숨기지 마소서. 만약 지상의 것들이 당신을 그늘지게 하면 제가 당신을 보고 또 당신과 함께하며 다시는 당신을 잃지 않도록 저를 죽게 하소서. 제가 실족하여 쓰러지지 않도록 저를 통제하시고 이끄시고 붙잡아 주소서. 영원한 사랑이시여, 제가 영원한 사랑으로 당신을 사랑하고, 당신 안에 그리고 당신을 위해서가 아니면 당신 이외에 어떤 것도 사랑하지 않게 하소서. 그러나 주님, 그 외에 제가 무엇을 말할까요? 제가 여기 있습니다. 저는 당신의 것입니다. 저는 당신의 것이고 영원히 그렇습니다. 제가 당신만 가진다면 저는 하늘과 땅도 포기합니다. 오직 제게서 떠나지 마소서. 그러면 저는 충분합니다. 영원토록 변함없이 저는 당신만으로 충분합니다. 저의 영혼과 몸은 살아 계신 하나님인 당신 안에서 기뻐합니다. 제가 언제 가서 당신의 얼굴을 뵐 수 있을까요? 저의 주 하나님이여, 당신이 원하시는 때는 언제든지 저를 데려가소서. 제가 여기 있습니다. 저는 준비됐습니다. 당신이 원하실 때는 언제나, 원하시는 곳 어디든지, 어떤 방법으로든지 저를 부르소서. 명하시는 곳은 어디든지 저는 갈 것이며, 명령하시는 것은 무엇이든 할 것입니다. 오직 당신의 성령이 저를 지키시고 세상의 냉소 속에서도 평지처럼 인도하시고, 당신의 자비가 저의 길에 함께하소서. 저를 세상의 슬픈 어둠 속을 거쳐 영원한 빛으로 인도하소서. 아멘 그리고 아멘."

"지극히 높은 곳에서는 하나님께 영광이요"
  (*Gloria in excelsis Deo et in terra*)
"땅에서는 기뻐하는 사람들에게 평화로다"
  (*pax hominibus bonae voluntatis*)

세상의 미로와 마음의 낙원